図解版

# リノベとリフォームの、何ができない何ができる



すべてがわかる本

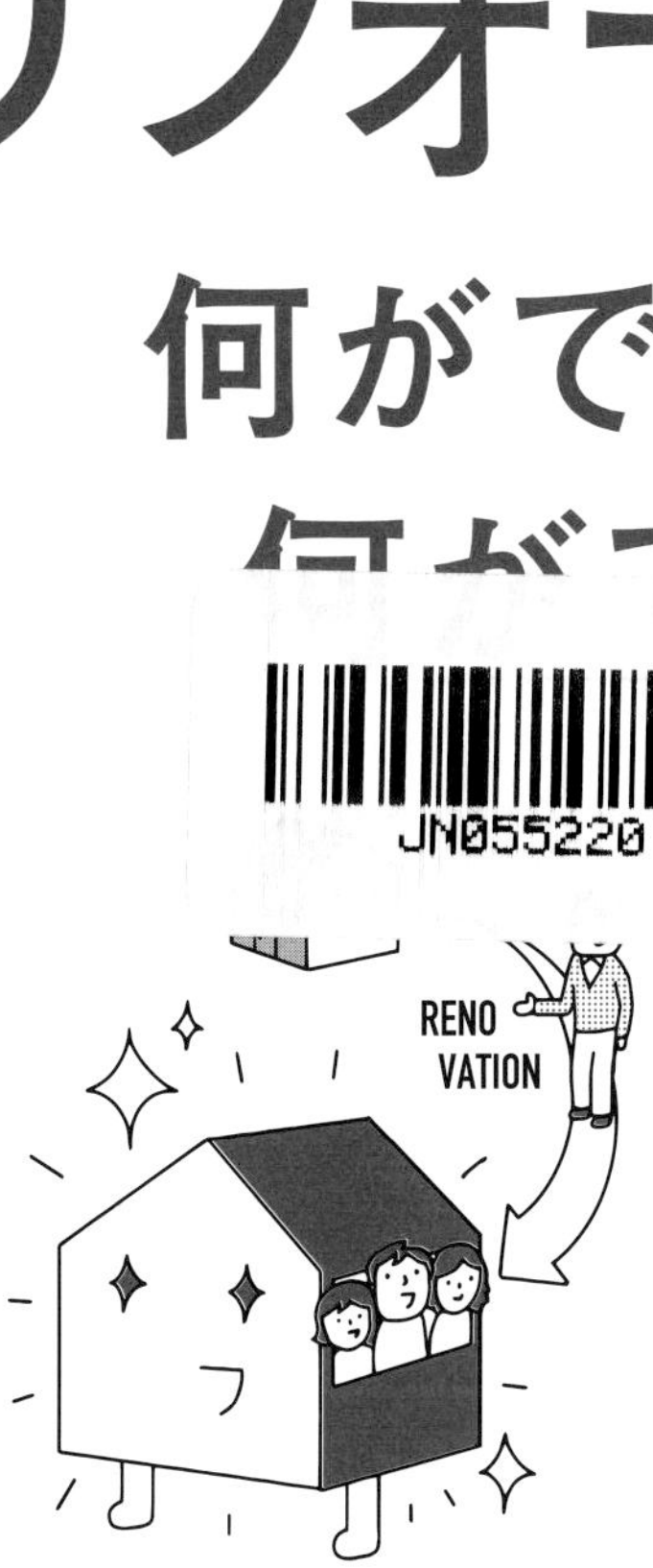


主婦の友社

# はじめに

中古マンションも、中古戸建ても
リノベーションやリフォームで
真新しく快適な住まいにつくりかえることができます。
けれど、リノベーションにもリフォームにも
「できること」と「できないこと」があります。

本書では「何ができなくて何ができるのか」を
実例や図解を交えながら詳細に紹介します。
お金の問題、構造の問題、設備の問題、工期の問題・・・
改築につきもののこれらの悩みを解決できます。
また、間取りの工夫や暮らし方の参考にもなります。
さらに、賢いローコスト施工のコツから
中古物件の選び方までを収録。
リノベーションやリフォームを考え始めたら
必ず持っておきたい一冊です。

# CONTENTS

## PART 4 素材&設備はどう選ぶ？

PART 5
# 予算内でおさめるコストダウンアイディア

## PART 6 中古物件はどう選ぶ？



## PART 7 DIYでどこまでできる？



＊本書に記載の内容はすべて2021年1月現在のものです。
制度などを利用する際は、最新の情報を確認してください。

# PART 1

# 何ができる？
# 何が
# できない？

PART 1

何ができる？
何ができない？

# マンションのリフォームはどこまでできる？

今住んでいるマンションをリフォームしたいと思っても、じつは変更できない部分も。まずはどんなことができるのか知っておきましょう。

戸建ての住宅と違って、共同住宅となるマンションの場合、たとえ持ち家でもすべてを自由に変えることはできません。マンションには専有部分と共用部分があり、玄関ドアや外廊下、バルコニーなどの共用部分の変更はNGです。これに対して専有部分となる居室空間は、ほぼ全面的にリフォームが可能です。

ただし、床材を変更する場合は注意が必要。マンションでは、防音面から使用できる床材が管理規約で決められているケースもあります。また、居室内にマンション全体を支える壁や梁などの構造体がある場合、これは撤去できません。一方でキッチンや浴室などの水回りは、配管を動かせれば移設もできます。

## 共用部分と専有部分

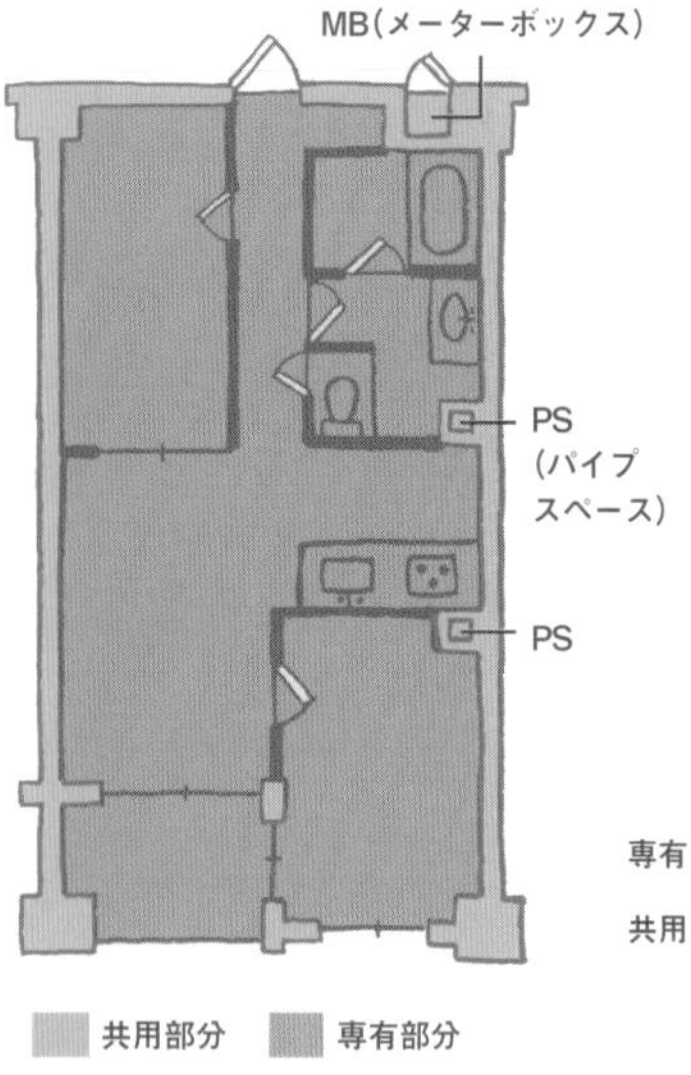


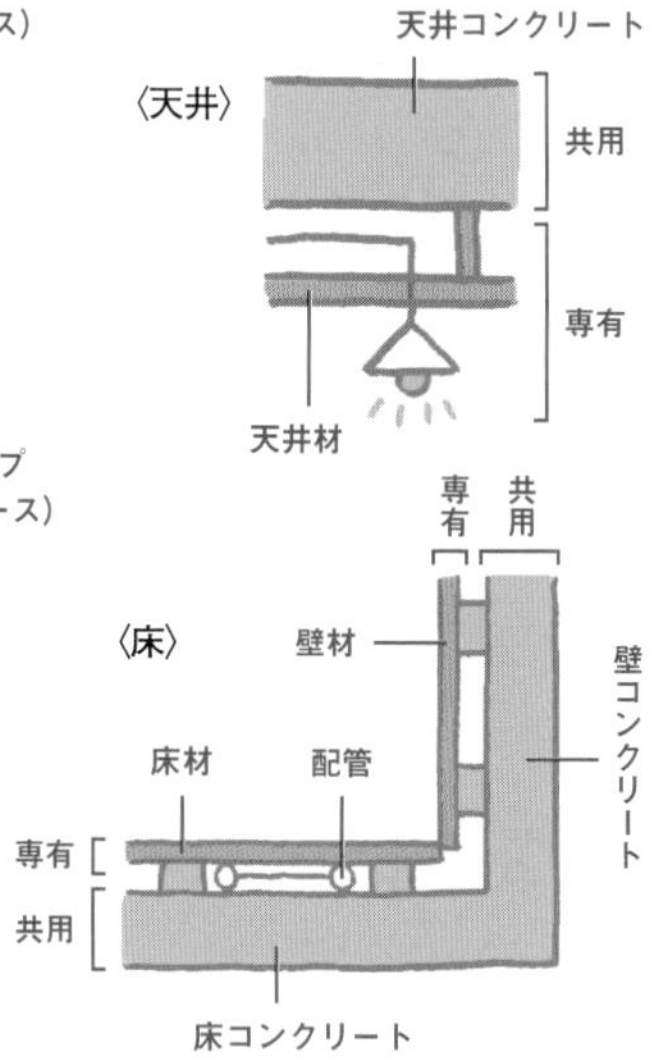


### 共用部分

・コンクリートの床や壁
・天井、梁、柱などの躯体
・玄関ドア、サッシ
・パイプスペース
（各住戸を貫く縦方向の配管類）
・バルコニー

### 専有部分

・コンクリート構造（躯体）の内側やサッシ内部
・住宅内部の仕上げ部分および設備や配線、配管

# 基本的に専有部分は自由に変えられる

### 天井

構造体の内側のリフォームは自由なので、内装の変更もできる

天井裏にスペースがあれば、内装をはがして天井高を上げられる

### 間仕切り壁

内装の変更は可能

内部の壁は撤去や移動もできる。ただし、構造壁の場合は撤去できない

### 電気配線

コンセントや照明器具の移設と増設はできる

### サッシ

窓の内側を二重サッシにすることはできる

サッシごと交換するのは不可。管理規約によってはガラス部分のみ交換できるケースも

### バルコニー

デッキやトレリスなど床に固定しないものは設置可

フェンスや手すりに手を加えることはできない

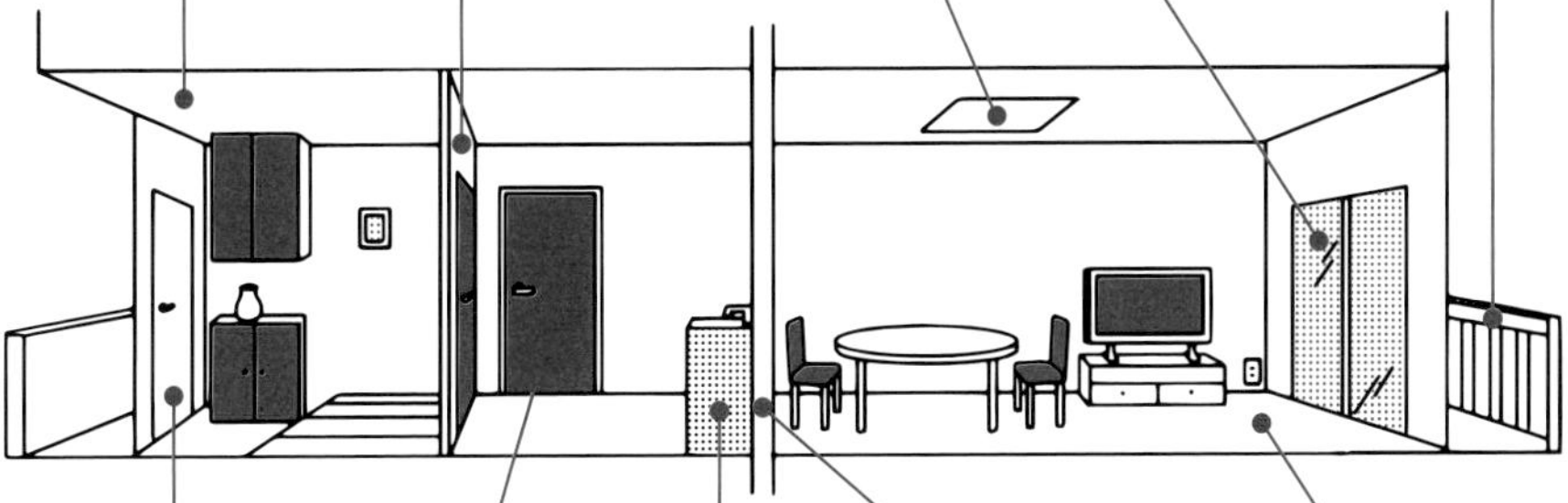

### 玄関ドア

内側の塗装や錠の交換はできる

ドア自体の交換は不可

### 扉、建具

室内ドアや建具の交換はできる

### 給排水設備

キッチンや浴室の移設はできる

排水勾配がとれる範囲であれば排水管の移動もできる

トイレの排水管は多少なら移動可能

### パイプスペース

上下階と共有しているので移動不可

### 床

管理規約に則していれば変更できる

**アドバイス**

**オリジナルの浴室を設計するのも手**

マンションでもオリジナルの浴室をつくることはできます。むしろ、規格サイズのユニットバスと違って自由にサイズを設定できるので、スペースを有効活用できるメリットも。浴室、洗面室、トイレをオールインワンにするのも、床面積の小さい家にはおすすめです。

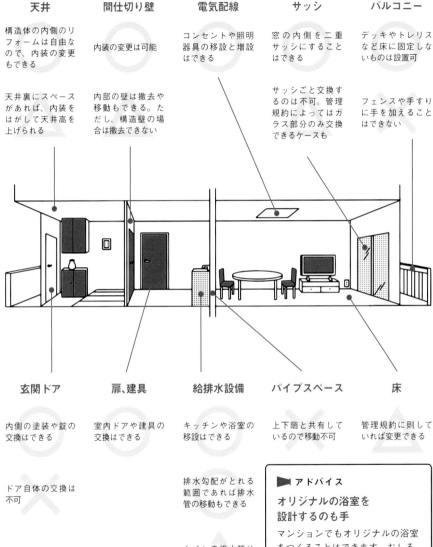

PART 1

何ができる？
何ができない？

# リフォーム前に確認しておくことは？

**マンションには住民同士が気持ちよく暮らせるための決まりがあります。リフォームをする際も同じ。守るべきルールを確認しましょう。**

まずは管理規約をチェック。内容はマンションによってそれぞれで、リフォームに関しても共用部分の範囲、使用方法、管理組合への届け出方法などが定められています。

電気、水道、ガスの容量も要確認。築年数の古いマンションでは、電気の契約容量が30アンペア未満で、リフォームで設備を新設するときに電気容量が足りないケースも。マンション全体の電気の引き込み容量を電力会社などに確認しましょう。

間取りを変更したいときは建物の構造もチェック。マンションは鉄筋コンクリート造が一般的で、壁式構造とラーメン構造があります。いずれも、共用部分の構造体や、専有部分でも構造上重要な壁は撤去できません。

## リフォームに関する管理規約の内容は…

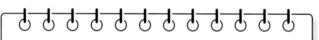

- 使ってはいけない素材、変更してはいけない箇所などの禁止事項
- 工事時間、曜日の指定
- 共用部分の利用について
- 材料の搬入方法

など

**ココに注意！**

**ナチュラルテイストのインテリアがかなわない!?**

マンションのインテリアでも好みのスタイルに変えられるのがリフォームの醍醐味。足ざわりのいい無垢の床材を張ったり、壁に珪藻土を塗ったり、建具や内装材も広範囲に選べます。ただし例外もあって、マンションの管理規約でフローリングの使用を禁止しているケースもあります。思い描いていたリフォームができないなどということがないよう、事前に使える素材を確認しましょう。

# 管理規約や電気容量は要チェック

## 古いマンションは電気容量が足りない場合も…

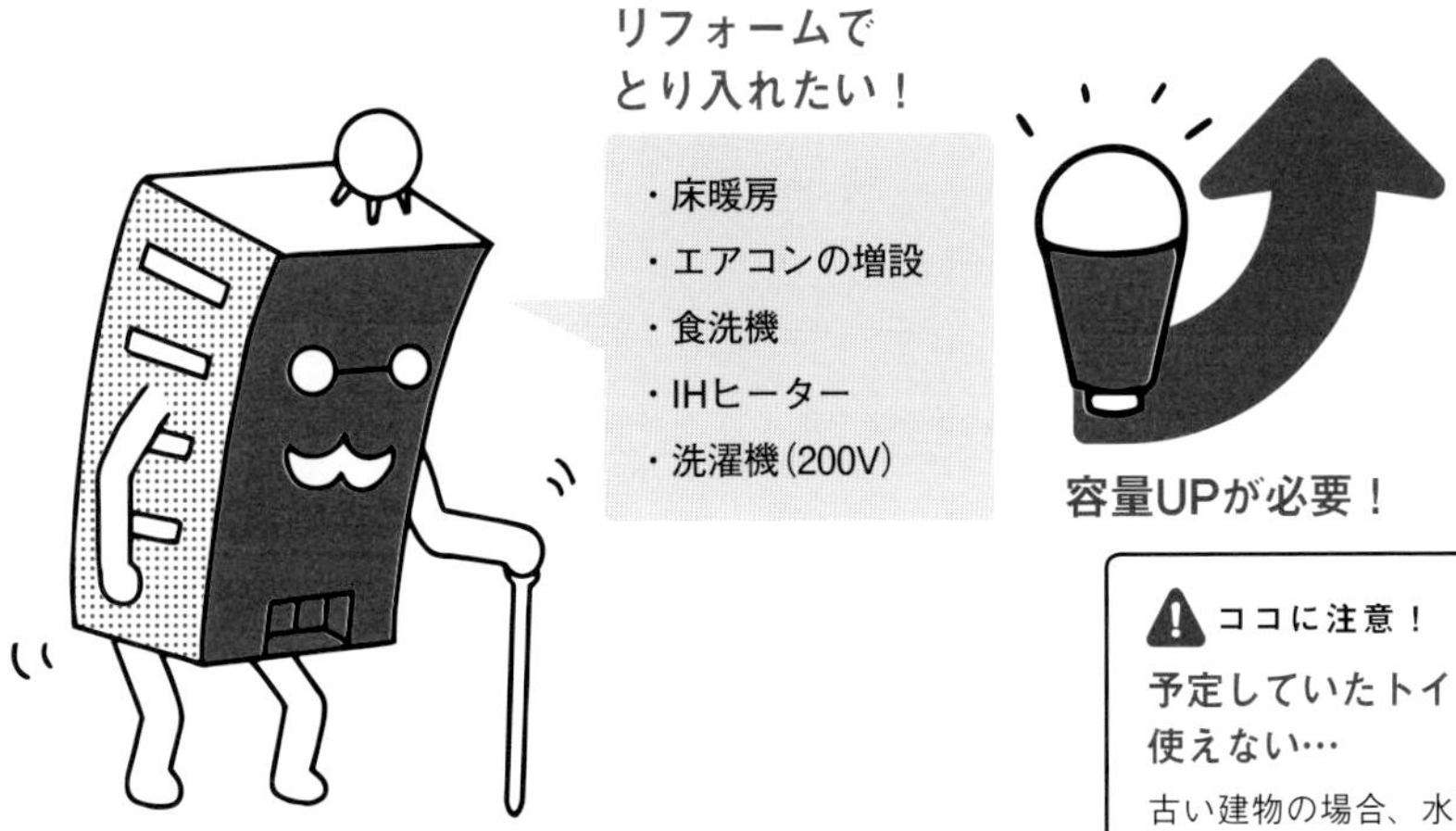


**ココに注意！**

**予定していたトイレが使えない…**

古い建物の場合、水道管が細くて水圧が低いと、最新型のトイレが設置できないケースもあります。

## マンションの構造は2種類ある

**低層マンション　壁式構造**

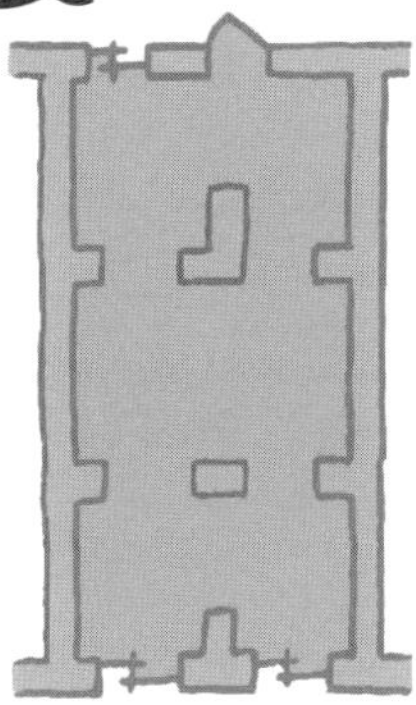

コンクリートの壁で建物を支える。室内に柱型がない半面、袖壁の構造壁は撤去できず、間取り変更に制約あり。

**中高層マンション　ラーメン構造**

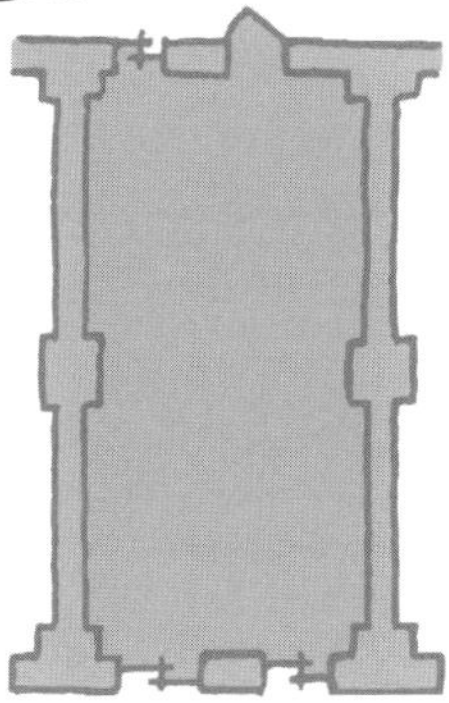

コンクリートの柱と梁で建物を支える構造。木造や軽量鉄骨下地の間仕切り壁は、ほぼ撤去できる。

**ココに注意！**

**スケルトンリフォームができない!?**

スケルトンリフォームとは、壁や建具、設備機器などをすべて撤去し、一からプランニングすること。3LDKを、ワンルームのLDK＋寝室という間取りにすることも可能です。ところがマンションの構造によっては、住戸内に構造壁があって撤去できない場合も。こうしたケースでは、壁を残したまま広い居室空間をつくるなどプランニングの工夫が必要です。

PART

1

何ができる？
何が
できない？

# 戸建てのリフォームはどこまでできる？

間取りを変えたい。古くなった設備をとりかえたい。増築したい…。戸建てなら自由にリフォームできそうですが、注意すべき点もあります。

戸建ての場合はマンションに比べて制約が少ないので、平面のほか、吹き抜けをつくるなど上下階も含めた大胆な間取り変更が可能です。ただし、建物の工法によっては壁や梁が撤去できないなど構造上の制約もあるので確認を。こうしたとり除けない梁やすじかいなどをあえて見せる、ダイナミックな吹き抜けをつくるのも一案です。床暖房など足元から暖める設備もあわせて設置すると、開放的で快適なリビングになります。

また、注意したいのは建築基準法や自治体の条例による規制など。特に外まわりのリフォームや増築を考えている場合は、建築面積や道路からの位置、外観などに制約があることも。事前に調べておきましょう。

## 構造・工法の種類

### 木造軸組み工法

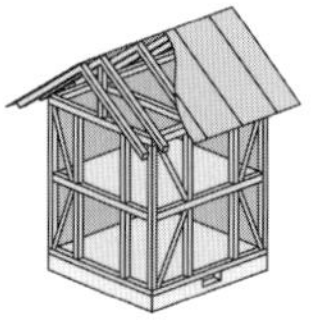

柱や梁などの木材で骨組みをつくり、すじかい（ブレース）で補強する工法。間取りの自由度が高い。

### 2×4工法

２×４インチの木材で枠組みをつくり、面で支える構造。耐震・断熱性が高く、広い空間がつくれる。

### 木質パネル工法

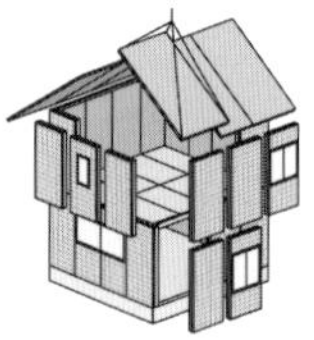

床、壁、天井を規格化したパネルとして工場で生産。品質が安定していて、工期が比較的短い。

### 軽量鉄骨工法

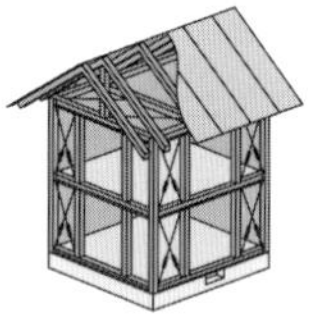

構造は木造軸組みと同様。柱や梁に厚さ６㎜以下の軽量鉄骨を用い、すじかいで補強。

### 鉄筋コンクリート造（壁式）

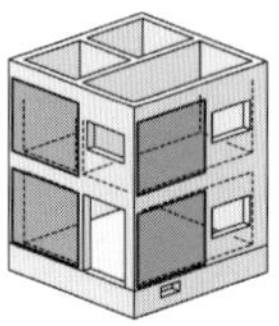

柱がなくて床と壁で構成。コストは高め。設計の自由度が高く、遮音・耐震・耐火・耐久性にすぐれる。

### 鉄筋コンクリート造（ラーメン）

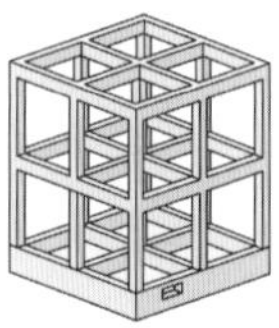

柱と梁を一体化して骨組みをつくる。室内に耐力壁が出ないため、自由な空間をつくりやすい。

# 上下階を含めた大胆な間取り変更もできる

### 屋根

葺きかえや防水処理のやりかえもできる

木造の場合、トップライトをつくることもできる。ただし、補強工事が必要な場合もある

コストはかかるが形状を変更することもできる

### サッシ

とりかえも可能。まわりの壁の補修が必要になる

建物の強度に影響がない場所なら新設可。防火・準防火地域には設置可能なサッシの基準がある

### 電気・給排水設備

移設、増設などは、ほぼ可能

オール電化にもできる。200Vの電源が必要になるので、引き込み工事が追加になる場合も

新たに床暖房を設置することもできる

### 天井

天井裏にスペースがあれば、内装をはがして天井高を上げることもできる

吹き抜けをつくることもできる。ただし、工法によっては撤去できない構造体もあるので注意を

### 外壁

素材を変更してつくりかえることも可能。地域の防火規制を確認すること

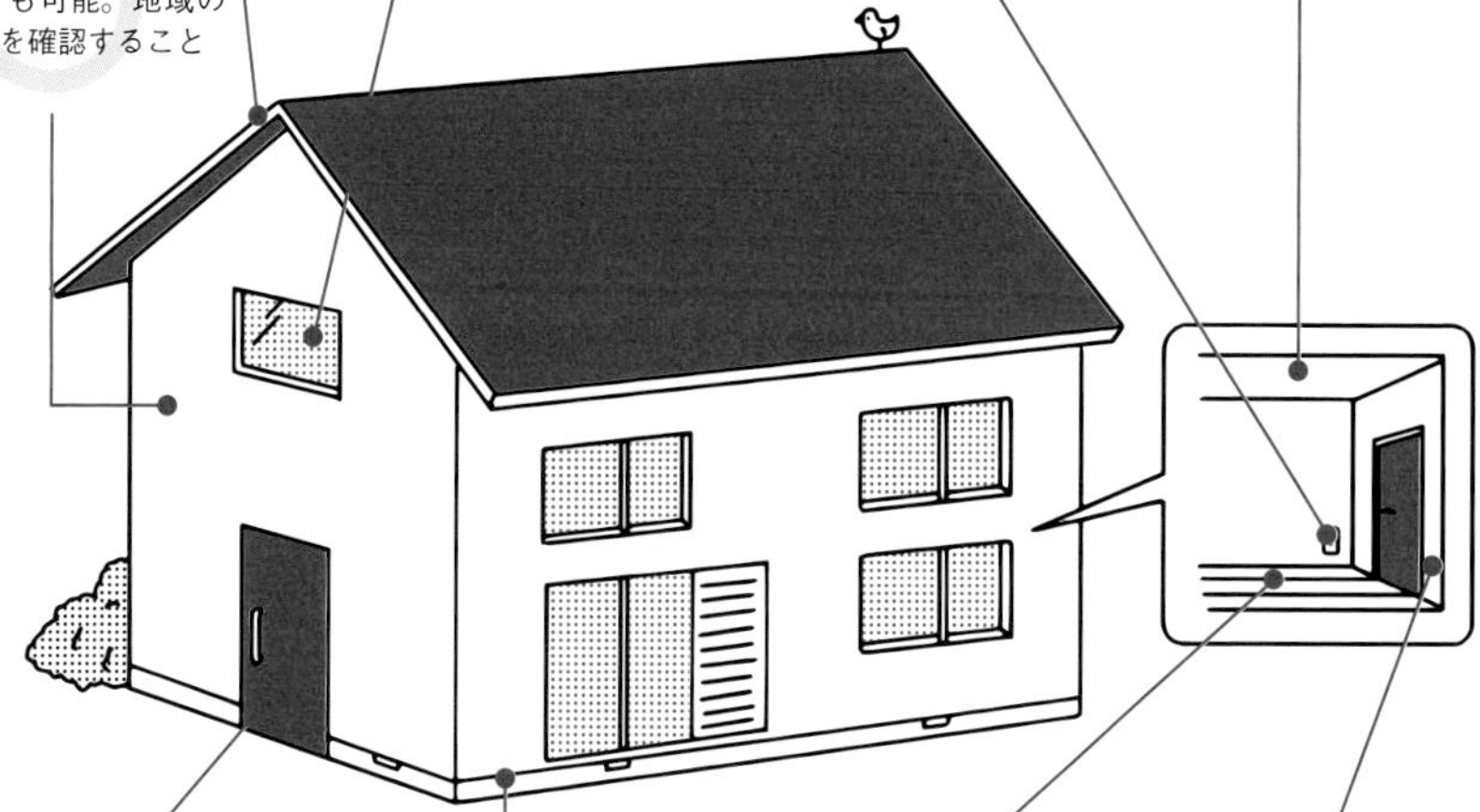

### 玄関ドア

変更できるが、まわりの壁の補修が必要になる。防火規制の確認が必須

### 構造補強

木造の場合は柱や壁の補強が比較的簡単にできる

コストはかかるが、建物を浮かせて基礎をつくりかえることも可能

### 床

基礎の形状しだいでは土間や掘りごたつをつくることもできる

### 間仕切り壁

木造在来工法や鉄骨なら撤去や移動もできる

軽量鉄骨や2×4工法の場合、動かせない部分もあるので要注意

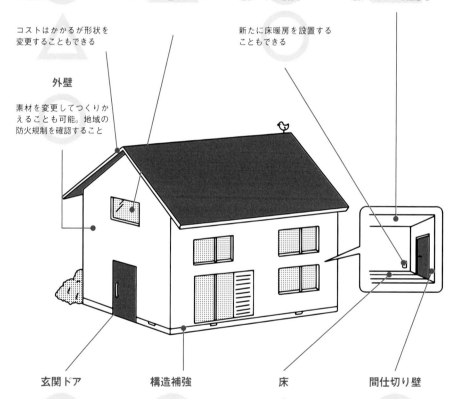

PART 1

何ができる？何ができない？

# いくらの予算でどこまでできる？

リフォームしたい箇所はいろいろあるけれど、そこは予算との兼ね合いも。どれくらいの予算でどんなリフォームができるのか見てみましょう。

たとえば水回りのリフォームをする場合、ユニットバスやシステムキッチンの価格に配管やとりつけなどの工事費用が加わると、３００万円程の見積もりに。予算が５００万円あれば、システムキッチンのリフォームに加えてＬＤの間取りを変えるなど、広範囲の部分リフォームができます。

依頼先によっても異なりますが、リフォーム工事の費用も、新築と同様に坪単価60万～70万円が目安。コンパクトな住宅なら８００万円の予算でもフルリフォームが可能です。また１０００万円を超える予算なら、戸建て総２階のフルリフォームも。リフォーム面積が広いほどコストもかさむので、手をかける部分と既存のまま残す部分をバランスよく考えましょう。

## 予算300万円

↓

**浴室やキッチンだけなど場所を限定してリフォームする**

ユニットバス（60万～100万円）＋ システムキッチン（100万円前後）＋ 配管・とりつけ費

\Point/

古くなった水回りを一新するなど場所を限定した部分リフォームが可能。

## 予算500万円

↓

**水回りのほか、リビングや寝室などの一部も変更する**

システムキッチンを交換 ＋ LDの間取り変更

\Point/

間取りは変えず、全面的に内装をやりかえるなどインテリアにこだわったリフォームも。

# 予算が800万円あればフルリフォームも可能に

## 予算800万円

マンションや戸建てのフルリフォームもできる

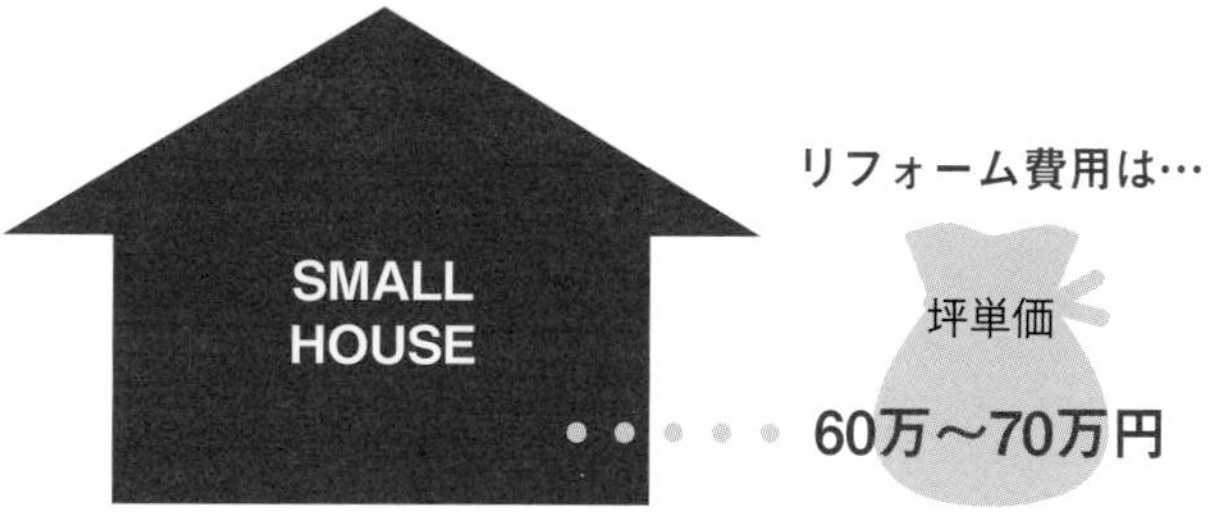


\ Point/

余裕のある予算ではないので、職人の手間がかかる工事は省くなどコストを抑える工夫を。

## 予算1000万円～

全面改装や大がかりな補強工事などもOK

\ Point/

クロスの張りかえや床の補修など、建物の原状回復に費用がかかる。

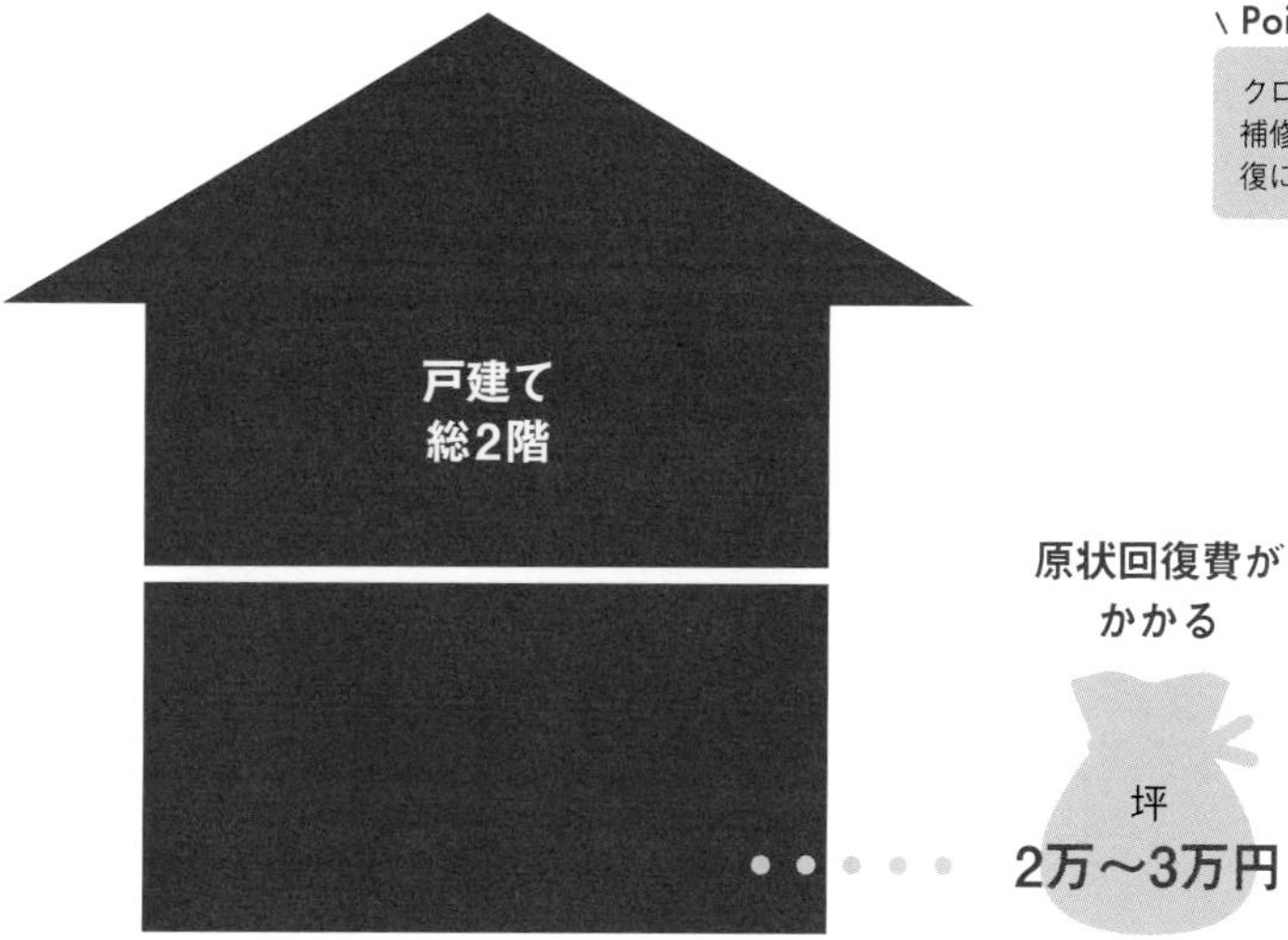

Column リフォーム体験談 Vol.1

# 物件選び

**リフォームを前提として中古物件を購入する際にチェックしたポイントや**
**リフォームするまで知らなかった…ことは？**

中古マンション人気のためかリフォームずみ物件が多い。リフォーム前提で探すと意外と時間がかかる。
（関東在住・Oさん）

古いマンションは長く住んでいる人が多いため、新築マンションとは住人の雰囲気がかなり違います。わが家のマンションはとてもフレンドリーでよかった！
（関東在住・Oさん）

物件の値引き交渉ができるとは思わなかった。また、買いかえの場合は、売る、買うの両物件に仲介手数料がかかるのですね…。
（関東在住・Kさん）

水回りの移動ができない場合もあると知りました。リフォーム業者の人と一緒に下見したほうが希望を実現しやすいです。
（関東在住・Uさん）

マンションごとにリフォーム時の規定が細かく決まっているので、物件を選ぶときに確認すべき。わが家は希望するリフォームができませんでした。
（関東在住・Sさん）

前の住人が温室を増築していたために、住宅金融支援機構のローンを使うことができなかったのは想定外でした。
（関東在住・Uさん）

購入予定だった物件は、契約後に売主が認知症とわかって解約。どんな人がどんな理由で売ろうとしているのかを把握しておくのがベター。
（関東在住・Oさん）

物件周辺の環境や治安を事前にチェック。ゴミ置き場の住民マナーが参考になります。
（北海道在住・Eさん）

素人では確認が難しい基礎や屋根裏は、専門業者に調査してもらったほうが安心。物件を決めるとき、建築士さんと工務店の人に同行してもらいました。
（北海道在住・Fさん）

マンションには当然、駐車場が完備されていると思っていましたが、特に中古の場合、ない物件のほうが多かったのが意外でした。
（中部在住・Mさん）

# PART 2

# 資金は
# どう準備する？

PART 2 資金はどう準備する？

# 工事・材料費以外にかかるお金は？

リフォームを計画していると工事費ばかり気にしがちですが、それ以外のお金も意外とかかります。まずは全体像を把握しましょう。

リフォームの場合、工事費や材料費以外に、内装や設備を解体して撤去する費用や、防塵シートなどの養生費もかかります。リフォーム業者が工事をして出た廃材は産業廃棄物になり、これには高額な処理費用が発生。ほかにも、工事を始めてから内部の劣化が見つかって補修工事が必要になるケースもあるので、余裕をもって資金を準備しておくと安心です。

暮らしながら水回りの工事をするケースでは、仮設トイレのリース費用（5万円程度）が必要になることも。大がかりなリフォーム工事では、仮住まいの家賃と往復の引っ越し代も。家財をトランクルームに一時保管する場合は、その費用も忘れずに見積もっておきましょう。

## リフォームにかかる費用は…

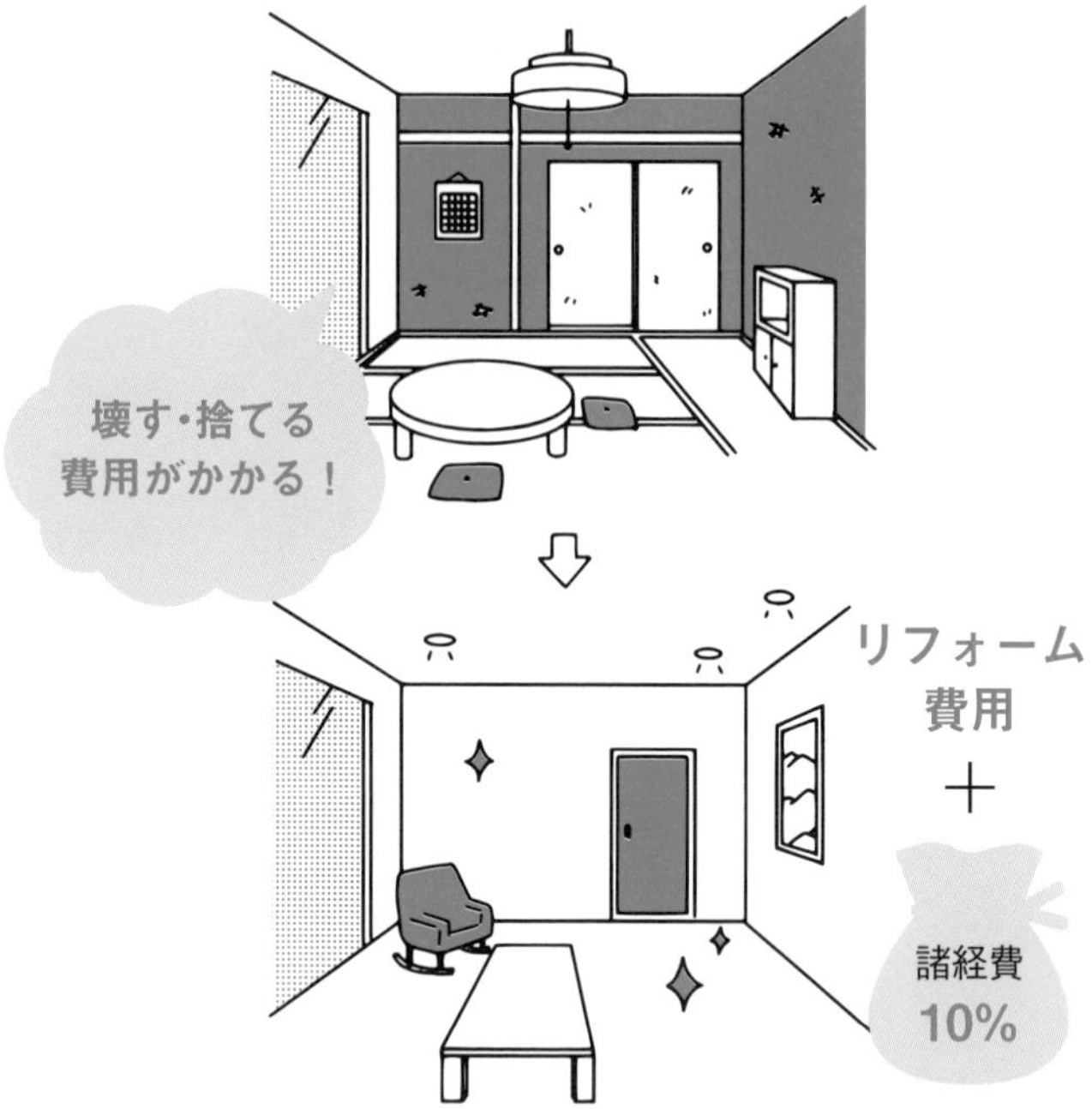


## ことば辞典

**【印紙代】**
土地や中古住宅の売買、工事の請負、ローンを組む際に契約書を交わすときにかかるのが印紙税。契約書の金額によって印紙税（印紙代）は異なる。

**【所有権移転登記】**
土地や中古住宅を買ったとき、売主から買主に所有権が移ったことを示すために行うもの。また、相続や贈与によって取得したときにも行う。

**【抵当権設定登記】**
住宅ローンの返済が滞った場合に備え、金融機関が土地や建物を担保にする権利を設定するための手続き。登記を行う際には登録免許税がかかる。

# 諸経費に10%かかるほか、撤去費用も発生

## たとえばこんな費用がかかる

解体・撤去工事費

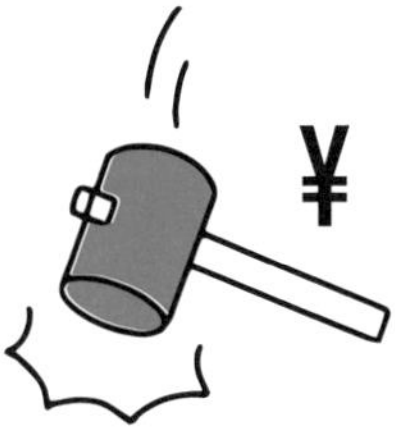

廃棄物処理費

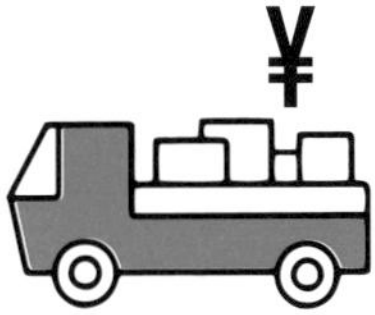

設備リース費

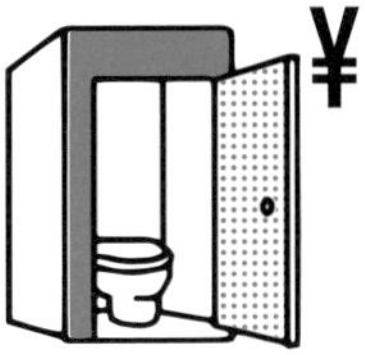

追加工事費

近隣あいさつ代

工事中の住居費

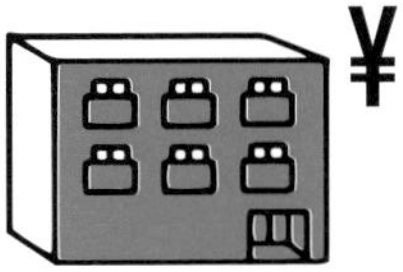

引っ越し代

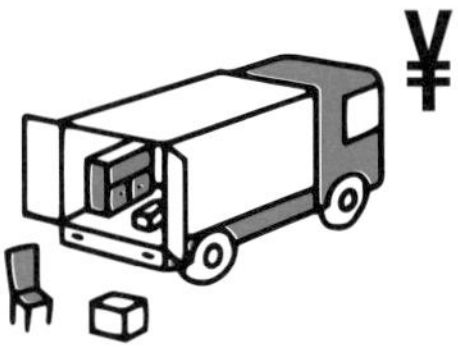

家具代

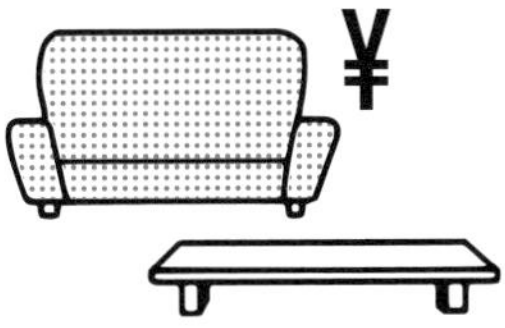

各種手数料、税金

### 中古物件を購入するときは…

- 印紙代
- 仲介手数料
- 所有権移転登記費用
- 固定資産税などの清算金

### ローンを利用するときは…

- 印紙代
- 融資手数料
- ローン保証料
- 団体信用生命保険料
- 火災保険料、地震保険料
- 抵当権設定登記費用

# 自己資金を用意する

資金づくりのスタートは貯蓄総額の確認から。多ければ多いほどリフォームできる範囲も広がって、理想の住まいに近づけます。

どの程度のリフォームをするかにもよりますが、まずは現在の貯蓄をすべて洗い出し、住宅用資金にいくら回せるかを計算。現金はもちろん、定期預金、株、投資信託なども確認しましょう。住宅ローンを利用する場合でも、ローン実行の前に細かい支払いが発生することもあるので、ある程度の自己資金は必要です。

また、親や祖父母から資金援助を受けるのも手。一般的な贈与税の非課税枠は110万円ですが、一定の条件をクリアすれば1000万円まで非課税に。親から資金を借りる際には、返済期日、金利、利息、返済方法などを明記した借用書を作成すること。そうでないと贈与と見なされて、税金がかかる可能性があるので要注意です。

## 住宅資金に回せる貯蓄は…

現金

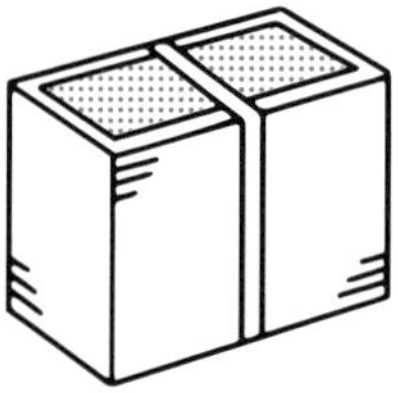

定期預金

株

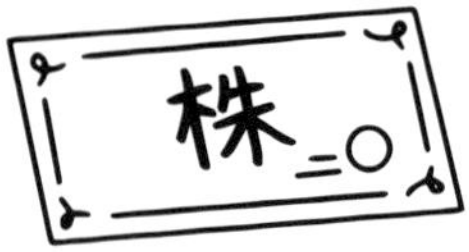


投資信託

など

## ことば辞典

**【断熱等性能等級】**
断熱性能の高い省エネルギー住宅であることを示す基準。「住宅の品質確保の促進等に関する法律（品確法）」に基づくもので、等級4が最高ランク。

**【耐震等級】**
地震に対する建物の強度を示す基準。住宅の性能表示制度を定める「品確法」に沿って制定。等級は1～3があり、数字が大きいほど耐震性が高い。

**【免震建築物】**
地盤と建物の間に免震装置を設置した構造。地震が起こったときに免震装置が地震の揺れを吸収し、建物に揺れが伝わりにくくなる仕組み。

# まずは貯蓄を洗い出す。足りない分は援助も検討

## 親から援助を受ける

| | ～2021年12月31日 |
|---|---|
| 一般住宅 | 1000万円 |
| 省エネ等住宅 | 1500万円 |

＊省エネ等住宅とは、①断熱等性能等級４もしくは一次エネルギー消費量等級４以上　②耐震等級（構造躯体の倒壊等防止）２以上もしくは免震建築物　③高齢者等配慮対策等級（専用部分）３以上の省エネ等基準のいずれかに適合する住宅用家屋

### 利用できる条件

- 親や祖父母など直系の親族からの贈与
- 20歳以上
- 贈与を受ける年の合計所得金額が2000万円以下
- 贈与を受けた翌年の3月15日までに居住
- 住宅の床面積が50㎡以上240㎡以下※
- リフォーム費用が100万円以上

など

※合計所得金額が1000万円以下の場合は40㎡以上(2021年1月以降)。

### アドバイス

**多額の援助を受けるなら「相続時精算課税」制度も検討を**

相続時精算課税とは、親や祖父母から20歳以上の子ども（推定相続人）に贈与するとき、合計2500万円までは贈与の段階では課税しない制度。その後、親が亡くなったとき、贈与された金額を親の財産として計算上は戻し、合計金額を相続財産として相続税を計算。相続時精算課税を選択すると、基礎控除（110万円の非課税枠）は利用できませんが、非課税措置の特例は併用できます。

2500万円（相続時精算課税）＋ 1000万円（非課税措置）＝ 3500万円　贈与税がかからない

併用できる

✕ 基礎控除110万円は併用不可

\Point/
親が亡くなったときも、この分は相続税がかからない。

＊記載の内容はすべて2021年1月現在のもの。

PART 2 資金はどう準備する？

# ローンはいくら組める？

今の家の不満を解消するため、できるだけ多くの資金を集めてリフォームしたい。でも、無理な資金計画は将来の家計を圧迫することに…。

資金計画で大切なのは、いくらなら返済できるかを計算すること。現在の家計はもちろん、将来的な収入と支出もある程度予測して考えます。

家計からローン返済に回せるのは、現在支払っている家賃などの住居費に、住宅用資金の貯蓄を足した額。リフォーム後の家の維持費や教育費、老後資金は貯蓄としてとりおきます。

思わぬ落とし穴になるのが、引っ越し後の生活費のアップ。今までより家が広くなったり、新しい設備機器を導入すると、光熱費が上がるケースも。都心に引っ越したら、物価が高くて食費が上がったという話もあります。多少の家計費アップにも対応できるよう、ゆとりのある資金計画を立てましょう。

## 無理なく返済できるローン金額を計算する

### STEP 1　将来、住居費に回せる額を算出

●現在の住居費は？

年 A ＿＿＿＿ 万円

家賃や駐車場代など、現在支払っている住居費の合計を記入。

●住宅用資金に回せる額は？

年 B ＿＿＿＿ 万円

住宅用資金に回せる貯蓄額を記入。教育費や老後資金の貯蓄は別にとりおく。ここを高く見積もりすぎると、先々の家計が苦しくなるので要注意。

●住宅の維持費は？

年 C ＿＿＿＿ 万円

毎年かかる固定資産税や修繕費用など、住まいを維持管理していく費用もきちんと予算どりを。マンションなら管理費や修繕積立金などで年間40万～60万円、戸建ての場合はメンテナンス費用などで20万～30万円を計上。

住んでからかかるお金は予想以上にいろいろあります

貯蓄をまるごとリフォーム資金にあてるのはNGですね！

## STEP2 ローンの返済可能額を算出

Ⓐ＋Ⓑ−Ⓒ＝Ⓓ［　　　］万円

現在支払っている住居費と、住宅用貯蓄を合わせた金額から、必要な維持費を差し引いたものが、ローンの返済可能額に。

## STEP3 返済できる期間を計算

定年の年齢［　　　］歳 − 返済開始の年齢［　　　］歳 ＝ ［　　　］年

住宅ローンは定年までの完済が基本。返済期間は定年退職の年齢から現在の年齢を引いた年数とする。より安全策をとるなら定年前に支払いが完了する設定に。

## STEP4 借り入れ可能額をチェック

**年間返済額100万円あたりの借り入れ可能額早見表**　（単位：万円）

| 金利＼返済期間 | 20年 | 25年 | 30年 | 35年 |
|---|---|---|---|---|
| 0.5% | 1903 | 2350 | 2785 | 3210 |
| 0.6% | 1884 | 2321 | 2745 | 3156 |
| 0.8% | 1848 | 2265 | 2666 | 3052 |
| 1.0% | 1812 | 2211 | 2591 | 2952 |
| 1.2% | 1777 | 2159 | 2518 | 2857 |
| 1.4% | 1744 | 2108 | 2449 | 2766 |
| 1.6% | 1711 | 2059 | 2381 | 2679 |
| 1.8% | 1679 | 2012 | 2317 | 2595 |
| 2.0% | 1647 | 1966 | 2255 | 2516 |

表から、利用するローンの金利と返済期間を選び、交差するところを探す。たとえば返済期間25年、金利1.0%のローンを利用する場合、借り入れ可能額は2211万円。

## STEP5 適正なローン金額を算出

借り入れ可能額［　　　］万円 × Ⓓ／100万円 ＝ Ⓔ［　　　］万円

STEP4で見つけた借り入れ可能額が2211万円で、年間返済額Ⓓが150万円の場合、2211万円×150万円÷100万円＝約3317万円。これが安心して返せるローンの借り入れ額。

## STEP6 リフォーム費用の上限を算出

自己資金［　　　］万円 ＋ Ⓔ ＝ ［　　　］万円

用意できる自己資金に、STEP5で計算した安心して返せるローンの借り入れ額Ⓔを足すと、リフォームの上限価格（諸経費約10%を含む）がわかる。

PART 2
資金はどう準備する？

# 利用できるローンは？

大がかりなリフォームを計画しているなら、住宅ローンを利用するケースも多いはず。どんなローンが利用できるのか基本を知っておきましょう。

住んでいる家のリフォームなのか、新たに中古住宅を購入するのかによって利用できるローンは違います。リフォームだけの場合、民間の金融機関のリフォームローンが主流で、これには無担保型と有担保型があります。そのほか財形住宅融資も利用できます。

中古住宅の購入と同時にリフォームを行う場合は、銀行のローンやフラット35などを。物件費用は住宅ローンで、リフォーム費用はリフォームローンでと、2つのローンを抱えることになりますが、一部の金融機関やフラット35では2つを一本化できる商品も。金融機関によって条件は異なりますが、抵当権の設定などの手続きを一度にすませることができ、諸費用を安く抑えられます。

## 現在の住まいをリフォームする場合

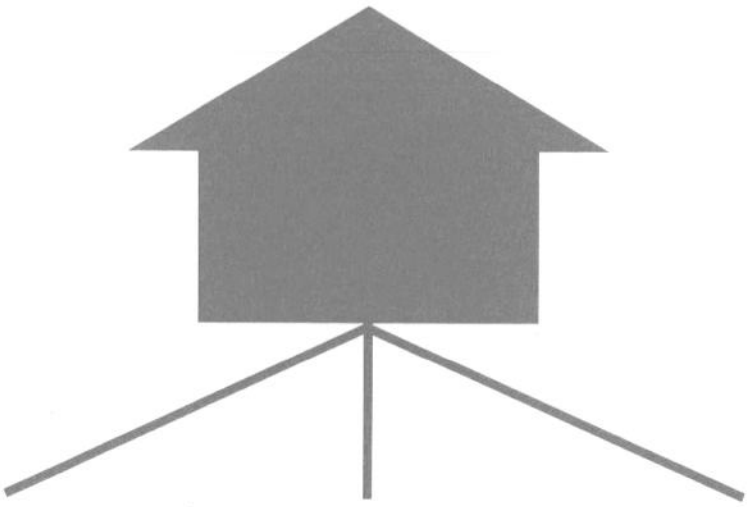

| | 無担保型ローン | 有担保型ローン | 財形住宅融資 |
|---|---|---|---|
| | 抵当権の設定などの面倒な手続きがいらず、手軽に利用できる。通常、保証料や手数料もかからない。 | 現在の住まいを担保にして契約するローン。抵当権設定の手続きが必要で、その分、時間と諸費用がかかる。 | 勤務先で財形貯蓄をして一定の要件を満たす人は、リフォームの際に財形住宅融資を利用できる。 |
| 金利 | 高め | 無担保型より低金利 | 固定金利（5年ごと見直し） |
| 返済期間 | 最長15年程度 | 最長35年など | 最長20年 |
| 融資額 | 最大500万円程度 | 5000万円程度 | 財形貯蓄残高の10倍（最大4000万円） |

**ココに注意！**

**住宅ローン返済中の場合は借りられないことも!?**

各金融機関では、年間の総返済額の割合を年収400万円以上700万円未満で35%以内などと限度を決めています。住んでいる家のローンに加えてリフォームローンを借りることで、総返済額の合計が限度額を超えると、新たなローンは組めません。返済中の住宅ローンの利用条件を確認してください。

# 中古物件を購入するかどうかで変わる

## 中古物件を買ってリフォームする場合

### 銀行ローン

物件費用 ＋ リフォーム費用

ローンを
一本化

手続きが
1回ですむ

諸費用が
安くなる

### フラット35リノベ

**給付が受けられる住宅の条件**

□一戸建ての場合、住宅の床面積が70㎡以上

□申し込み時点で竣工から２年を超えた住宅、または人が住んだことのある住宅

□住宅の耐久性など、住宅金融支援機構が定めた技術基準に適合している

□一定の要件を満たすリフォームを行い、中古住宅の維持保全にかかる措置が行われている

**給付が受けられる人の条件**

□申し込み時の年齢が70歳未満

□一定の収入がある

□日本国籍を持つ人、または永住許可などを受けている外国人

□フラット35とその他借り入れ金を合わせたすべての年間返済額の年収に占める割合が、次の基準を満たしている
年収400万円未満の場合30％以下
年収400万円以上の場合35％以下

□申し込み本人または親族が住むための中古住宅の購入資金およびリフォーム工事資金

民間の金融機関で扱っているが、ローン債権は住宅金融支援機構が買いとる仕組み。固定金利で長期の融資が受けられる。中古住宅を購入してリフォームする場合、一定の条件を満たした工事を行うと、リフォーム一体型の「フラット35リノベ」を利用できる。

**知らないと損！**

**リフォーム瑕疵(かし)保険とは？**

リフォーム工事がずさんでトラブルが起こった場合に備え、リフォーム瑕疵保険の加入もおすすめ。工事中や完了後に第三者検査員（建築士）が現場検査を行うため、質の高い施工が保証されます。工事終了後に欠陥が見つかった場合、補償費などの保険金が事業者(事業者が倒産の場合は発注者)に支払われ、無償で直してもらえます。

# リフォームの減税制度を知っておく

なにかとお金がかかるリフォームですが、質の高い住宅への改修には国からのバックアップも。どんな優遇があるのかチェックしましょう。

安心して暮らせる家にするためにも、リフォームの際には住宅の基本性能を上げることを検討すべき。そして、一定の要件を満たすリフォーム工事をすると、所得税と固定資産税の控除が受けられます。

所得税の減税措置では、工事費を現金で支払うのか、何年のローンを利用するのか、どんな工事をするのかで控除内容は異なります。固定資産税の減額期間は、工事完了の翌年度1年分。優遇措置を受けるには、省エネ、バリアフリー、耐震リフォームなど各項目で定められた条件をクリアする必要があります。そのほか、リフォームの内容によって国や地方自治体から補助金が出るケースも。それぞれの地域の制度を調べてみましょう。

## 住宅ローン減税

\Point/
リフォームローン減税との併用は不可。

**ココをチェック**

給付が受けられる条件

- □ローン期間 10 年以上
- □増改築費 100 万円以上
- □中古住宅を取得する場合、築年数が 20 年（マンションは 25 年）以下、または耐震基準に適合する建物であること
- □床面積 50㎡以上。床面積の 1/2 以上を居住専用に使用
- □工事後 6 カ月以内に入居し、控除を受ける年の年末まで居住
- □控除を受ける年の合計所得金額が 3000 万円以下 など

住宅ローンの年末残高 × 1% ＝ 控除額（上限40万円）

＊2021年12月31日まで適用。

**控除期間：10 年**

中古住宅の取得、リフォームにかかる契約を 2021 年 11 月 30 日までに締結し、2022 年 12 月 31 日までに入居した場合、控除期間 10 年に 3 年分上乗せして控除することができる。

①年末のローン残高（最高 4000 万円）× 1 %
②税抜き取得価額（最高 4000 万円）× 2 %÷ 3
＊①②のどちらか少ないほうの金額が、11 年目から 3 年間控除される。この措置が適用される場合、給付条件の床面積が 40㎡以上（合計所得金額が 1000 万円以下の場合）に緩和。

# 要件を満たすリフォームをすると所得税の控除が受けられる

## リフォームローン減税

**ココをチェック**

**控除を受けるための条件**

□ローン期間５年以上
□バリアフリー、省エネ、多世帯同居、長期優良住宅化のいずれかの特定増改築を行う
□床面積 50㎡以上。床面積の 1/2 以上を居住専用に使用
□工事後６カ月以内に入居し、控除を受ける年の年末まで居住
□控除を受ける年の合計所得金額が 3000 万円以下　など

**\Point/**

省エネリフォームの場合、１段階相当以上性能を上げるなど、特定増改築は各項目で定められた基準を満たすのが条件。それ以外のリフォーム部分に関しても控除があり、期間は５年間。

Ⓐ特定増改築費（上限250万円） × 2% ＝ 最大 5万円

Ⓑそのほかの増改築費の年末ローン残高 × 1% ＝ 7.5万円

↓

最大 12.5万円/年
（5年間で最大62.5万円）

Ⓐ＋Ⓑは1000万円まで。上記はⒶが250万円の場合の計算式。
＊2021年12月31日まで適用。

## 投資型減税

**ココをチェック**

**控除を受けるための条件**

□床面積 50㎡以上。床面積の 1/2 以上を居住専用に使用
□工事後６カ月以内に入居
□工事費用 50 万円以上
□控除を受ける年の合計所得金額が 3000 万円以下
□耐震：1981 年５月 31 日以前に建築された耐震基準に適合しない住宅
□省エネ：現行の省エネ基準（2016 年）以上の性能になること など

| 工事内容 | リフォーム工事限度額 | 控除率 | 控除限度額 |
|---|---|---|---|
| 耐震 | 250 万円 | 10% | 25 万円 |
| 省エネ | 250 万円（350 万円） | 10% | 25万円（35万円） |
| バリアフリー | 200 万円 | 10% | 20万円 |
| 長期優良住宅化※ | 500 万円（600 万円） | 10% | 50万円（60万円） |
| 多世帯同居 | 250 万円 | 10% | 25 万円 |

※耐震・省エネ・耐久性向上改修工事をあわせて行い、長期優良住宅の認定を受けた場合に適用。
＊（　）内は太陽光発電設備設置時。いずれも2021年12月31日まで適用。

**\Point/**

現金でリフォームした場合にも適用。控除は１回のみ。

＊記載の内容はすべて2021年1月現在のもの。

## 工事完了の翌年は固定資産税が減額に

\Point/

それぞれ住宅の築年数や床面積、工事費用や工事内容などに満たすべき基準がある。

### 工事の内容によって減額率は異なる

省エネリフォーム

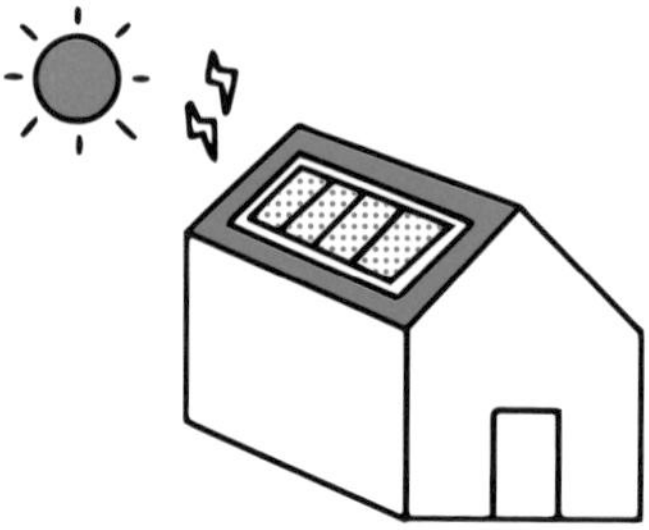

1/3減額（120㎡相当分まで）

バリアフリーリフォーム

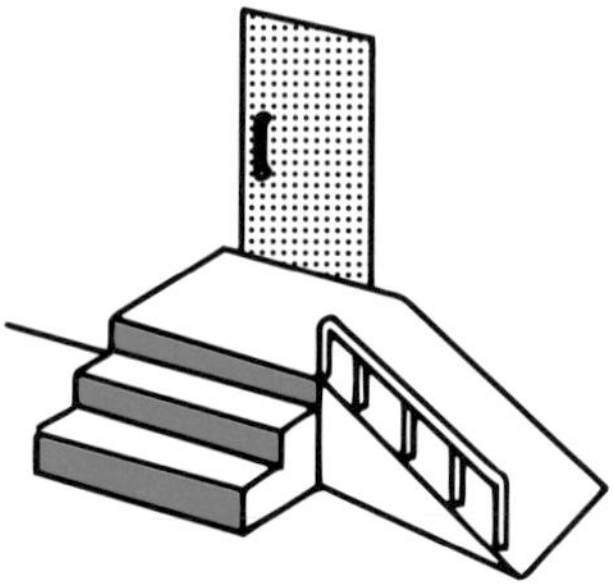

1/3減額（100㎡相当分まで）

併用OK

耐震リフォーム

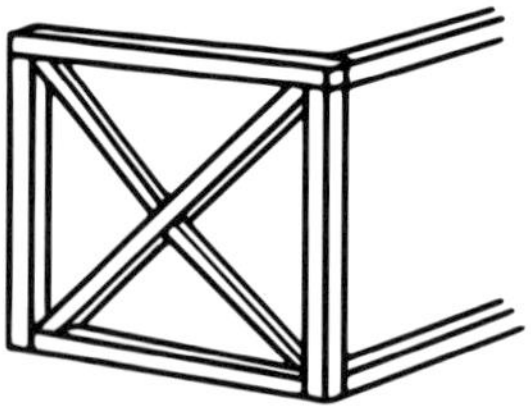

1/2減額（120㎡相当分まで）

＊すべて2022年3月31日まで。

長期優良住宅化リフォーム

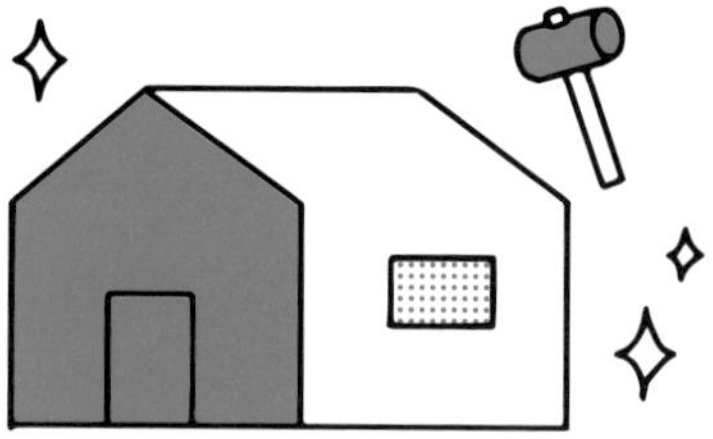

2/3減額（120㎡相当分まで）

**知らないと損！**

**耐震リフォームで地震保険料が50%割引に**

地震保険は単独ではかけられず火災保険とセットで申し込みます。耐震リフォームをすると地震保険料が割引に。耐震等級により10～50%と割引率は異なります。1981年5月31日以前に建築された中古住宅を取得する場合、所定の耐震診断と耐震改修を行って新耐震基準を満たせば10%割引に。

**知らないと損！**

**在宅勤務用リフォームにも補助金が!?**

報道によると、国土交通省は2021年度にリモートワークのための自宅リフォーム費用を補助する制度を検討中。戸建てのほかマンションも対象となり、増築や防音対策、間仕切りの設置などの費用の1/3を補助する予定です。上限は100万円。

## 公的機関のおもな補助金制度

\Point/

基本性能のバランスがとれた丈夫で長持ちする家の基準が「長期優良住宅」。耐震性、省エネルギー性などの要件を満たして認定を受けると、補助金や税金の優遇がある。

### 【長期優良住宅化リフォーム補助金】

| | 評価基準型 | 認定長期優良住宅型 | 高度省エネルギー型 |
|---|---|---|---|
| タイプ | 長期優良住宅（増改築）の認定は受けないが、一定の性能向上を実現 | 長期優良住宅（増改築）の認定を受けた住宅 | 認定長期優良住宅で、さらに省エネ性能を高めた住宅 |
| 補助費用 | ・性能向上リフォーム工事　・3世代同居対応改修工事　・子育て世帯向け改修工事<br>・インスペクションなど　費用の1/3を補助 | | |
| 限度額 | 100万円<br>（150万円） | 200万円<br>（250万円） | 250万円<br>（300万円） |
| 条件 | ・リフォーム工事前にインスペクションを行い、リフォーム履歴と維持保全計画を作成するなど | | |

＊（　）の額は、3世代同居改修工事、若者・子育て世帯、または既存住宅の購入者が購入後1年以内に改修工事を実施する場合。若者：40歳未満。子育て世帯：18歳未満の子どもがいる世帯。＊戸建てのほかマンションも対象となる。

### 【そのほかのおもな支援策】

| 補助制度 | 補助額 | 内容 |
|---|---|---|
| 断熱リノベ<br>（高性能建材による住宅の断熱リフォーム支援事業） | 最大 120 万円<br>（最大 15 万円） | 高性能の断熱材や窓を用いた断熱改修（窓のみの改修でもOK）。または家庭用蓄電システム、家庭用蓄熱設備など高性能設備の導入 |
| 次世代建材<br>（次世代省エネ建材支援事業） | 最大 200 万円<br>（最大 125 万円） | 断熱パネルまたは潜熱蓄熱建材の次世代建材を使用したリフォーム。これに加え、規定の窓、断熱材、玄関ドア、調湿建材を用いたリフォームも補助対象 |
| 地域型住宅グリーン化事業：ゼロ・エネルギー住宅型 | 最大 140 万円 | 年間の一次エネルギー消費量の収支がゼロとなる ZEH 住宅の要件に適合した住宅。または、それと同等以上の水準の省エネ性能を有する住宅へのリフォーム |
| 地域型住宅グリーン化事業：省エネ改修型 | 50 万円 | 省エネルギー性能などにすぐれた木造住宅への改修 |
| ZEH 支援事業 | 60 万円～ | 太陽光で発電したエネルギーと消費エネルギーがほぼ同じになる ZEH 住宅へのリフォーム（P155 参照） |
| エネファーム設置補助 | 最大 4 万円＋ α | 家庭用燃料電池エネファーム 1 台につき最大 4 万円。既築の住宅やマンションに設置、または LP ガス対応、寒冷地仕様は各 3 万円加算（重複加算可能） |
| すまい給付金 | 最大 50 万円 | 年収 775 万円以下、床面積 50㎡以上などが条件。2021 年 12 月 31 日までに入居した住宅に適用（住宅ローン減税の期間延長、床面積緩和に応じた措置を実施予定） |
| グリーン住宅ポイント制度 | 最大 30 万円相当 | 一定の要件を満たす断熱・耐震リフォームや中古住宅の購入に対し、商品や追加工事と交換可能なポイントを付与。2021 年 10 月 31 日までに契約した住宅が対象 |

＊（　）の金額はマンションの場合。上記のほか、各地方自治体による補助金制度もあります。
＊記載の内容はすべて2021年1月現在のもの。2020年度の実績です。2021年度以降については最新の情報を確認してください。

\ 費用をかけても、長く安心して住める家にリフォームしましょう /

PART
2
資金は
どう
準備する？

# いつ、いくら、支払いが必要？

リフォームは短い期間の中でローンの手続きや工事の契約などさまざまな予定が続きます。まずは大まかなスケジュールを把握しましょう。

**入居まで６カ月**

## 物件を購入する

□ **中古物件を探す**
不動産会社にはリフォームを前提にしていることや予算を伝えておく

□ **下見をして決める**
できれば設計者や担当者に同行してもらい、構造的な制約や建物の状況を確認

□ **購入申し込み**
この段階では購入予約なので、手付金やキャンセル料は発生しない

□ **重要事項説明を聞く**
正式な売買契約を結ぶ前に、不動産会社から物件に関する重要事項を説明してもらう。契約日に行うのが一般的

## リノベ&リフォームをする

□ **依頼先を検討する**
建築家やリフォーム会社など、物件探しから相談できるケースもあるので早めに連絡を

□ **プランの打ち合わせ**
要望はできるだけ具体的に。見積もりが出たら予算調整も進める

## ローンを利用する

□ **資金計画を立てる**
P22～23を参考に総予算を算出。ローンを利用するなら金融機関の目星をつける

□ **事前審査を申し込む**
物件購入とリフォーム費用を合わせてローンを組む場合は、工事見積書の提出も必要に

# リノベ&リフォームのスケジュールと用意するお金をチェック

2カ月　　4カ月

□ **不動産売買契約を結ぶ**

ローンの事前審査でOKが出たら、売主と売買契約を結ぶ

¥
- 仲介手数料の50%
- 物件価格の10%程度の手付金
- 印紙代

□ **物件引き渡し**

□ **設計・工事請負契約を交わす**

設計料や工事費は数回に分けて支払うのが一般的。タイミングと金額を事前に確認

¥
- 建築設計監理業務委託料の10～30%
- 工事請負代金の30～50%

□ **近隣あいさつ・管理組合への届け出**

□ **着工**

¥
- 建築設計監理業務委託料の40～70%

□ **完成・引き渡し**

¥
- 建築設計監理業務委託料の20～30%
- 工事請負代金の50～70%

□ **引っ越し・入居**

¥
- 引っ越し代
- 家具の購入費
- 不動産取得税
- 固定資産税
- 都市計画税
- 管理費、修繕積立金

□ **住宅ローンを申し込む**

□ **契約**

¥
- 印紙代
- 各種保険料
- ローン保証料
- 融資手数料

□ **ローン実行・残金決済**

中古購入＋リノベの場合、工事終了まで家賃とローンの二重払いに。できるだけ早い着工を

¥
- 物件価格の残金(約90%)
- 仲介手数料の残金(50%)
- 固定資産税、都市計画税、管理費などの清算金
- 登記費用

## Column リフォーム体験談 Vol.2

# 業者選び＆契約

**不動産売買やリフォーム工事の契約は人生初という人も多い、ドキドキのプロセス。わからないことはうやむやにせず、何でもプロに聞いて進めるのが安心。**

理想に近い施工例がHPに掲載。希望を前向きに聞いて、予算上難しい部分にも別の案を出してくれるなど親身に考えてくれた業者を選び、リフォームは大成功！
(関東在住・Sさん)

雑誌の切り抜きを持っていき、こんなふうにできるかどうかをズバリ聞いてチェック。
(関東在住・Hさん)

リフォームする物件の近くにある業者は、何かあるとすぐに来てくれて助かりました。
(関東在住・Uさん)

3社から相見積もりをとった。たとえばドアの位置を動かすだけでも、業者それぞれ方法が違い、金額も上下。相見積もりは絶対に不可欠と思った。
(関東在住・Yさん)

業者によって得意分野が違うので、自分たちが優先したいことを検討し、それに合わせて業者を選ぶと間違いがないと思う。
(関東在住・Uさん)

担当者との相性やセンスを知るために、自宅での打ち合わせだけでなく、オフィスの雰囲気もチェックしたほうがいいです。
(関東在住・Uさん)

実際の工事は工務店の職人が行うので、連絡ミスなどで間違っても手直しがきかないことも。職人との連携がしっかりしているリフォーム会社を選ぶべき。
(関東在住・Tさん)

契約時に売主と顔合わせをすることや、ローンの詳細を売主に知られてしまうことにびっくり。予想以上に売主とかかわると思っていたほうがいい。
(中部在住・Mさん)

物件を購入後、すぐに長いリフォーム工事に入ってしまうと、自分たちで家の不具合を見つけにくい。物件にはクレーム対応期間が設定されているので注意が必要。
(関東在住・Uさん)

ローンの保証人の都合にも配慮が。必要な書類を用意してもらうのに時間がかかり、あやうく業者に迷惑をかけるところでした。
(中部在住・Nさん)

駐輪場の確保や宅配ボックスの利用方法などを、契約時に売主さんから教えてもらい、助かりました。快適な新生活をスタートする助っ人に。
(関東在住・Kさん)

引き渡し後に不具合があっても、リフォーム会社の補償は施工箇所のみが対象。リフォームしない部分は、売買契約のときに現状をじっくり確認しておいたほうがいい。(中国在住・Iさん)

# PART 3

# リノベ&
# リフォームで
# どう変える？

PART 3 リノベ&リフォームでどう変える？

快適性・機能性

# 暑さ寒さをやわらげるには？

古い戸建てに住んでいると、すき間風で冬は寒いという声も多いもの。せっかくリフォームするなら、暑さ寒さ対策から考えてみましょう。

冬暖かく夏涼しい家にするには、断熱性と通気性を高めるのが必須。既存の建物の状態にもよりますが、現在のものより性能のいい断熱材に入れかえるのが理想です。断熱材は部分的に入れても効果は期待できず、床下や外壁内、屋根裏など建物全体をくるむように入れます。

築年数の古い住宅に多いアルミサッシ＋単板ガラスの窓は、外気の暑さ寒さが室内にダイレクトに伝わります。できれば複層ガラスやLow-Eガラスを用いた断熱サッシに。また浴室の断熱が不十分だったり、北側に配置されていて冬寒いという声も。建物全体の断熱工事を行うなら心配いりませんが、浴室の部分リフォームの場合でも断熱性を高める工夫が必要です。

## 断熱材はどこに入れる？

**天井**

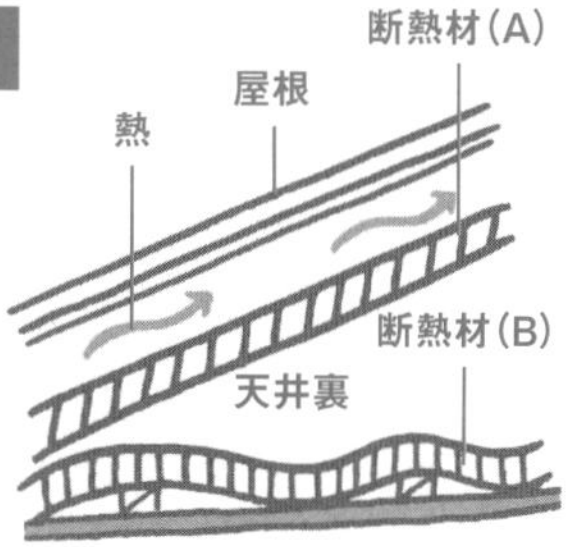


天井の真上を断熱するBより、Aのように屋根材の下を断熱して、小屋裏換気によって熱を逃がすほうが効果的。

**壁**

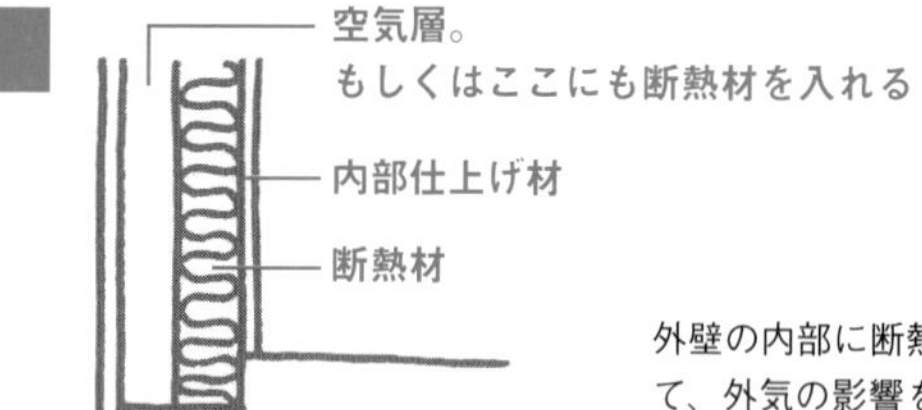


外壁の内部に断熱材を入れて、外気の影響を受けにくくする。脱落しないように入れる。

**床**

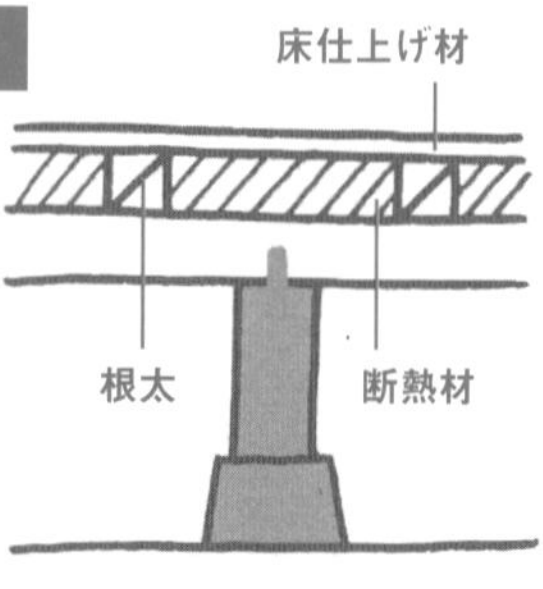


仕上げ材を一度撤去し、根太の間に断熱材を入れる。床のリフォーム時にあわせて行うと効率がいい。

# 家全体を断熱材ですっぽりくるむ

## 熱が逃げやすい開口部の断熱性をUP

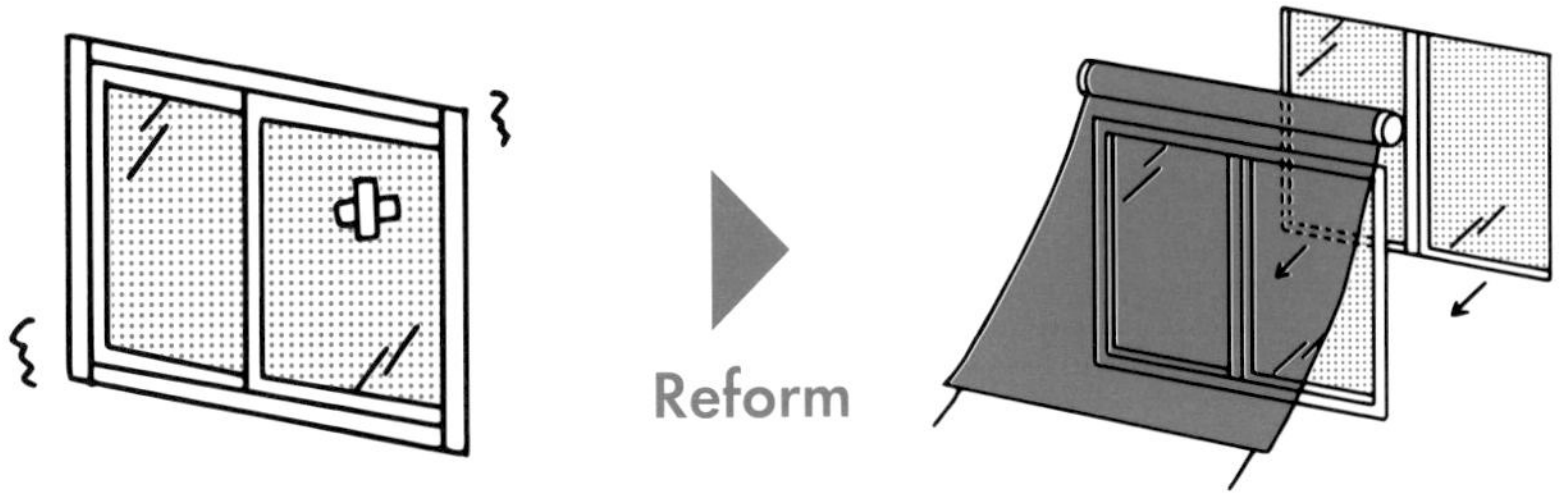


窓を交換

内窓をつける

外づけスクリーンをプラス

→P153参照

## 断熱施工をして冬の浴室を快適に

\Point/

居室との急激な温度差で起こるヒートショック対策のためにも、断熱性を高めるプランを。

〈オリジナルの浴室の例〉

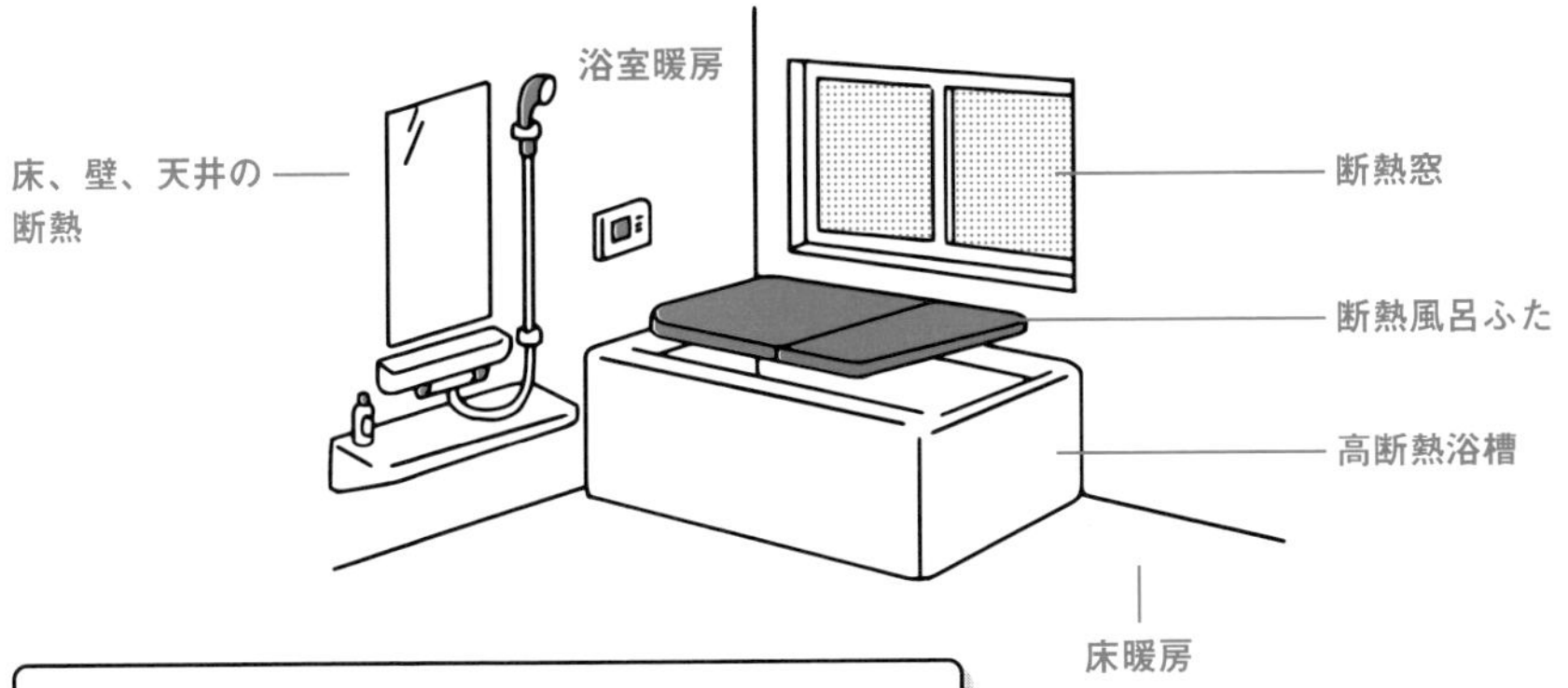


**アドバイス**

### 間取りや素材の工夫で快適に

暑さ寒さを緩和するには、通風を考慮して対角に窓を設置したり、間仕切り壁の少ないシンプルなプランも効果的。素材では、空気を多く含むパイン材の床を採用すると暖かく感じられるのでおすすめです。

快適性・機能性

# 窓の結露や床下の湿気をどうにかしたい

冬に悩まされる窓の結露。掃除も大変ですが、放置するとカビの発生や建物が傷む原因に。結露対策もリフォームで考えたいポイントです。

家の中と外の温度差によって起こる結露を防ぐには、断熱と換気が重要。気密性の高いマンションでは特に空気が滞りやすいので、家じゅうの空気が常に流れている状態をつくること。それには24時間換気システムが効果的。2003年以降、建築基準法ですべての新築住宅に設置が義務づけられましたが、それ以前に建てられた住宅では設置されていないことも。とりつけには配管用の穴が必要になるので、リフォームで設置できるか確認を。

また、暖かい空気は上昇して屋根裏や天井付近にたまります。換気扇やシーリングファンを設置して空気を対流させると室温が均一になり、冷暖房効率も上がります。湿気がこもりがちな床下にも風の流れをつくりましょう。

## 結露を防ぐには…

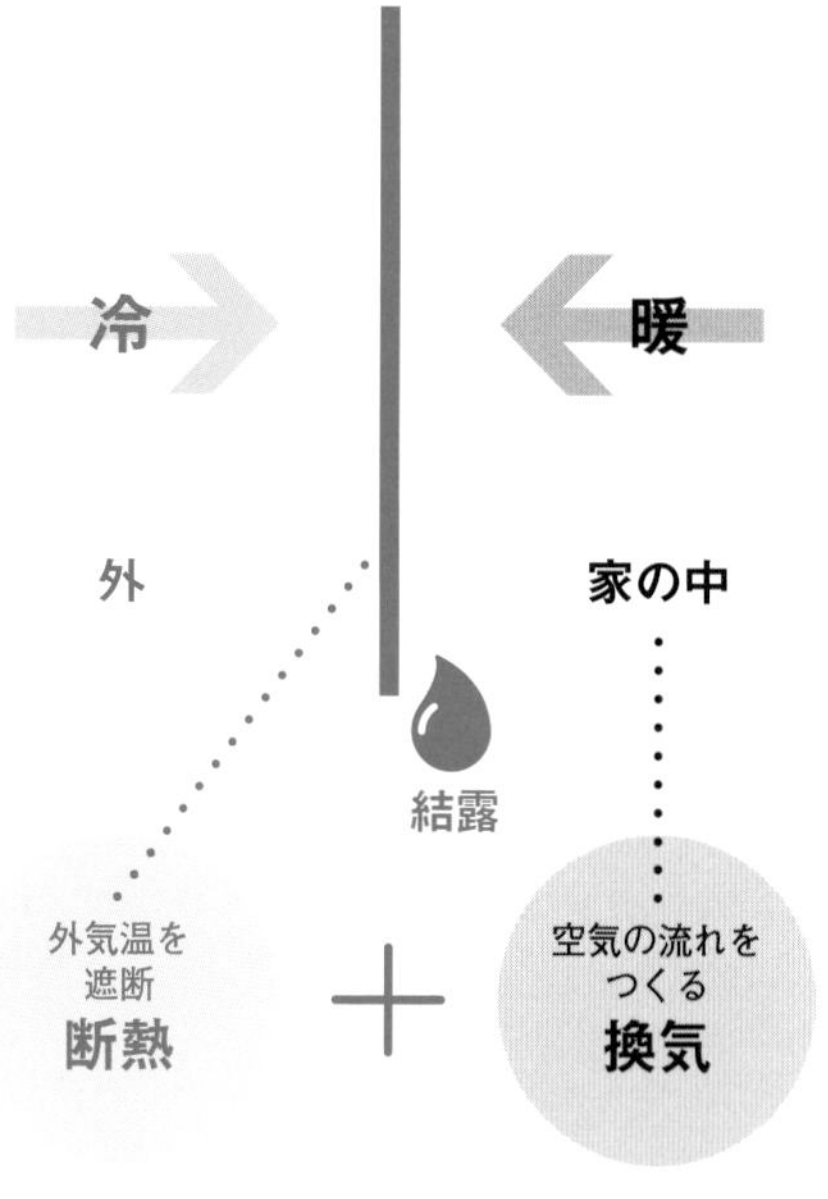


## ことば辞典

**【24時間換気システム】**
家の中の空気が循環するように計画的な換気を行うシステム。2003年7月以降、すべての建造物に設置することが原則として義務づけられている。

**【建築基準法】**
安全で快適に暮らせるよう、土地や建物の設備、構造、用途に対して最低基準を定めた法律。1950年に制定。最近では2019年に一部改正、施行された。

**【シーリングファン】**
天井にとりつける扇風機。空気を撹拌して室温のムラをなくす。吹き抜けなど天井の高い部屋につけると効果が高い。照明と一体になったものもある。

# 家じゅうに空気の流れをつくる

## 換気をよくするには…

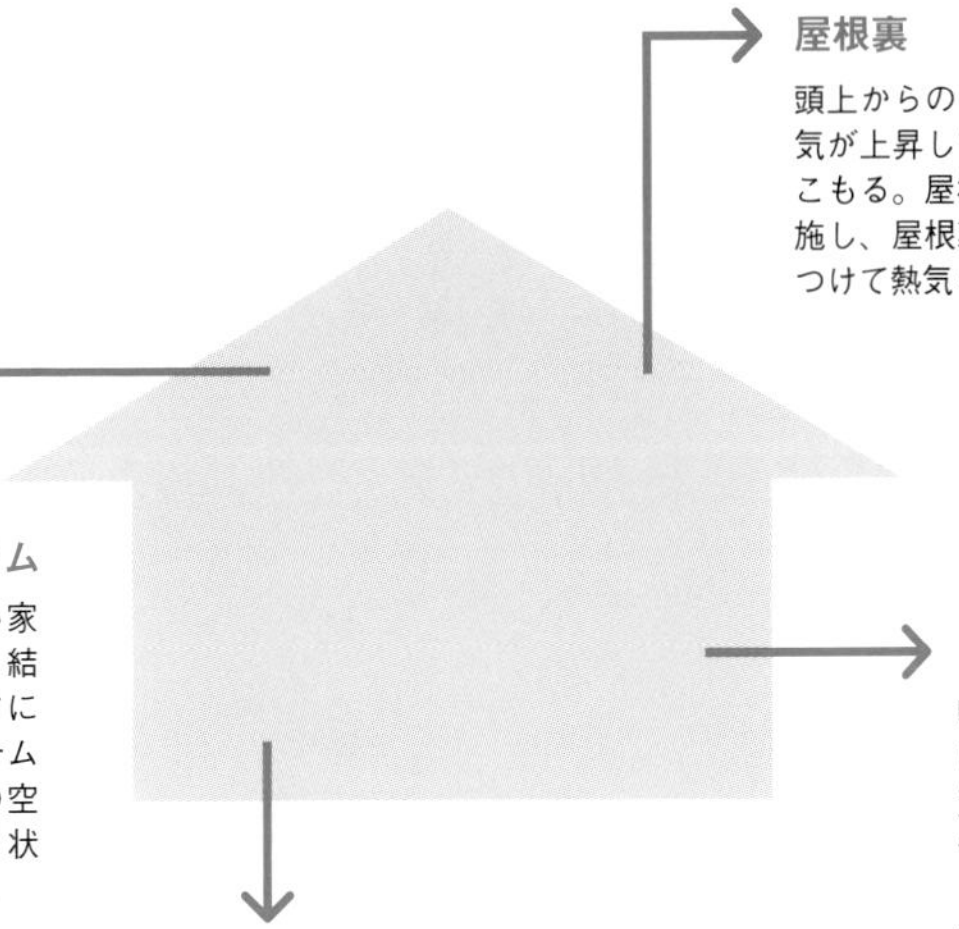

### 屋根裏

頭上からの日射と、室内の暖気が上昇して屋根裏に熱気がこもる。屋根直下に断熱材を施し、屋根裏に換気扇をとりつけて熱気を排出。

### 24時間換気システム

断熱・気密性の高い家の室内環境を整え、結露やカビ対策を施すには24時間換気システムが有効。家じゅうの空気が常に流れている状態を意図的につくる。

### シーリングファン

吹き抜けなど天井の高い空間は暖かい空気が天井付近にたまり、床付近と温度差が生じる。シーリングファンで空気を撹拌し、室内温度のムラをなくすと冷暖房効率も高まる。

### 床下

湿気がたまるとカビやシロアリが発生しやすく、基礎が傷む。床下換気口から床下全体の通風を確認。空気が滞っていたら床下換気扇を設置。床下の通気をよくしたら、床に断熱材を補うことも忘れずに。

**アドバイス**

### 換気システムの設置が難しい場合は…

古いマンションなどで、もともと換気システムが設置されていないと配管用の穴がなく、24時間換気システムが設置できないことも。その場合はキッチンのレンジフードを24時間換気機能つきにし、家じゅうの空気がレンジフードを中心に流れるよう、部屋の間仕切りやドアに換気用の穴を設ける方法があります。

**アドバイス**

### シーリングファンは冬こそ積極的に使って

シーリングファンは夏に使うイメージがありますが、じつは冬にも効果を発揮。上昇気流と下降気流という風の向きを変えられるタイプがあり、冬は下向き、夏は上向きに切りかえて季節に応じて空気の流れをつくれます。冬は天井付近にたまった暖気を下に向けて送り込むので、吹き抜けの寒さを軽減。暖房の温度設定を低めにできるので省エネにもなります。

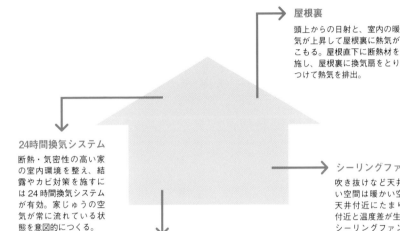

快適性・機能性

# 地震に強い家にするには？

古い家に住んでいると心配なのが地震による倒壊や損壊。万が一の地震に備えて、リフォームでどんな補強ができるのか知っておきましょう。

地震に強い建物にするには、平面は正方形か長方形が理想。耐力壁が建物の四隅にあり、荷重を均等に支えるようバランスよく配置します。立面も1階と2階の壁がそろっている建物は耐震性が高まります。建物に加わる地震の力（横揺れ）は建物の重さと比例するため、屋根材や外壁材が軽いものほど荷重負担が少なくて耐震性が向上。屋根や外壁のリフォーム時には軽い材料を選ぶのが基本です。

木造軸組み工法は、構造計算や施工がきちんとなされていれば地震に弱いことはありません。古くても適切な補強工事を施せば耐震性は高まります。築年数や地盤、建物の構造、傷み具合により対処法はケースバイケースなので、専門家に相談しましょう。

## 地震に強い建物の形は？

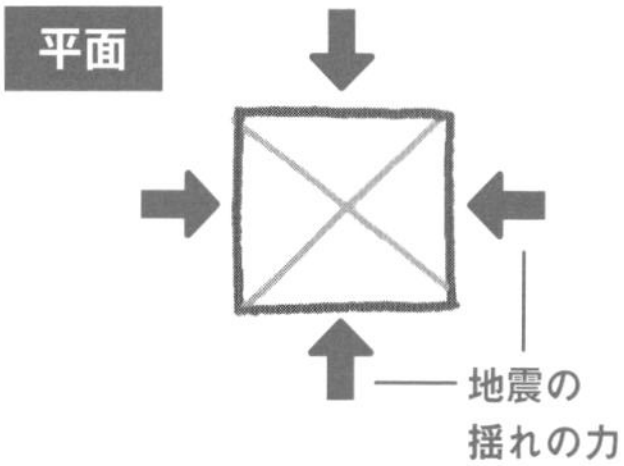


重心が1カ所の四角い建物は揺れに強い。

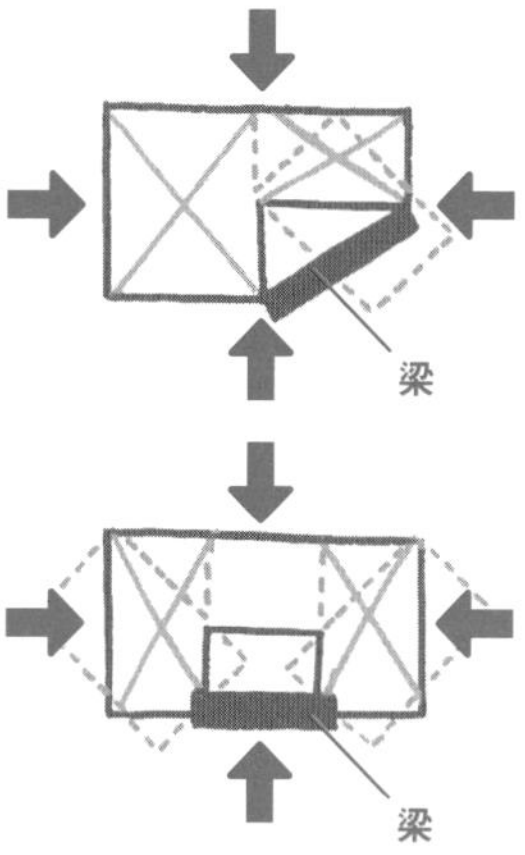


L字形、コの字形などの複雑な形になるにつれて建物の重心が分散され、地震の際にひびが入りやすくなる。梁や柱でつないで固定させるとよい。

\Point/

一方の壁が全面開口になっていたり、コーナー窓などは、耐震面から考えるとあまりよくない。

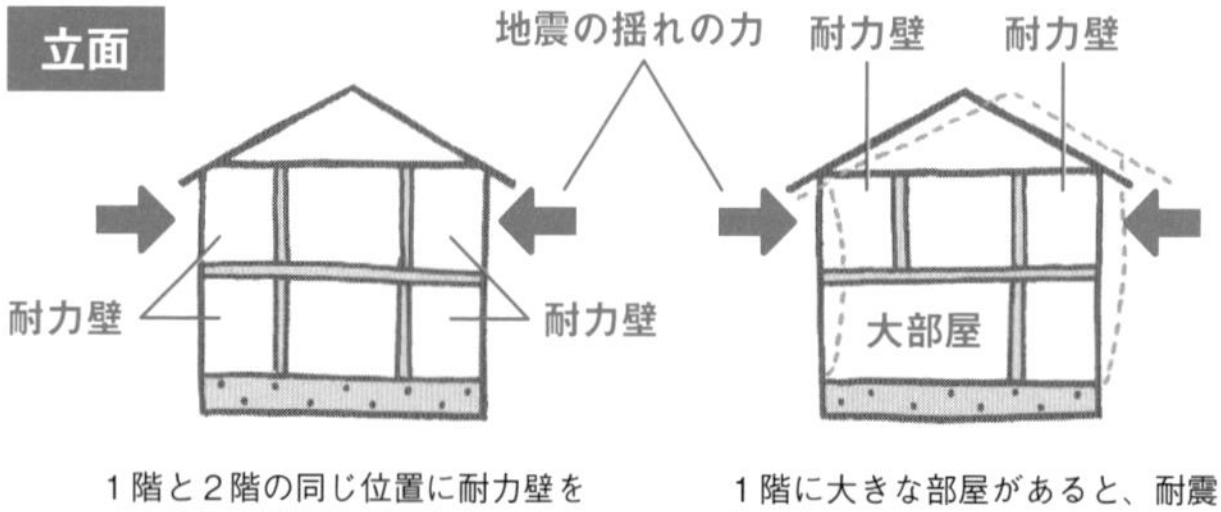


1階と2階の同じ位置に耐力壁をつくると、耐震性が高まる。

1階に大きな部屋があると、耐震性が劣る。

# 基礎の強度を高めて バランスのいい構造にする

\Point/

土台や柱、すじかいなどの接合部は金物でしっかりとめる。窓の多い建物では窓を減らして壁量を増やす。

## すじかい、構造用合板を入れる

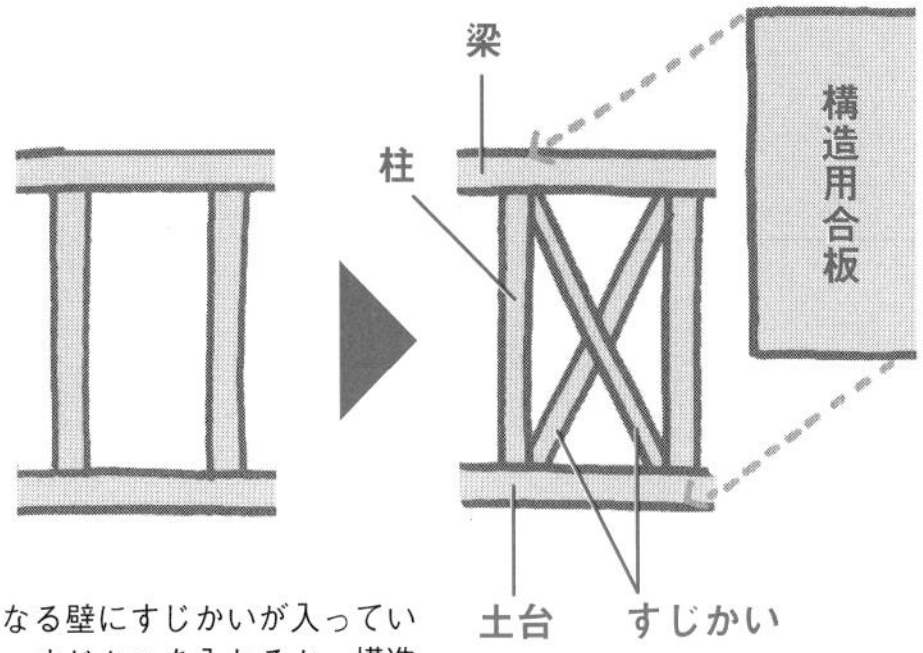


耐力壁になる壁にすじかいが入っていないなら、すじかいを入れるか、構造用合板を張って補強する。両方行うとさらに強度が上がる。

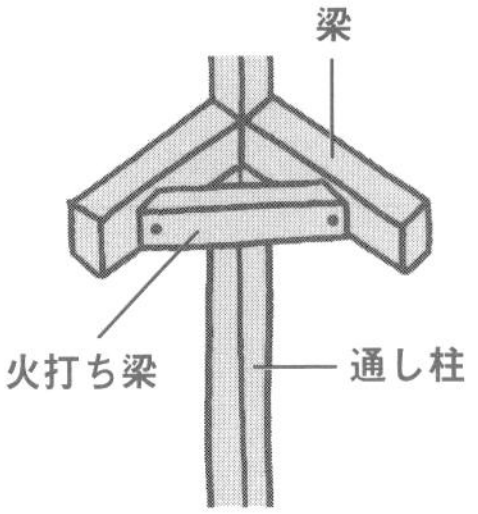


揺れによる水平面上の変形を防ぐには、1階と2階の床組みや小屋組み（屋根の骨組み）に斜めの補強材（火打ち梁）を入れたり、根太の上一面に構造用合板を張ると、横揺れに強くなる。

## 添え基礎で強化する

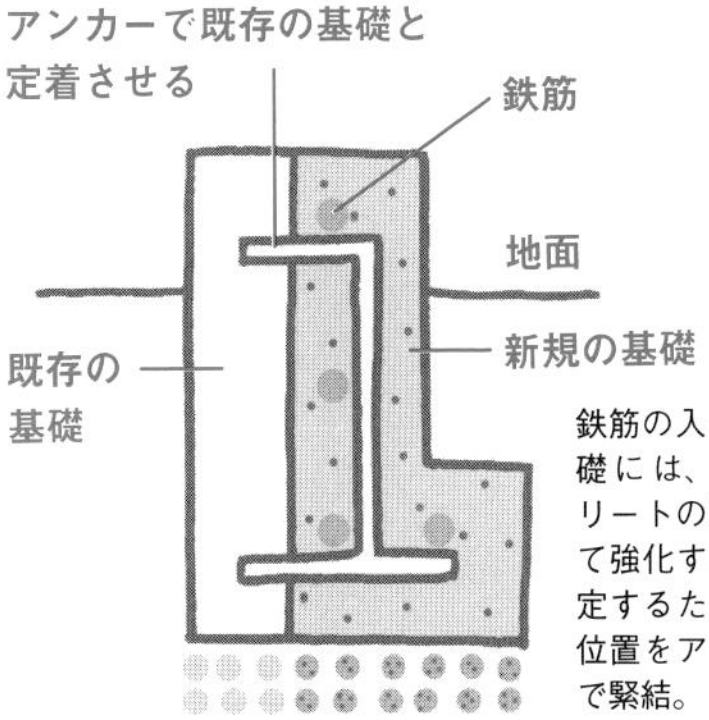


鉄筋の入っていない基礎には、鉄筋コンクリートの添え基礎をして強化する。土台も固定するために、適切な位置をアンカーボルトで緊結。

## 住まいを工夫する

- 背の高い家具は造りつけにする
- 大型家電は壁に固定するか耐震マットを貼る
- 食器棚には耐震ラッチを設置
- 廊下や玄関まわりのガラスには飛散防止フィルムを貼る
- 寝室や子ども部屋には重いものを置かない
- 雨水タンクを設置する など

### アドバイス

**戸建てなら防犯対策も万全に**

ドアは2ロックに、錠は耐ピッキング性の高いものにするほか、防犯合わせガラスに交換したり、あとづけできるシャッターや面格子を設置するなど、玄関や窓などの開口部に工夫を。特に道路に面していないサニタリーやトイレの小窓は要注意。また、道路からの見通しがいい低めのフェンスにする、家のまわりに砂利を敷く、人感センサーつきのライトを設置するなども有効です。

\ 古い木造住宅は耐震補強を検討しましょう /

PART 3
リノベ&リフォームでどう変える？

暮らしやすさ

# 狭い部屋がいくつもあって使いにくい

**リフォームで多いのは、間取りを自由に変えたいという要望。家族構成やライフスタイルに合わせて部屋数や広さはどこまで変えられる？**

間仕切り壁を撤去して構造体だけの状態にし、内装工事を一から行うことをスケルトンリフォームといいます。施工面積が広くなるので費用もかかりますが、部分リフォームをくり返すより結果的に安くすむ場合もあり、デザインの統一がはかれます。全面的に間取りを変更することができるので、家族構成が変わるなど暮らしに大きな変化があったときのリフォームにも向いています。

スケルトンにすると構造体の状態を確認でき、老朽化した配管や配線をとりかえられるのもメリット。コンセントやスイッチの位置も暮らしに合わせて変更、新設できます。マンションの場合は水回りの移動には制限が出るので、担当者に相談を。

## 間仕切り壁をなくしてワンルームに

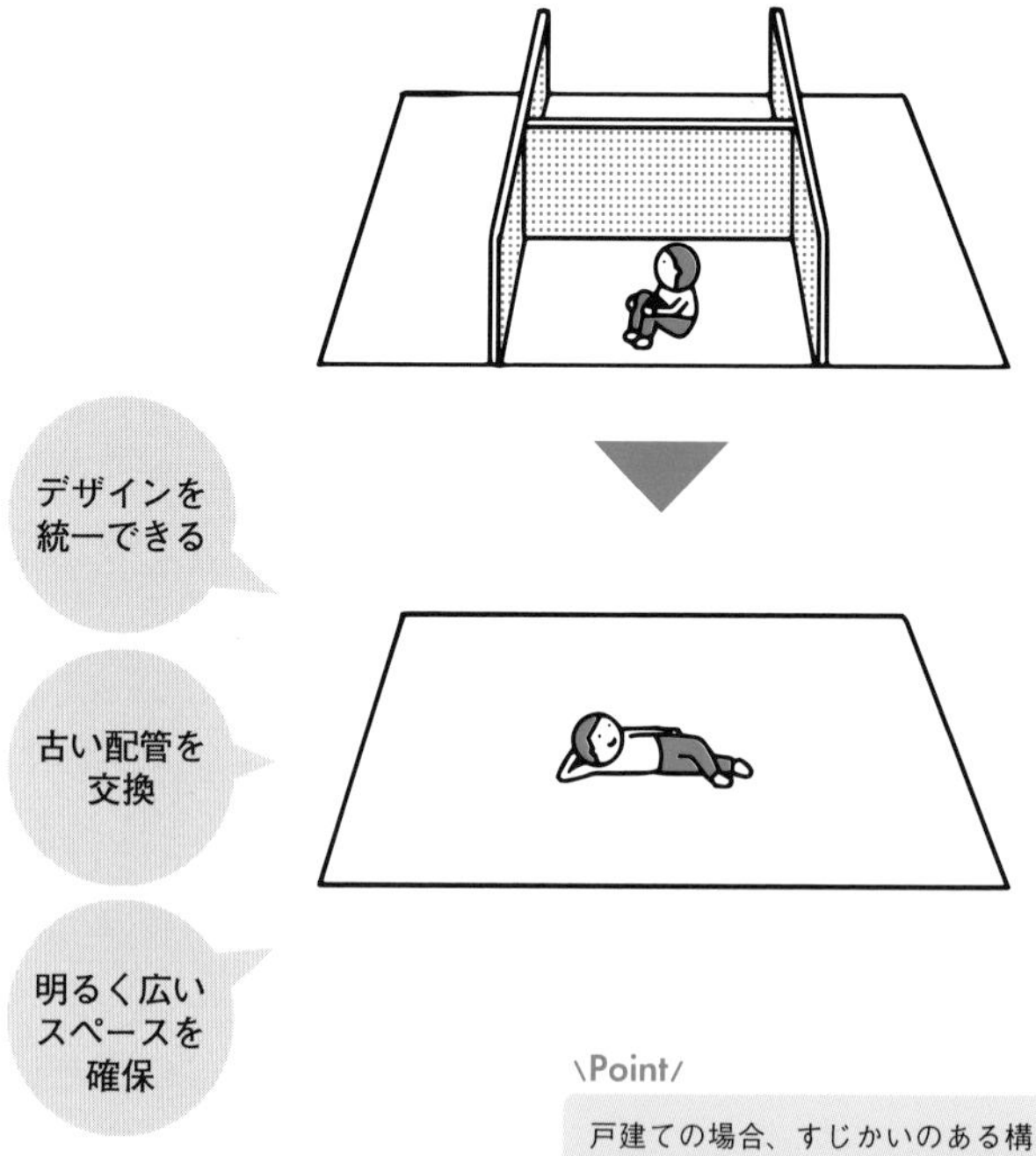

デザインを統一できる
古い配管を交換
明るく広いスペースを確保

\Point/

戸建ての場合、すじかいのある構造壁は撤去できないので事前に確認を。

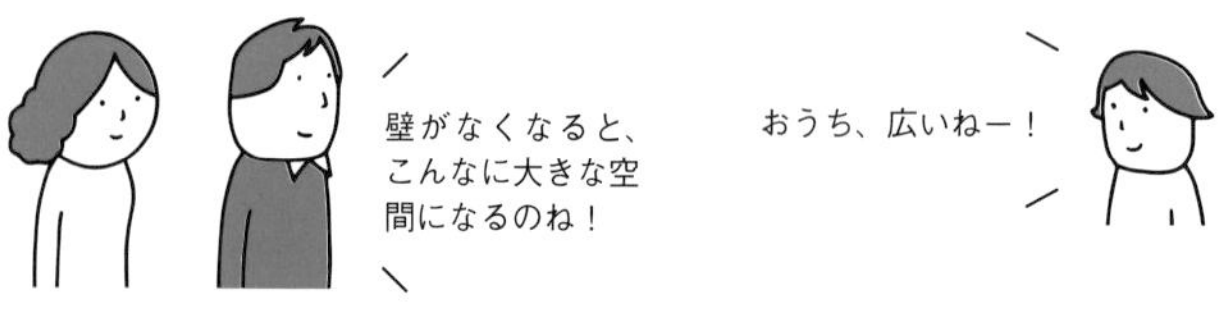

壁がなくなると、こんなに大きな空間になるのね！
おうち、広いねー！

# スケルトンリフォームで 間取りを自由につくりかえる

## 家族の気配が伝わる開放的な間取りに

3LDK を 1LDK に変更。廊下を大幅に移動して玄関をゆったりとさせ、間仕切り壁を極力省いたオープンな住まいに。

（N 邸　設計・施工／リノキューブ）

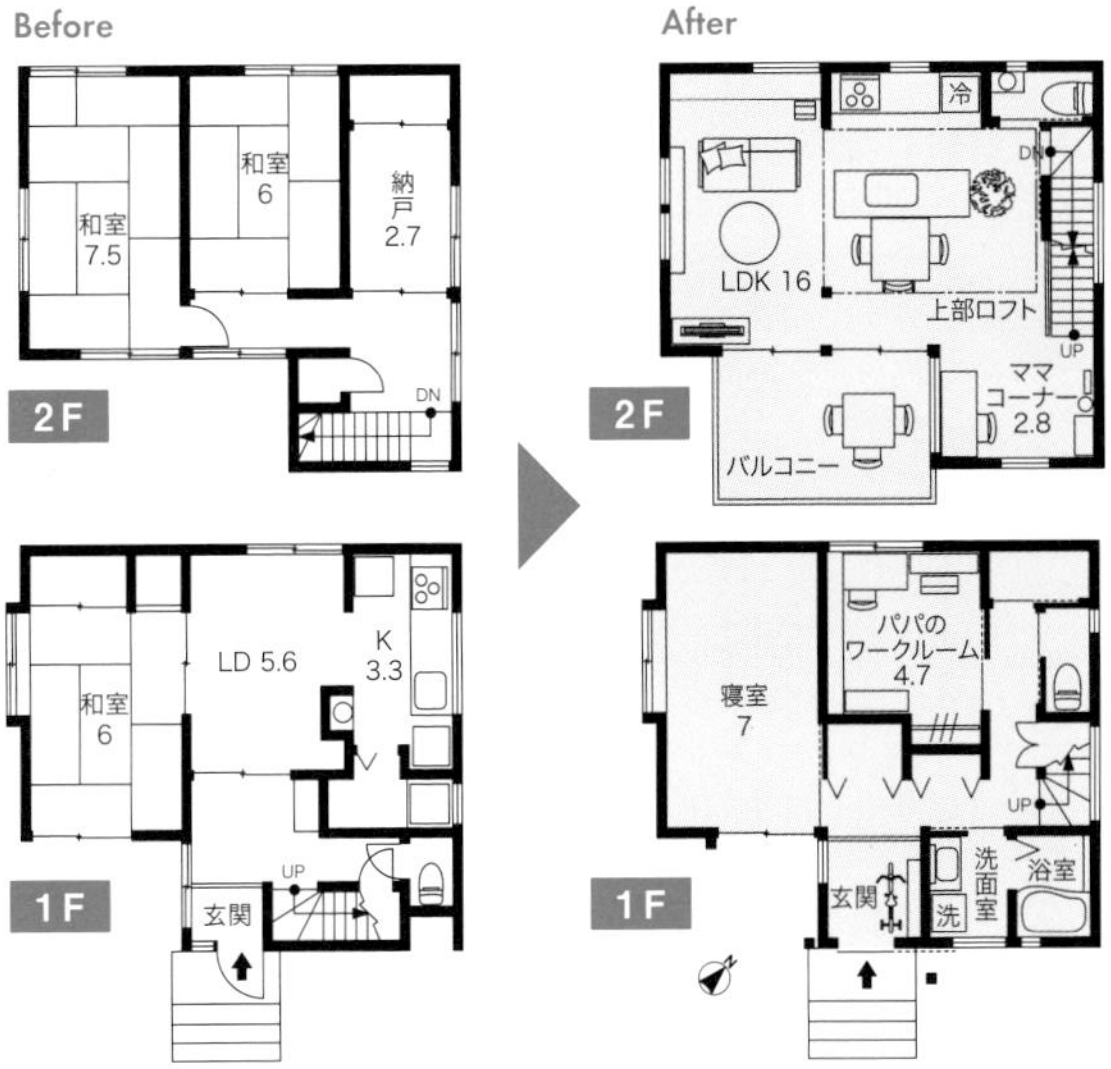


## パブリックスペースを条件のいい2階へ

1 階の LDK に光が入らず暗くて寒かったのを、間仕切り壁をとり払った2階に配置して解決。階段を移動して水回りも広々と。

（K 邸　設計・施工／スタイル工房）

**アイディア＆テクニック**

### セカンドリビングにもなるデッキをつくるには？

スペースがあれば、戸建ての 1 階部分にウッドデッキをつくるのは簡単。2 階に増設する場合は、躯体に固定するほか、窓の工事や防水対策も必要なため大がかりな工事になります。マンションでも、共用部分であるベランダにデッキ材を敷いたり、1 階の専用庭にウッドデッキを増設できます。ただし、まれに例外もあるので管理規約を確認しましょう。

PART 3
リノベ＆
リフォームで
どう変える？

暮らしやすさ

# 開放感のあるリビングに変えるには？

広々としたリビングにしたくても、床面積はそれほど変えられない…。そんなケースでも、たっぷりの開放感が味わえる空間はつくれます！

リフォームで天井を高くできると、面積以上に部屋が広く感じられます。マンションの場合は、天井板をはがして躯体をむき出しにするスタイルが人気。天井高がとれて、開放感が生まれます。ただし配管や配線が露出するので、見栄えのいい配管に変えて、配線をきれいに整える必要も。また、構造によっては真上の部屋の配管がむき出しになり、水音がじかに伝わるケースもあるので注意しましょう。

戸建ての場合、最上階の天井板を抜いて屋根なりの勾配天井にすると、たっぷりの開放感が。その場合は、屋根断熱をきちんと施す必要があります。古い家で天井が上階の床と共通じか天井の場合は、天井板をとりはずすことはできません。

## 勾配天井で縦に広げる

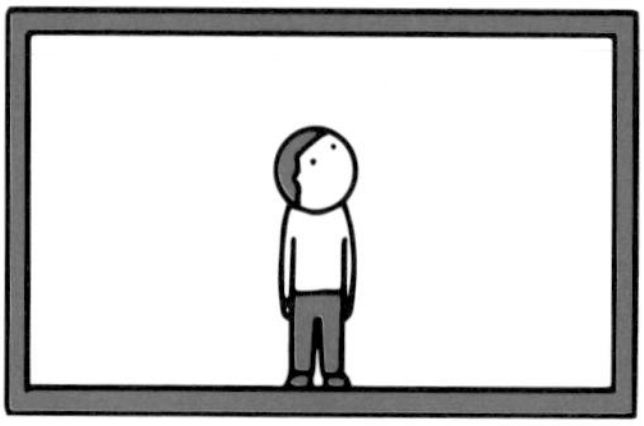

フラットな天井

天井を斜めにする

### ことば辞典

**【躯体】**
建物の基礎、柱、梁、床、壁などの構造体（骨組み）のことで、家の強度にかかわる部分。

**【勾配天井】**
屋根の傾斜をそのまま生かした斜めの天井。高い位置に窓をつくれて明るい部屋になる。照明のとりかえなどメンテナンス費用がかかる場合も。

**【間仕切り】**
家の中の空間を仕切るもの。壁のような固定的なもの、カーテンやロールスクリーンなど半固定的なもの、つい立てなど移動式のものがある。

# 天井の高さや勾配に変化をつける

## 天井板を撤去する

### アイディア&テクニック

### ロフトをつくって生活空間を広げる

収納や趣味を楽しむ場所がほしいとき、広さに限りがある戸建ての場合は、空間を有効活用してつくれるロフトが重宝します。ただし、すぐ上が屋根なので暑く、暖まった空気がたまりやすいのがデメリット。屋根の断熱をしっかり施すことが肝心です。自治体によっては固定式階段が不可のケースもあるので、確認を。最上階につくるのが基本ですが、1階と2階の間に設けることもできます。

### コンクリートの躯体をあえてむき出しに

和室だったLDKの一角。間仕切り壁を撤去し、天井板を張らずに躯体や配管ダクトをむき出しに。天井高がとれて面積以上に広々と。

(設計/KURASU)

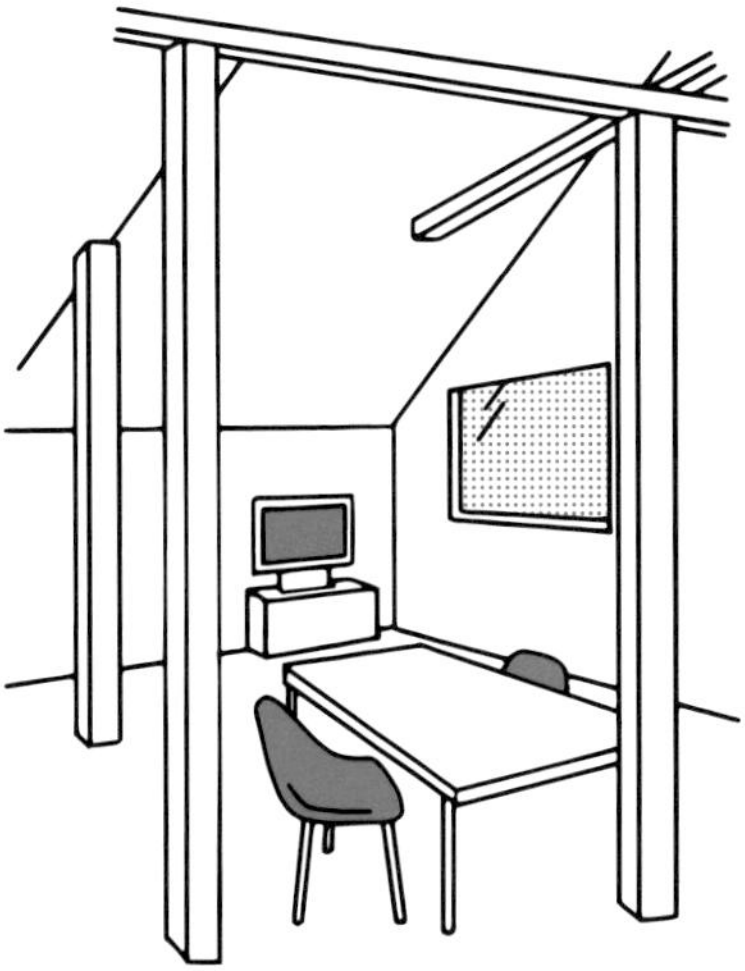

### 構造材をあらわしにして抜け感を

3階の天井板をはずして梁をあらわしにした2階リビング。勾配天井ののびやかな空間に生まれ変わった。

(設計/山﨑壮一建築設計事務所)

PART 3 リノベ&リフォームでどう変える？

暮らしやすさ

# 奥の部屋が暗くてジメジメする

戸建てでもマンションでも、日照の関係で暗くなりがちな部屋があったりします。リフォームで明るく気持ちのいい空間に変えるには？

明るくて風通しのいい家にするためには、窓の配置がポイント。光をとり込むのはもちろん、空気の流れもつくります。それには、風を呼び込む窓と、抜けていく窓の2つが必要。対角に設けられれば理想ですが、難しければできる限り離してプランします。

住宅密集地などで窓をとるのが難しい場合は、壁窓の3倍の採光性があるトップライト（天窓）や、高い位置に設けるハイサイドライトをつけると、外からの視線を気にせず採光が望めます。新しく窓をつけられないマンションの場合は、内装を白でまとめて反射光で明るさを確保する手も。

出入り口のドアを省いたり、開けたままにできる引き戸にするなど、風が家の中を通り抜ける工夫も有効です。

## 光を隅々まで導く窓を配置する

トップライトで北側も明るく

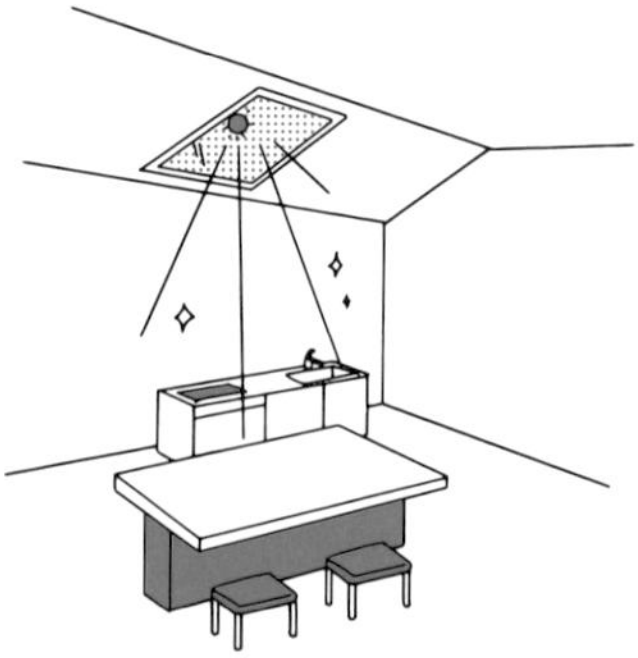

ハイサイドライトでプライバシーも確保

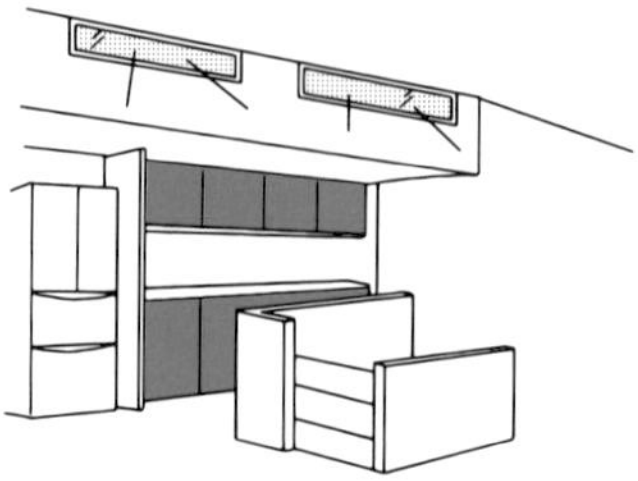

ガラスブロックで隣室に光を届ける

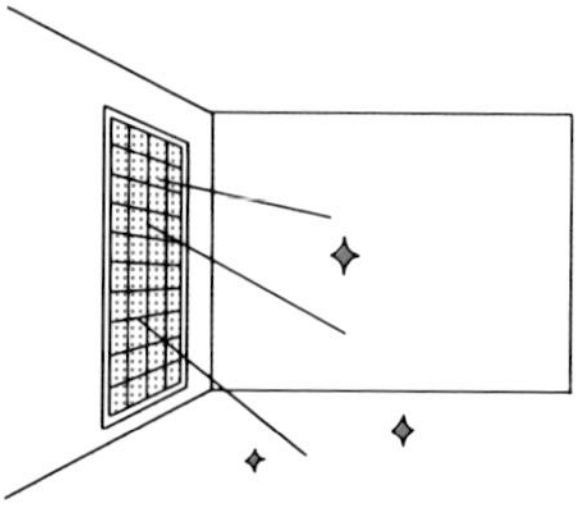

\Point/

窓のとれない水回りでは仕切り壁にガラスブロックをはめ込み、光を導く方法も。

# 間取りの工夫で家じゅうに風を通す

\回遊動線/

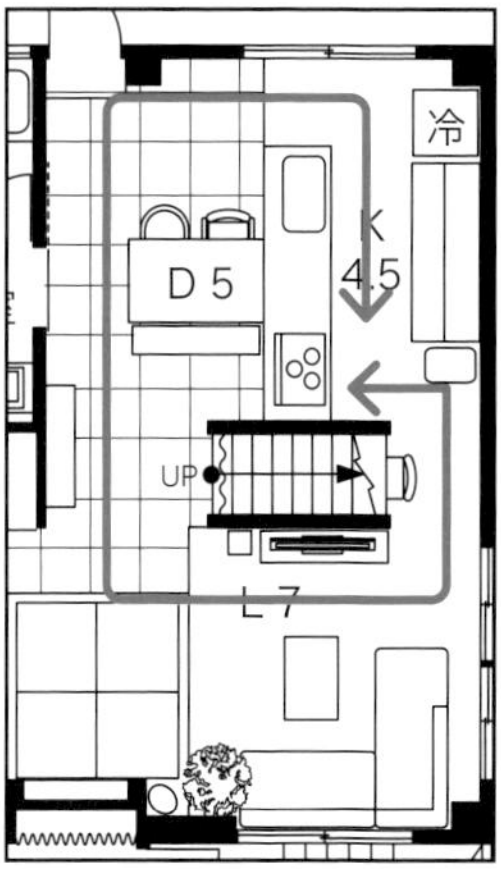


\風の通り道/

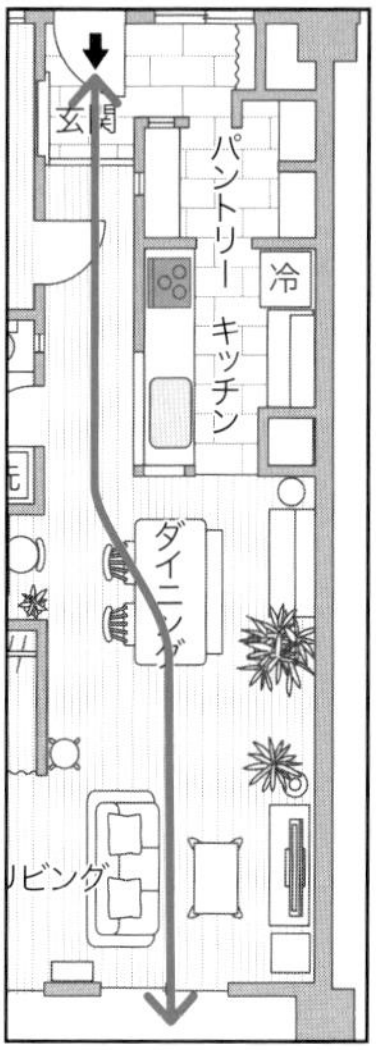


### 風通しのいい回遊できる間取り

階段の位置はそのままに、壁を撤去して階段を中心にリビング～ダイニング～キッチンと回遊できる間取りに変更。風通しがよく、生活動線も便利に。

（W邸　設計／エイトデザイン）

### 南北に風が通り抜けるプラン

LDの出入り口のドアをつけず、廊下をとり込んだプラン。南側のリビングから北側の玄関まで光が届いて風も通りやすく、冷房費も節約。

（K邸　設計／ KURASU）

**ココに注意！**

### 和室→洋室にリフォームするとき

建築基準法では、長時間過ごす部屋（居室）には採光や換気のため一定の面積の窓を設けることとしています。マンションでは、LDの一角をふすまで仕切った和室がよくありますが、その場合は和室に窓がなくても、常時開放できるふすまがあるので居室と認められています。そのため、ふすまの部分を壁や腰窓にして部屋を独立させることはできません。必ず掃き出し窓などの開口部を設けましょう。

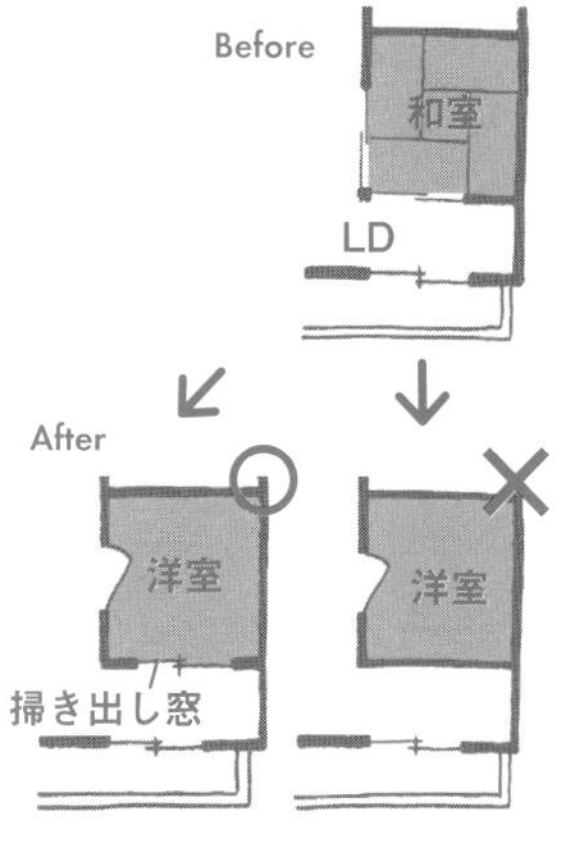


和室を洋室にリフォームする場合、既存の窓をふさいだり、ふすまを腰窓にするのはNG。必ず1間の掃き出し窓をベランダ側に設ける工夫を。

暮らしやすさ

# 家族の距離が近すぎて落ち着かない

どんなに仲がいい家族でも、ときには一人で何かに集中したいことも。家族と適度な距離を保って過ごせる、そんなプランが理想です。

間仕切りの少ないオープンな間取りは、家族のコミュニケーションが自然に生まれます。一方で、オープンすぎると落ち着かないという声も。こもれるスペースもあると、いろいろな過ごし方ができて暮らしやすくなります。

ただし、完全に壁で仕切ると圧迫感が生じて、部屋も狭くなりがち。そこでとり入れたいのが仕切り方の工夫。壁の上部をあけて完全にふさがないようにするといいでしょう。LDKに面した子ども部屋の壁に室内窓をとり入れるのもおすすめ。個室感を保ちながらいつでも窓越しに様子をうかがえて安心です。ほかにも、窓のない部屋や廊下、洗面室に面した壁に室内窓を設置すると、家じゅうに光と風が行き渡る快適な住まいになります。

## 室内窓でゆるやかにつながる

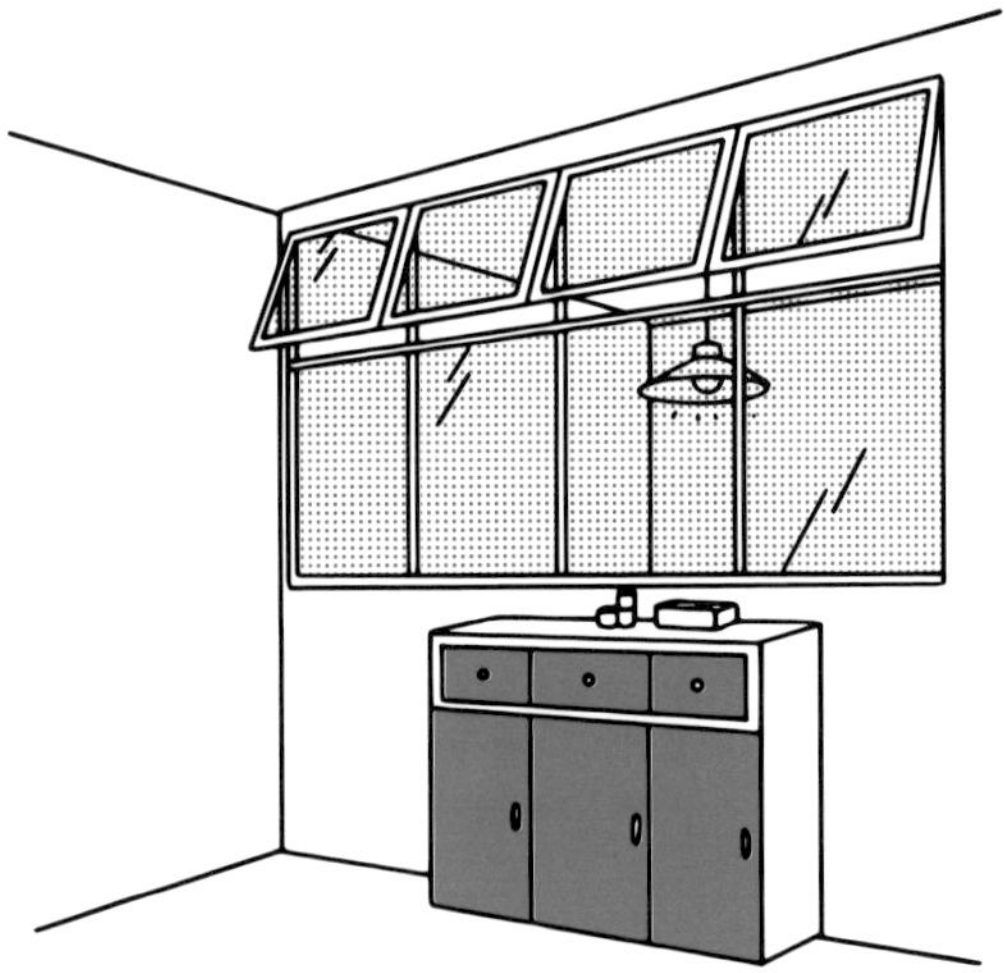

**アイアンの室内窓がインテリアの主役にも**

窓のないアトリエに光を通すため、ダイニングとの間仕切り壁に大きな室内窓を。風も通るよう上部は開閉式に。

（設計／ DEN PLUS EGG）

**Point**

室内窓はとりつける位置やサイズ、窓のデザインなど自由なプランが可能。

**ココに注意！**

**すじかいの入った壁には…**

室内窓をつけたい壁にすじかいがある場合は、窓をサイズダウンするなどして、すじかいを傷つけないような工夫を。

# 仕切り方を工夫して気配を伝える

## ガラスで仕切る

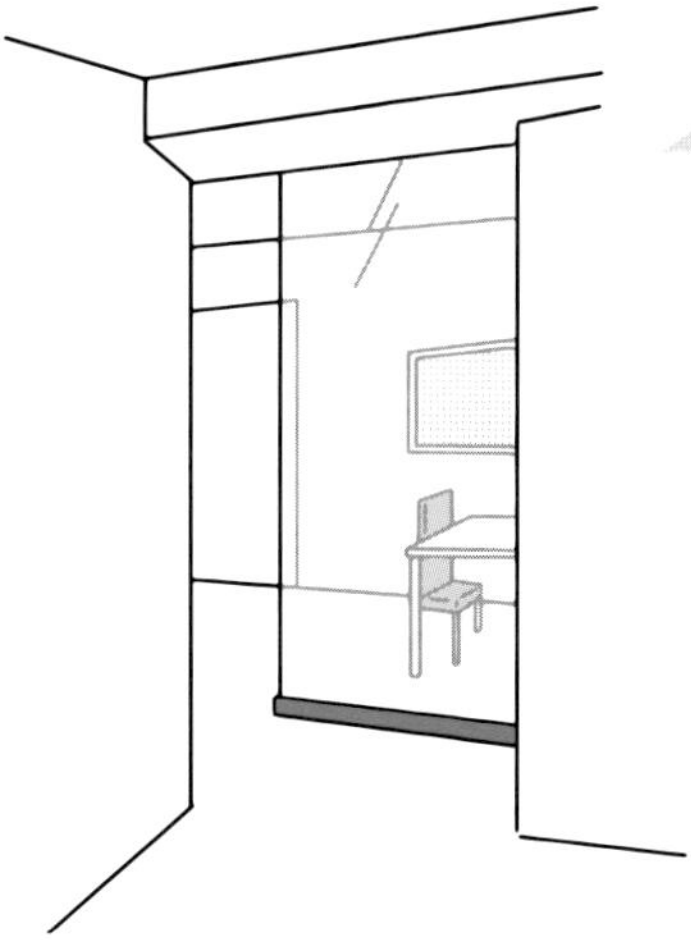

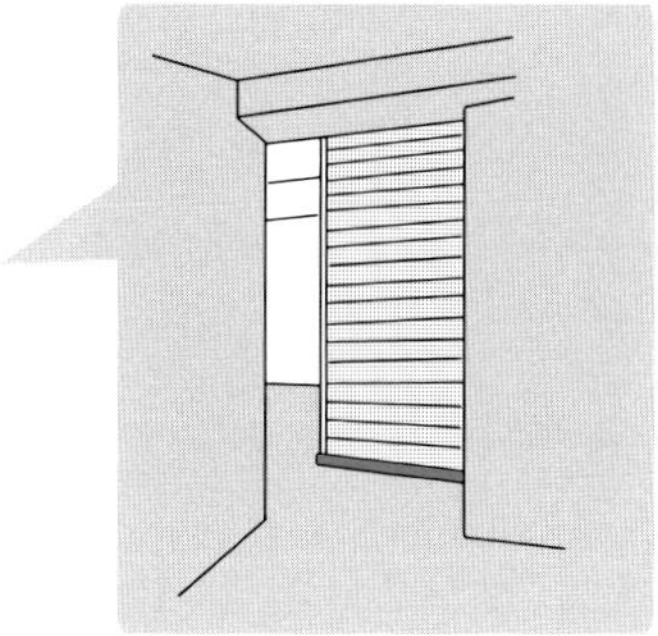

### 間仕切りをガラスにして広がりを演出

古い団地の一角をスケルトンリフォーム。玄関ホールとLDKの間仕切りにガラスを採用。すだれ風のスクリーンも設置し、必要に応じて目隠しを。

（設計／カサボン住環境設計）

## 上部をあける

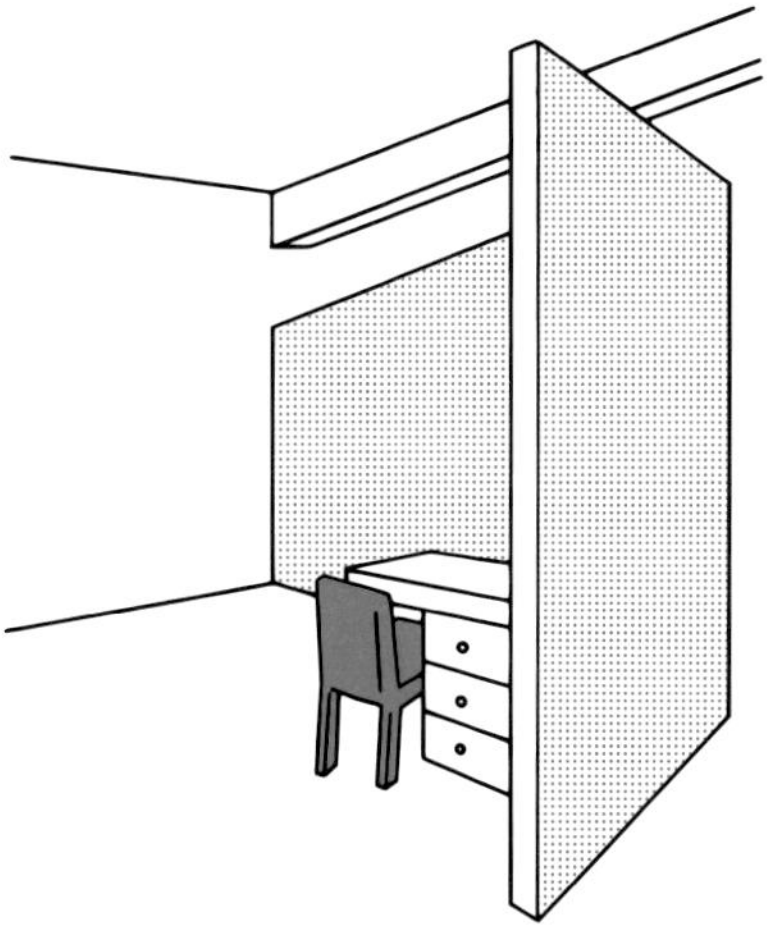

> **アイディア&テクニック**
>
> **必要なときだけ仕切れる建具に注目！**
>
> たとえば障子やふすまは、閉めると独立した部屋に、開ければ広い空間になるフレキシブルな建具。開閉の幅も自由に調整でき、光や風をほどよくとり入れることもできます。また、壁のかわりに細い柱を格子状に立てたり、壁にスリットや小窓を設けるなど視線が抜ける間仕切りにすると、広がり感が生まれます。アクリルやポリカーボネートなど半透明な素材なら閉塞感なく仕切れます。

### 壁の上部をオープンにして圧迫感をなくす

ダイニングの一角を壁で仕切って身支度や収納用のスペースに。仕切り壁の上部をあけたことで、適度な抜け感と空間のつながりが感じられる。

（設計／アートアンドクラフト）

「つながる」「こもれる」
のほどよいバランスを
考えましょう

PART 3
リノベ＆リフォームでどう変える？

暮らしやすさ

# 心地よく過ごせる居場所がほしい

リフォームで間取りを変えるなら、ＬＤとは違った雰囲気で楽しめる空間もつくれたら理想です。暮らしが豊かに広がるスペースづくりに注目！

スペースにゆとりがあれば個室をつくり、趣味に応じた作業カウンターや収納棚を設けるのもいいでしょう。専用の趣味室があると、作業途中の道具を出したままにできて便利。最低でも２畳あれば個室はつくれます。スペースがない場合は、玄関を広げてＤＩＹも楽しめる土間スペースにするなど、１つの空間を多用途に使えるように工夫してみましょう。

ＬＤに畳コーナーがあると、ごろっと横になったり、家事スペースにも重宝。人気の縁なし畳は和モダンの空間を演出できますが、高価なので一般的な畳を選んで縁を畳と同色にすると、ＬＤになじむ畳コーナーに。完全に造作せず、余白スペースに置き畳を敷くプランもおすすめです。

## 土間はコミュニケーションを育む多目的スペース

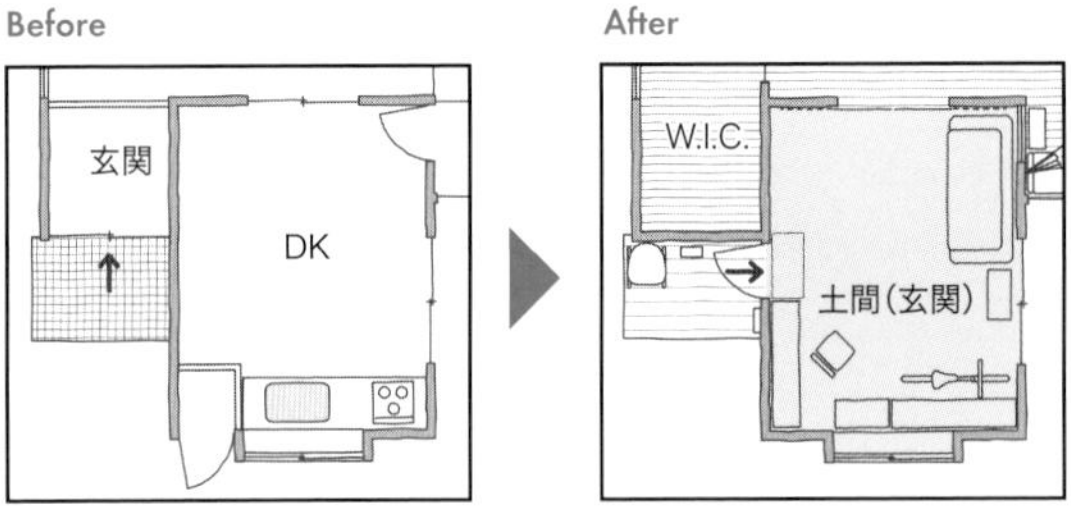


### 土足OKのDIYスペース

DK だったスペースを、玄関を兼ねた土間スペースに変更。DIY をしたり子どもたちの遊び場にとフレキシブルに使える。
（N邸　設計／アイエスワン リノリノ）

### 玄関とキッチンを土間でつなげる

玄関のたたき部分だけでなく、廊下からキッチンまでモルタル仕上げの土間でフラットにつなげた。マンションの一角とは思えない個性的な空間に。
（U邸　設計／KURASU）

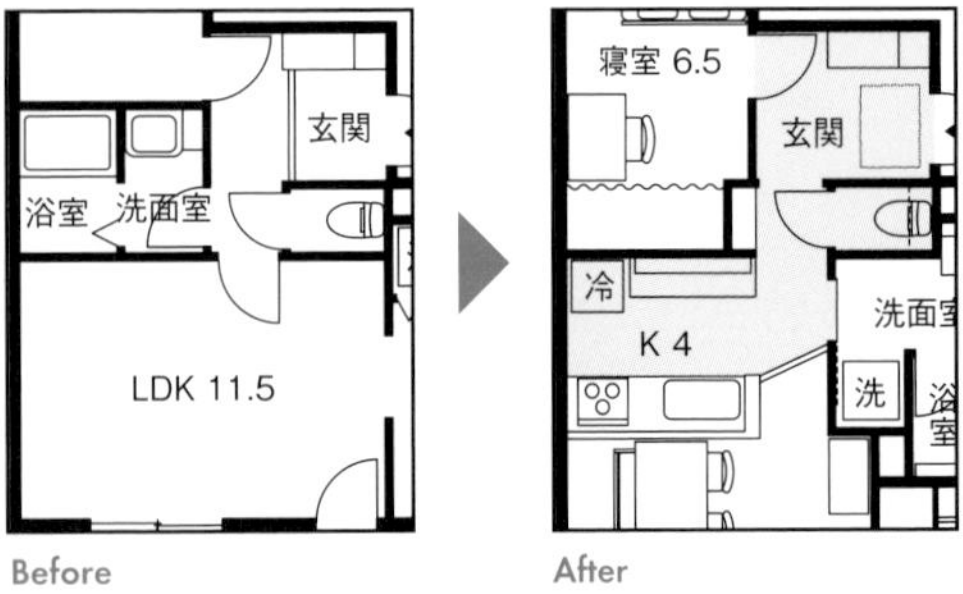

# オープンスタイルの畳スペースが重宝

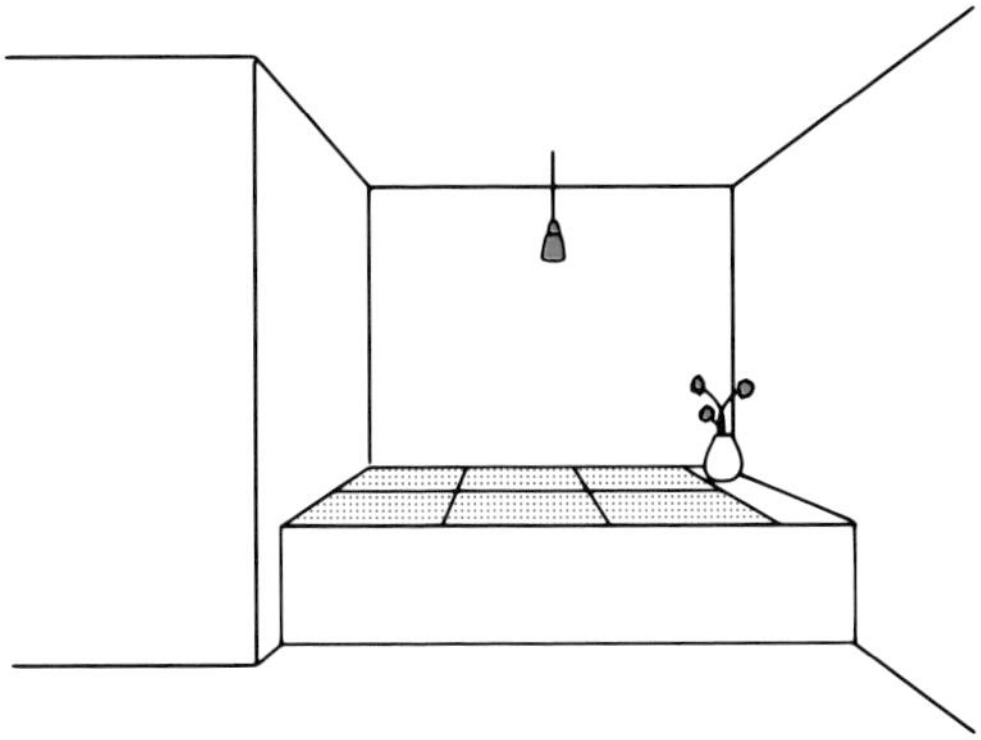

### 小上がりの畳でくつろぐ

和室を撤去して広々としたLDを実現しつつ、新たにオープンなつくりの畳コーナーをプラン。小上がり風のつくりはベンチとしても使える。

（設計／アネストワン一級建築士事務所）

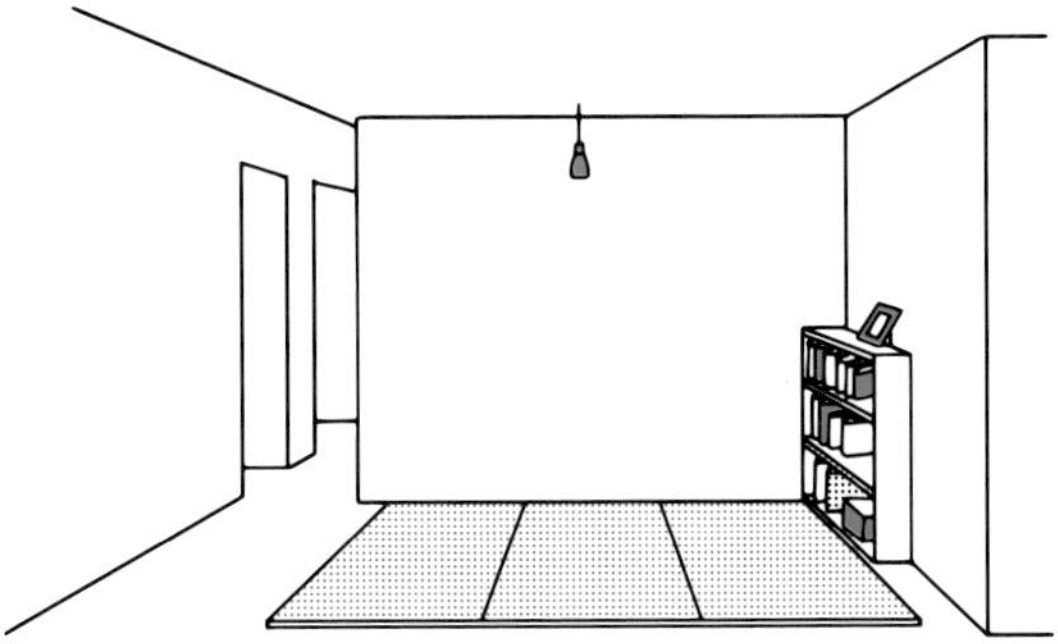

### 置き畳でフレキシブルに

独立した8畳の和室の約半分をLDにとり込んで畳コーナーに。とりはずし自由の置き畳なので、いずれソファを置くなどフレキシブルに利用可能。

（プロデュース／リビタ）

#### アイディア&テクニック

### 和室は残す？ 残さない？

古いマンションや建売り住宅ではリビングの横に和室がある間取りがほとんどですが、有効に使いこなせず、リフォームで洋室に変更するケースも多く見られます。和室と洋室は床の下地の構造が異なるので、部屋をつなげてLDKにする場合、段差を解消する工事が必要です。予算が難しい場合は、この段差を生かすのも手。1つの空間でも段差があることで、離れのような独立感が生まれます。

＼段差解消がポイト！／

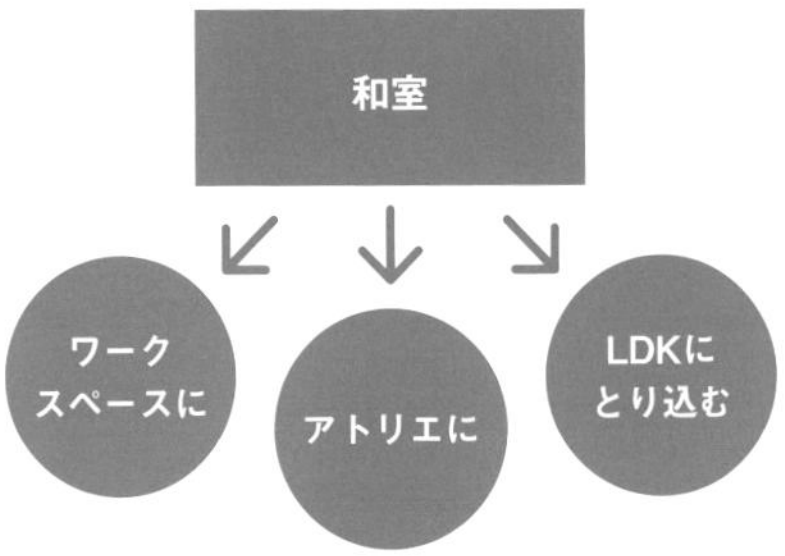

PART 3 リノベ&リフォームでどう変える？

暮らしやすさ

# サッシの古さが気になる…

古さがきわ立つ窓をリフォームしたくても、マンションではサッシの交換は不可…。そんなケースでも窓まわりをリフレッシュできる方法が。

部屋の雰囲気に合わないサッシでも、マンションの場合は交換することができません。戸建ても防火地域では木製サッシの使用は制限されています。味けないアルミサッシが気になる場合は、ブラインドなどで隠すのが簡単な方法ですが、リフォーム工事でサッシが隠れるように窓まわりに枠をつけるという方法も。デザインにこだわったオーダーの木製窓を内側にとりつけて二重窓にし、完全に隠してしまうのも一案です。

また、古い家で多く見かける茶色のアルミサッシは、白くペイントするだけでも印象が変わります。窓は空間の中で占める面積が大きいパーツ。サッシを隠して窓まわりを演出すれば、インテリアの雰囲気づくりに有効です。

＼内窓／

**白い格子の内窓で既存の窓をカバー**

木製の白い内窓をとりつけ、LDの雰囲気に合わなかったアルミサッシを目隠し。ほっとくつろげるカフェのような雰囲気に。

（設計／アネストワン一級建築士事務所）

＼内壁／

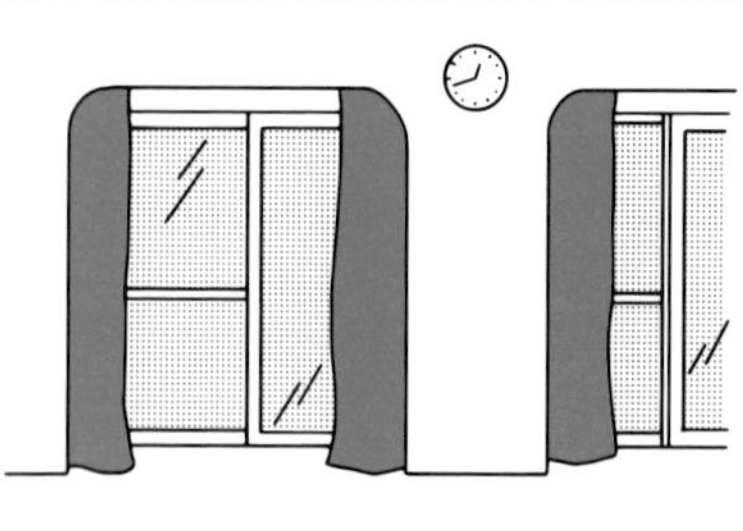

**個性的な内壁でサッシの印象を弱める**

開口部に高さがなく、梁があってカーテンも似合わない窓まわりの不満を、内壁を造作して解消。ガスの元栓も隠れてすっきり。

（設計／FiELD平野一級建築士事務所）

## 枠をつけたりペイントして目隠しする

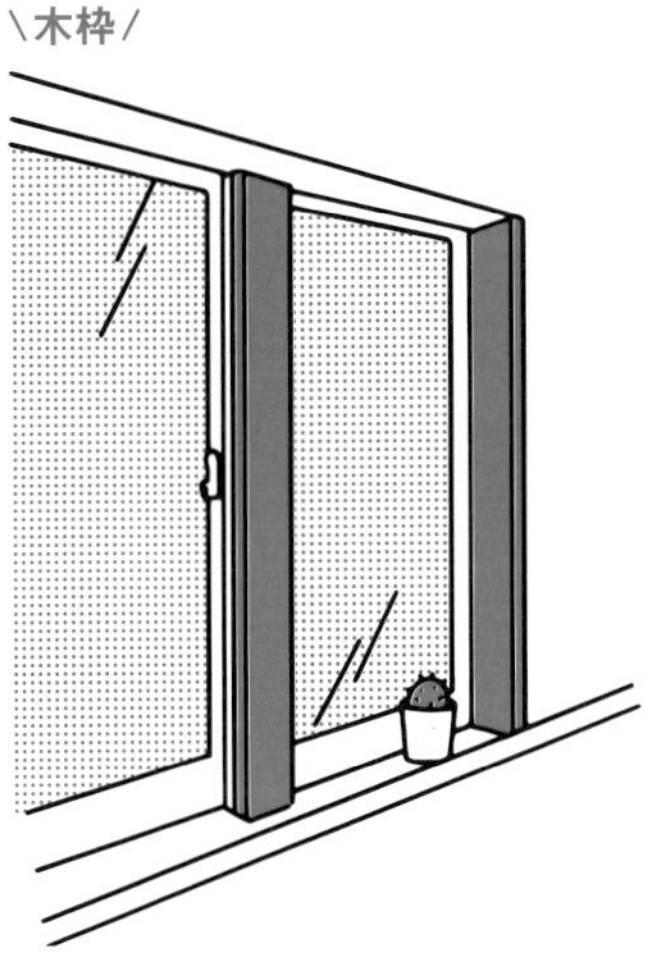


### 前に板を立てて錠も目隠し

サッシの存在感を抑えるため、窓まわりに木製の枠を設置。中央部分にも幅広の板を立て、錠も隠れるように工夫。

(プランニング/デキシノブ)

**アイディア&テクニック**

### バルコニーにフェンスを設けて外からの視線をカット

家の中の間取りは変えられても、窓の外の景色は残念ながらどうしようもない…。そんなケースでは、見たくないものを目隠しするアイディアがあります。たとえばリビングに続くバルコニー。隣家の窓が隠れる高さのフェンスを立てれば、近隣からの視線を気にせずリラックスして過ごせる空間になります。

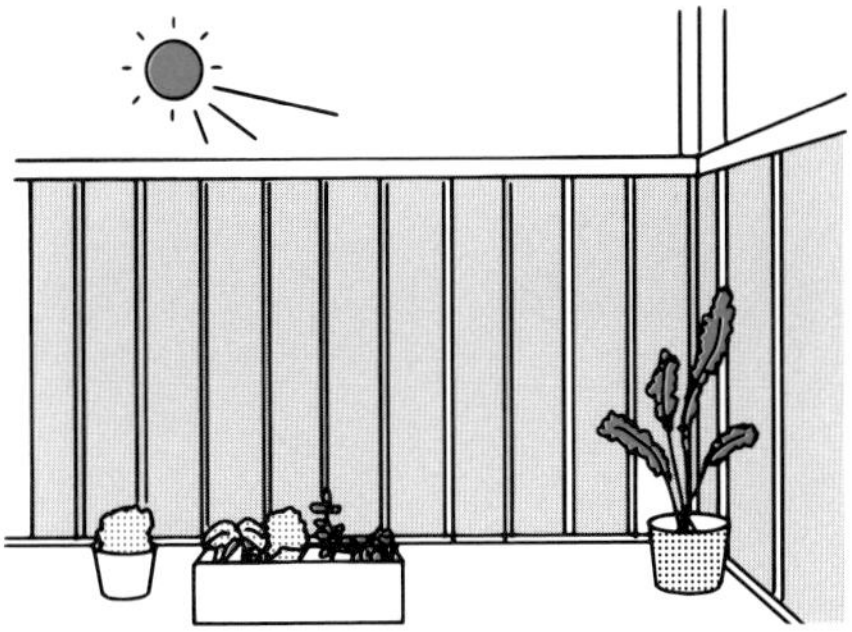

## ことば辞典

**【防火地域】**
市街地の中心部や幹線道路沿いのエリアなど、火災の危険を防ぐために指定された地域。建物を建てる場合、耐火建築物にするなどの規制がかかる。

**【アルミサッシ】**
窓枠部分をサッシといい、アルミニウム製のもの。軽くて開閉しやすく、比較的安価。木製と樹脂製の2つの素材を組み合わせた複合サッシなどもある。

**【梁】**
屋根や上階の床の重さを支えるため柱の上に渡す構造材。部屋を広く見せたりアクセントにするために天井を張らずに見せることを梁あらわしという。

**【バルコニー】**
建物の外側に張り出した通路状の細長いスペース。屋根やひさしがあるものをベランダ、ないものをバルコニーと区別することも。

遊び心を加える

# 殺風景な壁を上手に活用したい

リフォームでおしゃれなインテリアを手に入れたいなら、壁のデザインに注目。楽しい工夫を施せば、センスのいい部屋が実現できます。

面積の広い壁はそのままでは殺風景になりがち。工夫しだいで楽しいインテリアを演出してみましょう。

シンプルなオープン棚やニッチを設けるのが、壁にディスプレイスペースをつくる大定番。廊下や階段などの通路には、壁の一部をへこませてつくるニッチがおすすめです。工事自体はそれほど難しくないものの、柱が入っている部分やマンションの躯体部分には設けられないので、事前に相談を。

壁自体の仕上げを工夫して、黒板がわりに使ったり、スクリーンにして楽しむのもひとつの手。壁にポールをとりつけたり、柱や梁にフックをつけて、かごや観葉植物などを下げられるようにしておくと、シンプルな空間に生き生きとした表情が加わります。

## 建具にひと工夫

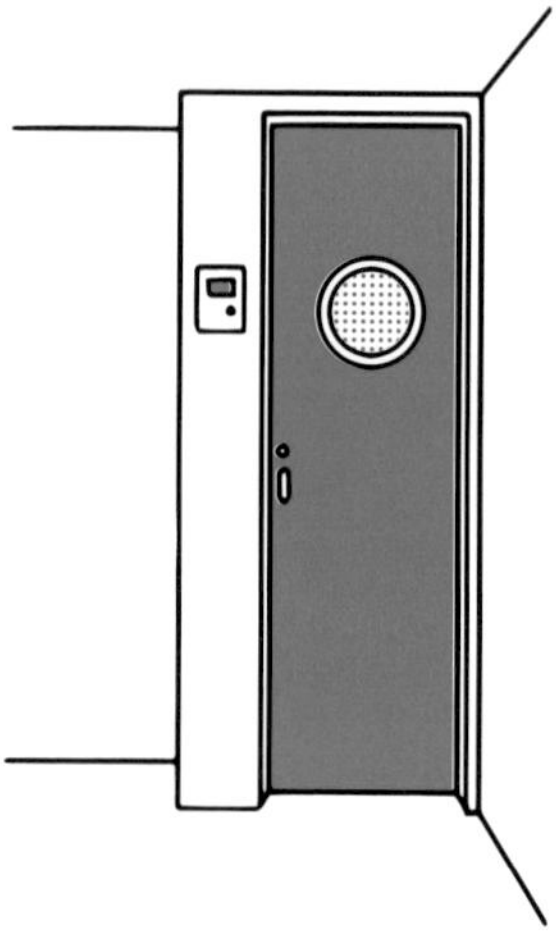

**トイレの扉をペイントしてアクセントに**

リフォームで新設したトイレ。無塗装で仕上げた扉を DIY でブルーにペイント。ビビッドな色はゲストにもわかりやすくて好評。

（設計／スタイル工房）

**子ども部屋に遊べるワンポイントを**

黒板塗料で仕上げた子ども部屋のクローゼットの扉。子どもも大好きな格好の遊び場に。

（設計／コードスタイル）

# プラスαの役割をもたせて楽しく演出

## 単なる壁が…

＼スクリーンに／

### 左官壁を利用してリビングを映画館に

リフォーム時に夫婦で仕上げた珪藻土の壁が、休日はプロジェクターのスクリーンに。お気に入りを映画館さながらの迫力で楽しめる。

＼伝言板に／

MEMO

＼ニッチをプラス／

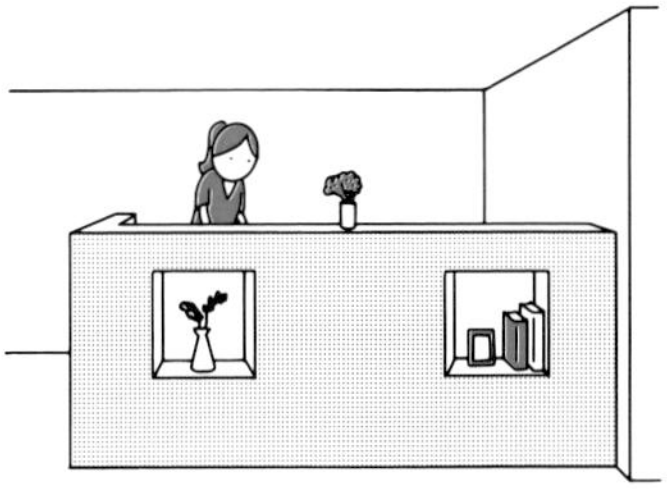

### 伝言板に使える楽しい仕上げ

ホワイトボードになるアメリカ製の塗料で仕上げた壁。伝言メモや子どもの勉強を教える際に大活躍。

（設計／優建築工房）

### 雑貨が映える省スペースのニッチ

ニッチを2つ並べて、小さなディスプレイスペースに。殺風景な壁に楽しいアクセントをプラス。

**アイディア＆テクニック**

### 壁で遊んでインテリアを楽しむ

ペイントやクロス、タイルで1面だけ色柄を変えたものをアクセントウォールといいます。子ども部屋なら柄やビビッドカラーをとり入れて楽しい空間に。トイレや洗面室のような小さなスペースは、思いきった色柄の壁にして個性的な空間に仕上げても。しっくいや珪藻土の塗り壁のテクスチャーをとり入れるのも人気です。

＼リビングで映画鑑賞できたら楽しそう！／

PART 3
リノベ&リフォームでどう変える？

遊び心を加える

# ホームワークできる場所をつくりたい

自宅で仕事をすることも増えている今、デスクワークに集中できるコーナーはぜひ用意したいところ。どこに、どんなスペースをつくる？

家族みんなで使うデスクコーナーは、家族が自然に集うLDの近くに設けるのがベスト。最近は子どもをLDで勉強させる家庭も多いので、専用のデスクがあると便利です。親が自宅で仕事をするケースでは個室感があるほうが集中しやすく、その場合は壁でゆるやかに仕切るか、反対に個室にして室内窓を設けてLDとのつながり感をもたせます。

デスクは造りつけにせず、既製品でスペースをつくるのもおすすめ。置き家具ならレイアウト変更も容易で、のちにそのコーナーを別の用途に使うこともできます。パソコンやプリンターのコード類が雑然としないよう、コンセントの位置などはプラン段階から考えておきましょう。

**並んで使える家族のワークコーナー**

LDKの一角に造りつけた、家族みんなのワークコーナー。2人並んで使える余裕のサイズで、デスク下にはプリンター置き場も。

（設計／アネストワン一級建築士事務所）

リビングの一角につくるなら、作業に集中できる配置を考えて

## ことば辞典

**【室内窓】**
外壁ではなく室内の間仕切り壁にとりつける窓。2つの空間をつなげて、家の中の採光や通風に役立つほか、コミュニケーションツールにもなる。

**【床の間】**
畳の面より床を1段高くして、置物や花瓶などを飾り、正面の壁には掛け軸などをかけてしつらえる装飾空間。

**【キッズスペース】**
子ども部屋以外の、LDなどの一角に設けた子どもが遊ぶためのスペース。特に小さな子どもがいる場合、子どもを見守りながら家事ができて重宝。

# LDの近くにデスクコーナーをつくる

## たとえばこんな場所にも…

＼廊下／

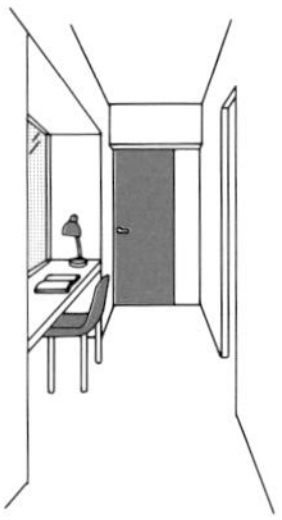

幅を確保して、窓辺に夫のデスクコーナーをプラン。横には家族共用の本棚も設置。

（設計／nu〈エヌ・ユー〉リノベーション）

＼階段下／

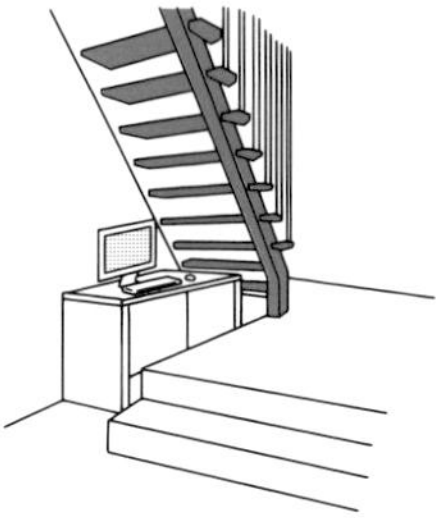

デッドスペースをPCコーナーに。大工さんにつくってもらい、ジャストサイズに。

（設計／エム・アンド・オー）

＼もと出窓／

出窓を生かしてカウンターを造作。上げ下げ窓を連続させておしゃれ感を演出。

（設計／アイエスワン リノリノ）

＼もと床の間／

和室だったリビングの一角。床の間はデスクコーナー、押入れはテレビ置き場に。

（設計／OKUTA LOHAS studio）

### アイディア&テクニック

**リビング近くにキッズスペースを**

子どもが小さいうちは、親の目が届くキッズスペースがあると便利。家族が集まるリビングの一角で、滞在時間の長いキッチンから見える場所なら、キッチンで作業中でも、リビングでくつろいでいても、自然に見守れます。リビングとフラットにつながる畳スペースを設けてキッズスペースに活用するのもおすすめ。子どもが大きくなったら別の用途に使えるようフレキシブルなプランに。

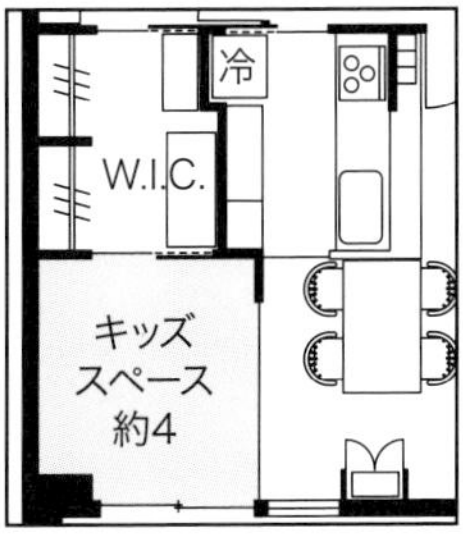


DK横に設けたキッズスペース。将来は壁で仕切って独立した子ども部屋にする予定。

（M邸　設計／アネストワン一級建築士事務所）

遊び心を加える

# 子ども部屋に楽しい仕掛けをつくるには？

単に個室をつくるだけでなく、そこにちょっとした工夫をプラス。ワクワク感も楽しめて、子どもがのびのび育つ家をつくるには？

子ども部屋が必要になったことをきっかけにリフォームを計画するケースも多いようです。独立した部屋を用意してあげたいけれど、個室にこもってしまうのは親としては少し心配。そんなときは、子ども部屋と隣室の間の壁に窓を設けて、お互いの様子がさりげなく伝わる仕掛けを。個室感を保ったまま窓越しの楽しいコミュニケーションが生まれます。

また、子どもにとって高低差のある空間は魅力的。床面積に限りがあるなら、空間を立体的にとらえてロフトをつくるのも手。屋根断熱をしっかり施し、シーリングファンや換気扇、風抜き窓などの換気対策を。地域によってロフトをつくる際の規定が決められているので、事前に確認しましょう。

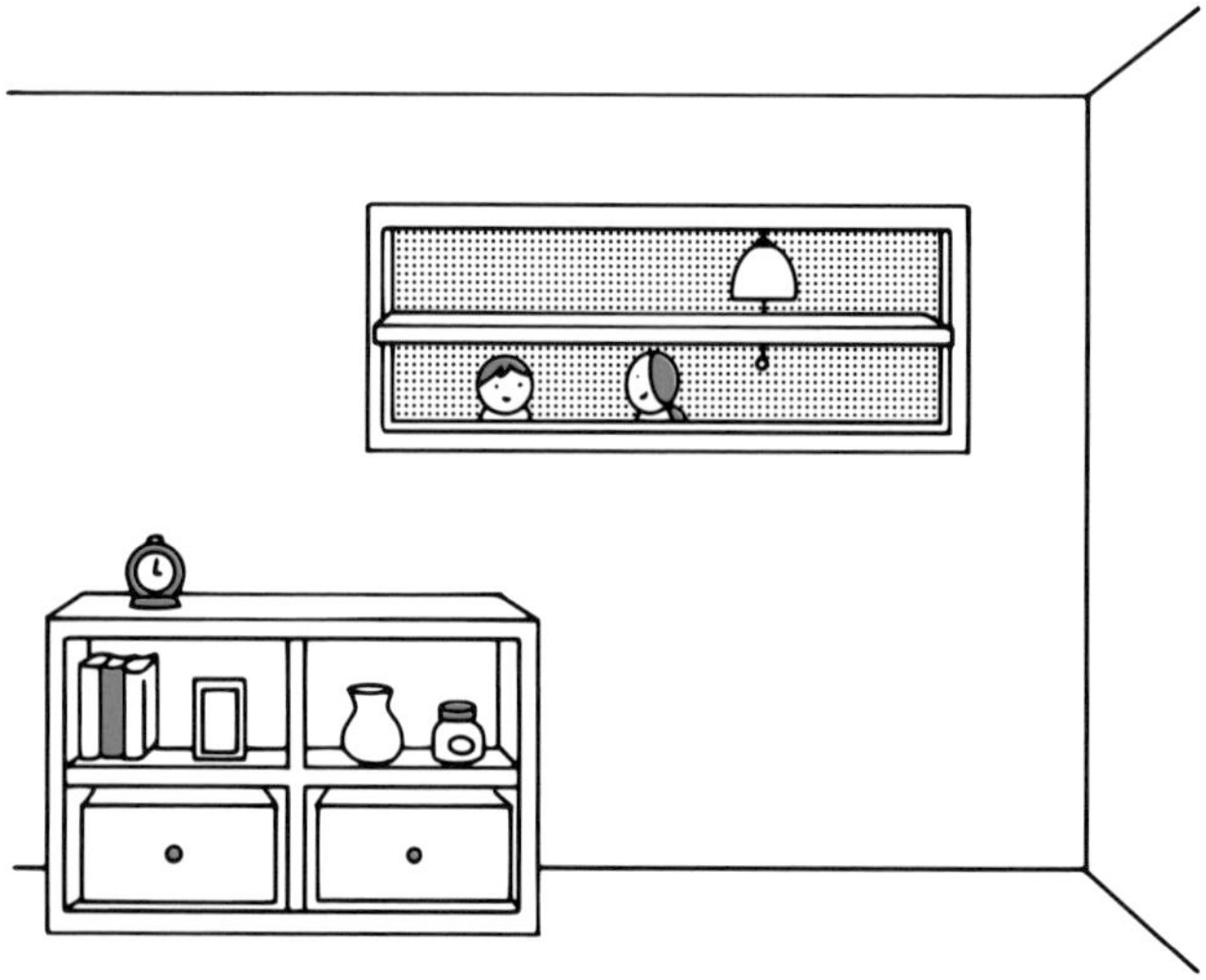
＼室内窓／


**子ども部屋に気配が伝わる室内窓を**

リビングと子ども部屋の間仕切り壁に、回転式に開閉する室内窓を。子どもの様子がそれとなく伝わり、コミュニケーションにも一役。

（設計／アートアンドクラフト）

＼部屋の様子がわかると安心ね／

# のぞいたり、こもったり。秘密基地のような演出を

＼ロフト／

### 子ども部屋に遊び場兼寝床のロフトを

小屋裏と収納スペースを利用した子ども部屋のロフト。いずれ子どもたちの寝床にする予定。木製のはしごが部屋のアクセントにも。

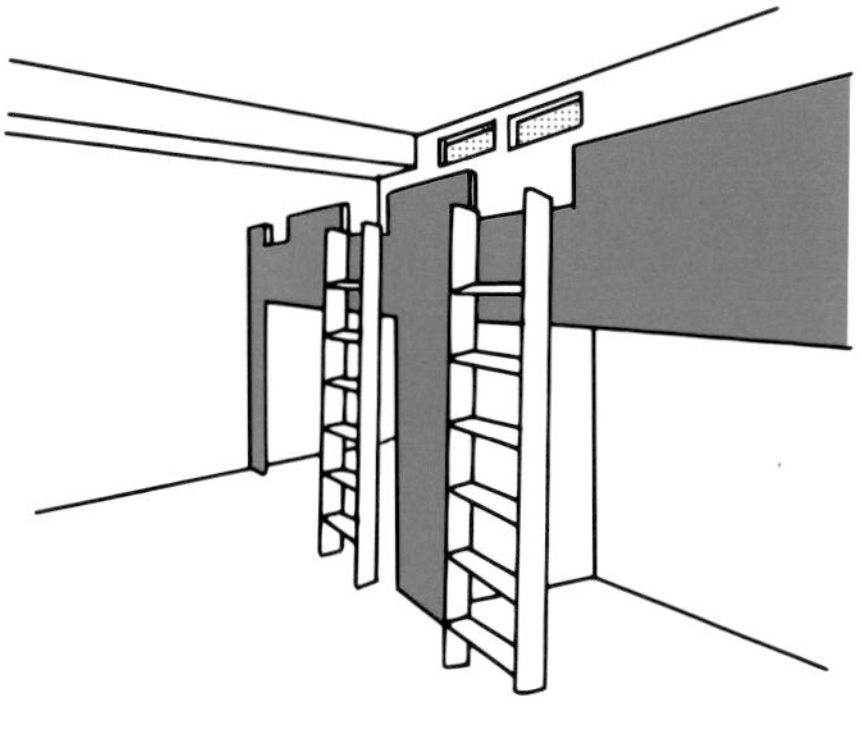

### ロフトベッドが楽しい子ども部屋

きょうだい2人で使う子ども部屋。下部に机と収納を組み込んだ機能的なロフトベッドを造りつけ、コンパクトでも楽しい空間に。

（設計／nu〈エヌ・ユー〉リノベーション）

#### アイディア&テクニック

### 可変性のある間取りで子どもの成長に対応

小さいうちは子ども部屋のために個室を余分に設けるより、リビングを広くつくるのがおすすめ。あとから壁を設ける工事は難しくないので、間仕切り壁の少ないシンプルなプランに。必要になったらリビングの一部を壁で仕切って個室にできるよう、電気のスイッチやコンセント、収納スペースをあらかじめ用意しておきましょう。子ども部屋や寝室を、いずれ2部屋にできるようにしておくのも手です。

Before

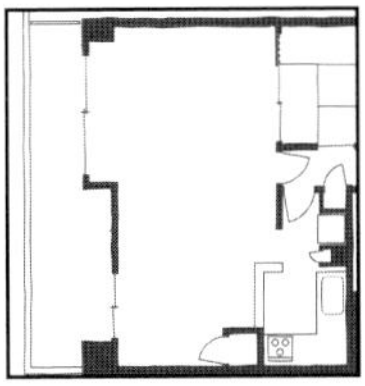

After

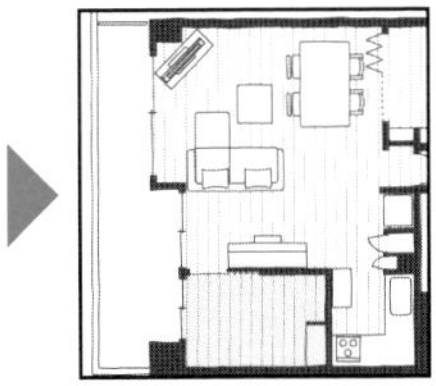

子どもの成長に合わせてリフォーム。LDの一角を仕切って子ども部屋を新設。

（A邸　設計／ピーズ・サプライ）

水回りを整える

# キッチンの使いにくさ、どう変える？

特に主婦にとってはキッチンが快適で作業しやすいことが暮らしやすさに直結します。選び方のポイントを知っておきましょう。

キッチンのスタイルは、大きく分けてオープン型、セミオープン型、独立型の3つ。空間が広く使えて、家族とのコミュニケーションをはかりやすいのはオープン型。セミオープン型は、壁に開口部を設けることでLDと適度に分離したスタイル。においや油煙、調理中の音をLDに広がりにくくしたい、キッチンに目隠しをしたい場合に最適なのは独立型です。

さらにキッチンのレイアウトもポイント。シンクとコンロをどう配置するかによって作業のしやすさは変わります。いずれにしても、どんなキッチンが使いやすいかは人それぞれ。料理に集中したい、家族と会話をしながら作業したいなど、ライフスタイルに合ったキッチンをめざしましょう。

## 人気のオープンスタイルにリフォーム

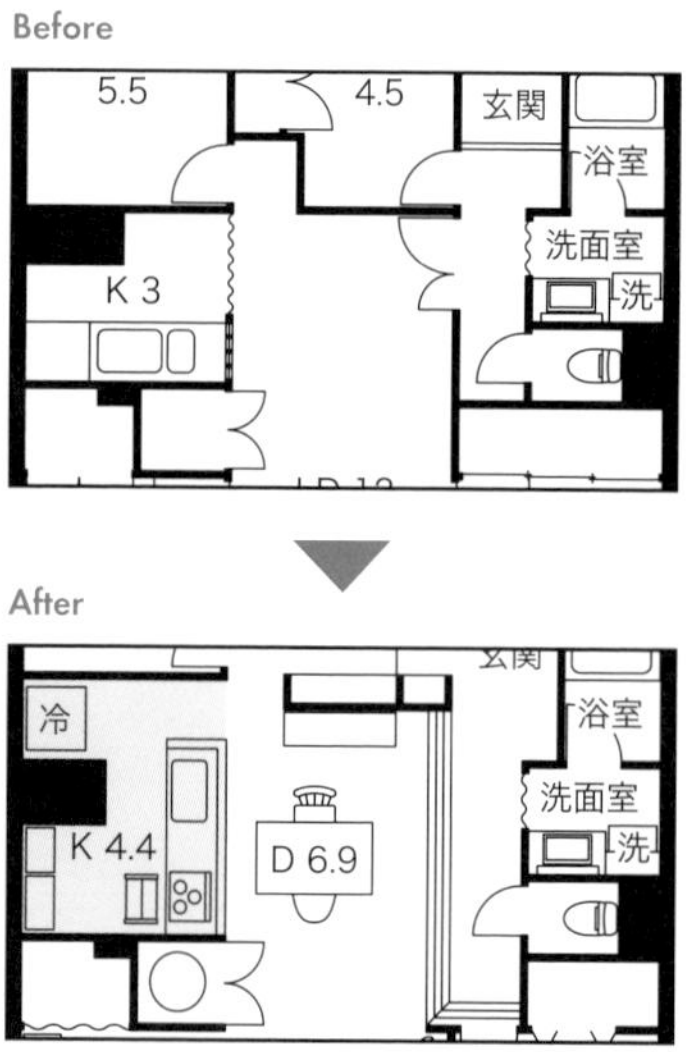


**キッチンの向きをダイニング側に変更**

壁向きの暗くて閉鎖的だったキッチンを、ダイニング側に向きを変えて対面式に。会話をしながら作業ができる明るいキッチンに。

（M邸　設計／エイトデザイン）

**メリット**

- 明るく開放的になる
- コミュニケーションをとりやすい
- 家族やゲストと料理を楽しめる

**デメリット**

- キッチンがLDからまる見えになる
- 調理中のにおいや煙がLDに流れる
- シンクの水音が会話の妨げに

# 暮らしに合わせてスタイルとレイアウトを決める

## キッチンのスタイル

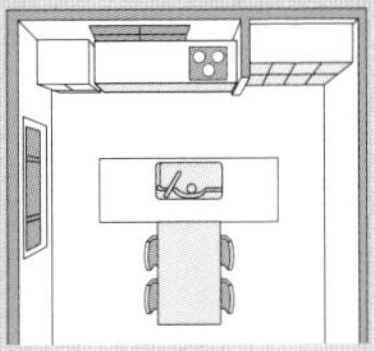

### オープン型

開放的で配膳も効率的。においなどの対策が必要。

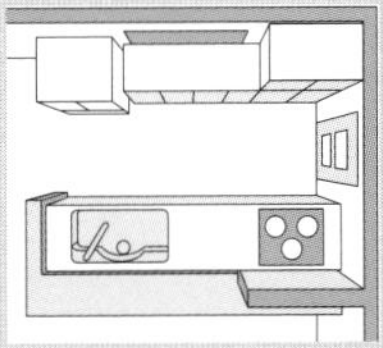

### セミオープン型

目隠ししながらLDとつながる。まる見えにならず会話もできる。

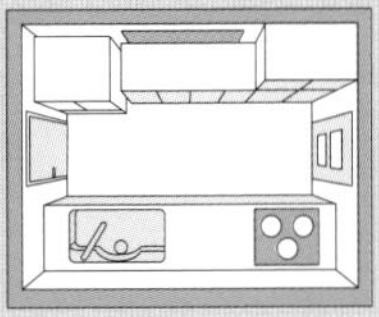

### 独立型

散らかるのを気にせず作業に集中できる。配膳やあと片づけが遠い。

## キッチンのレイアウト

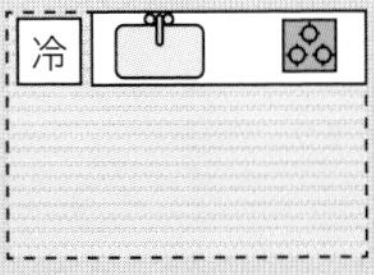


### I 型

横移動だけで作業できる。省スペースで狭小住宅に向く。

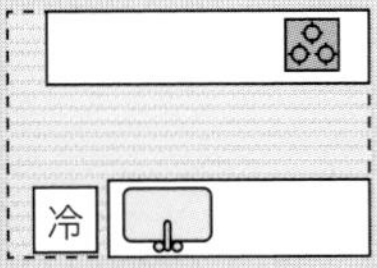


### II型

振り向くだけで必要なものが手にとれる。作業効率がいい。

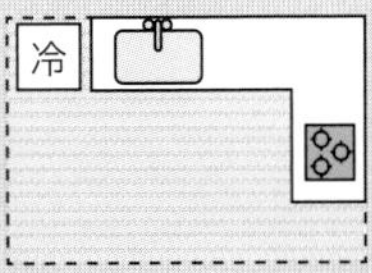


### L型

作業スペースが広くとれる。動線が短く効率的。

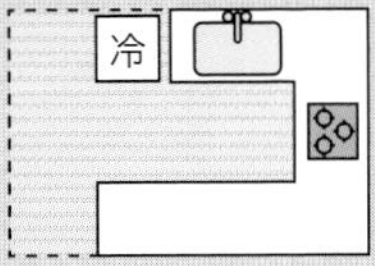


### U型

作業スペースが広くとれるうえ、収納もたっぷりつくれる。

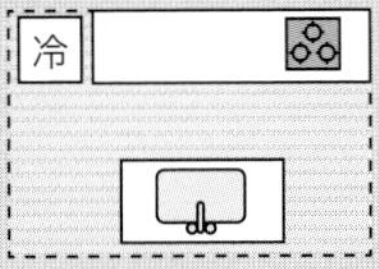


### アイランド型

四方から使えて大人数での作業がしやすい。

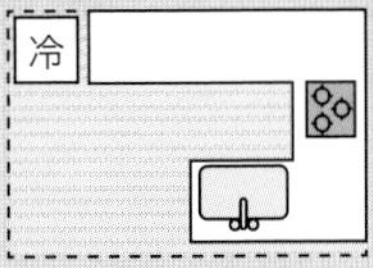


### ペニンシュラ型

カウンターの端が半島のように突き出したタイプ。

＼まずは現在のキッチンの不満点を書き出してみましょう／

**アドバイス**

### オーダーキッチンは優先順位をつけて

リフォームでは、とりはずせない柱があってシステムキッチンが設置できない場合があるため、現場の状況に合わせられるオーダーキッチンが向いています。デメリットは費用が高くなること。すべてのこだわりを詰め込むのではなく、優先順位をつけて予算と相談を。

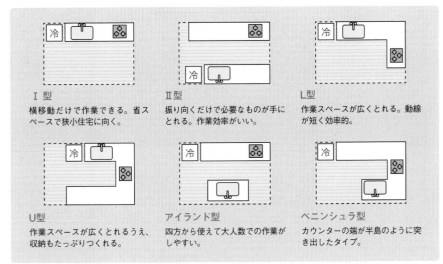

PART
3
リノベ&
リフォームで
どう変える？

水回りを整える

# キッチン収納の使い勝手を上げるには？

物が多いキッチンでは収納プランが家事の効率を左右します。適量を用意するほか、とり出しやすさや見た目のすっきり感もポイントに。

特にオープンキッチンの場合、生活感の出やすい食品や調理器具があふれていると、LDまで雑然とした印象に。キッチンの背面か横移動で使える場所に収納があると便利です。背面の壁面収納は、振り向くとすぐ手が届いて使いやすく、奥行きが浅めでも十分な収納量を確保できます。収納扉がLDから見たキッチンの印象になるので、扉のデザインや材質選びもカギ。

キッチンの近くにパントリーを設けるのも手。ただし、個室型の収納は出入りするためのスペースも必要で、思ったより物は入らず、また、物置き状態にならないよう整理整頓を心がける必要が。奥行きの浅い棚をつくって中身がひと目で見渡せるようにすると、使い勝手がアップします。

## 造りつけの食器棚

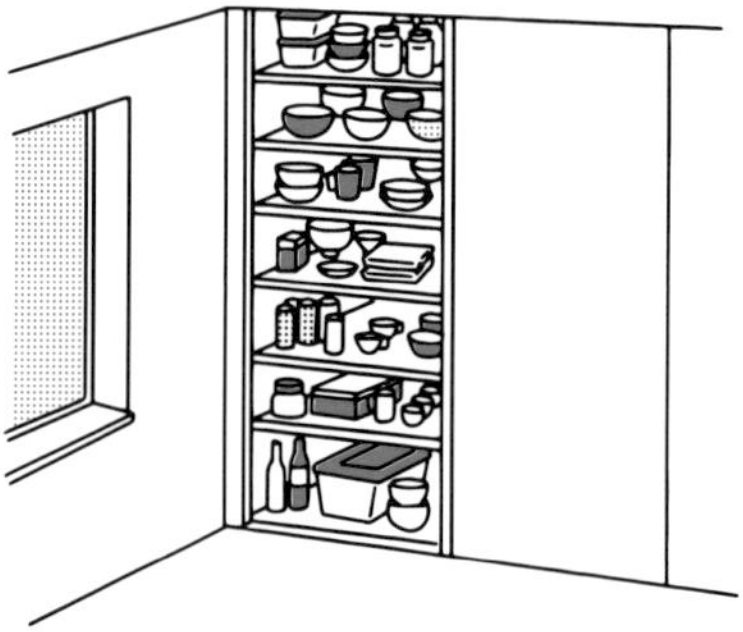

**壁と一体化した天井まである食器棚**

キッチンの背面に、床から天井まである半間ほどの食器棚を造作。閉めれば白い壁のようにすっきり。

（設計／山﨑壮一建築設計事務所）

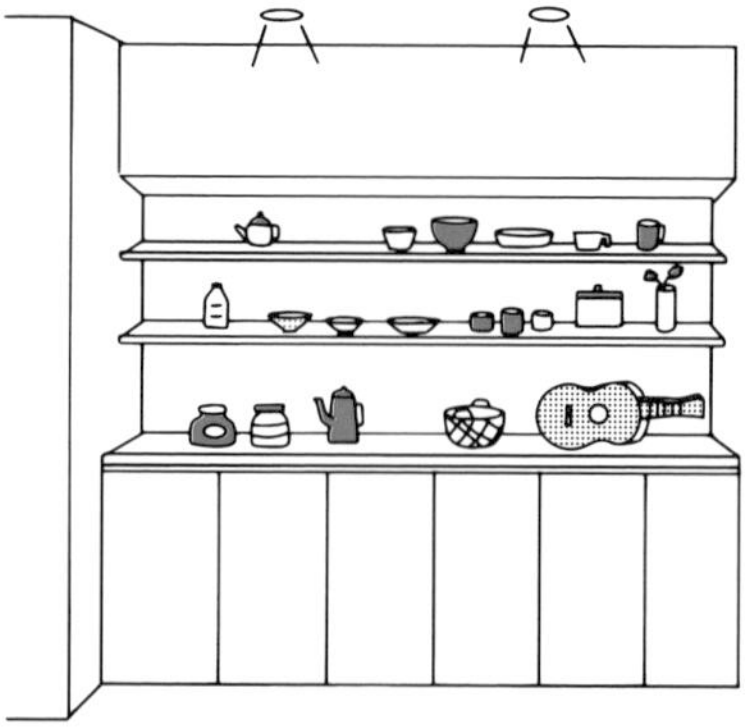

**「見せる」と「隠す」を使い分け**

上部はお気に入りの器をディスプレイできる可動式のオープン棚、下部は扉つきのキャビネット。「見せる」と「隠す」のメリハリをつけて、見た目も美しく。

（設計／エイトデザイン）

# 隠せる収納があると便利

## パントリー

Before

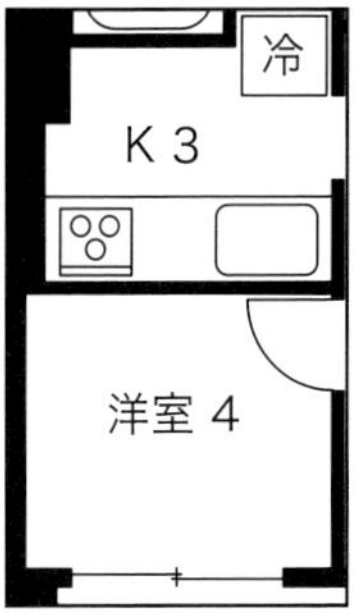


After

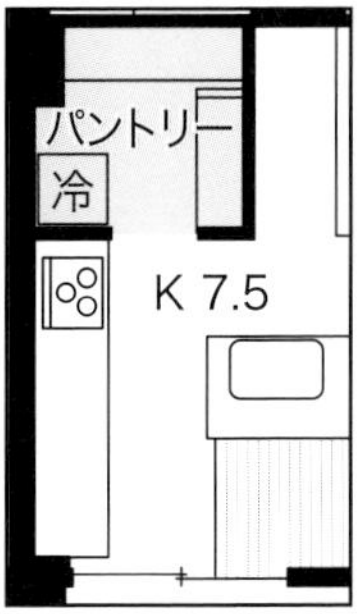


### 冷蔵庫もおさまる大容量のパントリー

キッチンの一角に冷蔵庫も置ける広さのパントリーを併設。棚は奥行きを浅めに。食品ストックや家電類が見やすく、出し入れもラク。

（F邸　プロデュース／リビタ）

Before

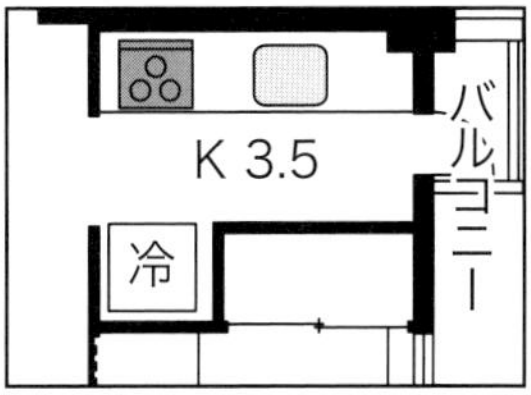


After

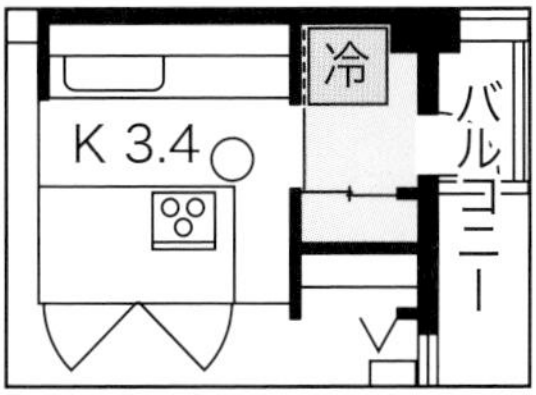


### バルコニーの手前を有効活用

独立型キッチンをオープンにしたのと同時に、LD側からは死角になるバックヤードを新設。冷蔵庫もおさめて生活感が出るのを防ぐ。

（I邸　設計／ブリックス。一級建築士事務所）

**アイディア&テクニック**

### こんな収納も便利！

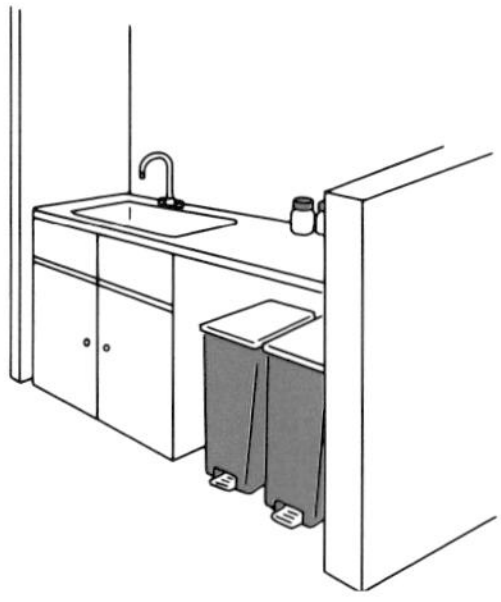

＼ゴミ箱／

シンクや調理台から近い位置にゴミ箱の定位置をつくる。シンク下を置き場にしても便利。

＼調理器具／

よく使う調味料やキッチンツールをさっと手にとれる位置に、バーやミニ棚をとりつける。

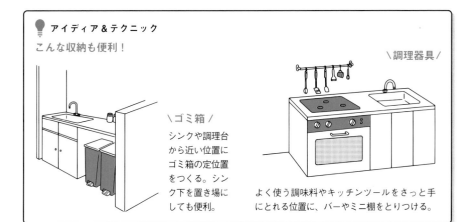

PART
3
リノベ&
リフォームで
どう変える？

水回りを整える

# リラックスできる浴室がほしい

一日の疲れを癒やせるバスタイムは、リフォームでぜひ実現させたいところ。入浴中の快適さはもちろん、手入れのしやすさも要チェック！

浴室には、現場でつくる在来工法と、パッケージ化されたユニットバスがあります。浴槽やタイル、水栓を組み合わせてプランも自由につくれる在来工法は、インテリア性やオリジナルにこだわりたい人におすすめ。一方、湯が冷めにくい浴槽、すべりにくく冷たくない床、掃除のしやすさなど機能性にすぐれるのがユニットバス。低価格帯のシンプルな製品を選び、鏡や照明などのパーツで楽しむのも手です。防水性も高いので、水もれでマンションの下階に迷惑をかけたり、戸建ての構造材が腐る心配もありません。

浴室の広さは0・75〜1・25坪の3パターンが一般的。バス水栓を壁づけにするかデッキタイプにするかで、設置できる浴槽のサイズが決まります。

## 現場施工とユニットバスの違いは？

**現場施工**

- プランが自由
- 床や壁の素材が選べる
- 好きなパーツがつけられる

**VS**

**ユニットバス**

- 短期間で仕上がる
- 保温・防音性にすぐれる
- 掃除がラク

# インテリア性？ 機能性？ 何を優先したいかを考える

## 浴室プランの基本

**0.75坪**

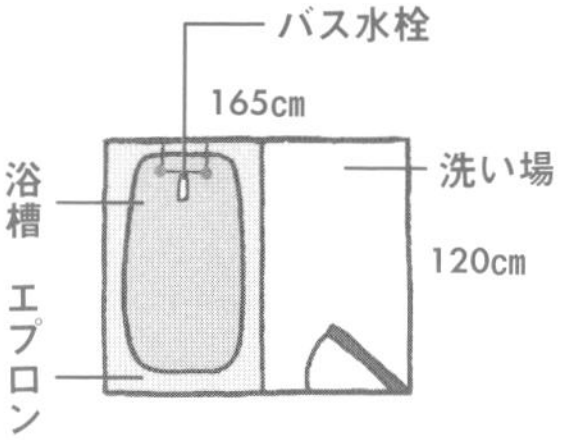


バス水栓を壁づけにすれば間口120㎝の浴槽が入る。洗い場を広くとるにはエプロンつき浴槽を。出窓をつけると広々とした空間に。

**1坪**

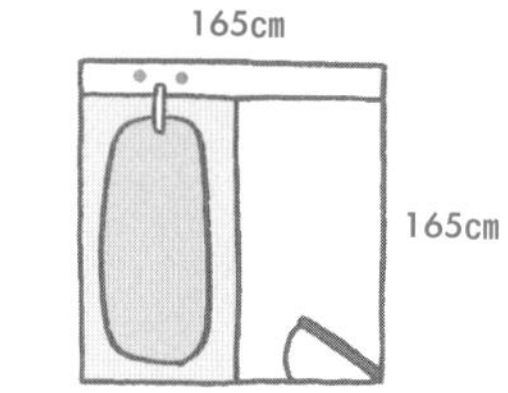


一般的な広さ。バス水栓を壁づけにすれば間口160㎝までの浴槽が入る（イラストはデッキタイプ）。浴槽は奥行き80㎝以下のものを。

**1.25坪**

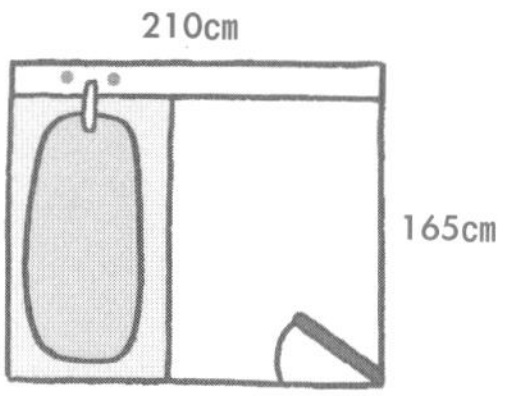


奥行きがあるので洗い場がゆったりとれる。壁づけのバス水栓なら浴槽は間口160㎝、デッキタイプなら間口140㎝が入る。

### アイディア&テクニック

#### ガラスの間仕切りで広く見せる

浴室と洗面室を同時にリフォームするなら、間仕切りにガラスを使うと明るく開放感のあるスペースに。万が一割れてもケガの心配の少ない合わせガラスや強化ガラスが最適。ただし、浴室との間仕切り壁がRC造やコンクリートブロックなら改造や撤去は不可。

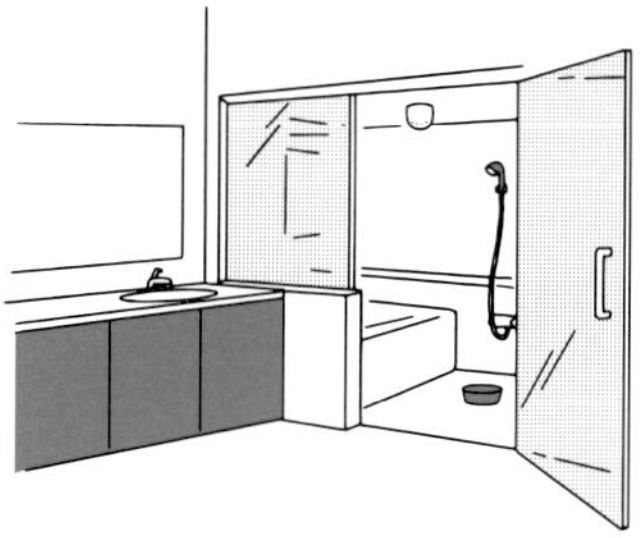

#### 2階なら防水面からもユニットバスが最適

2階に設置できるユニットバスは天井が低めで、浴槽のまたぎが高いものも。選ぶときはサイズも要チェック。設置場所は1階の柱が多い部分で水回りの上が最適。排水など水音が伝わるのでLDや寝室の上は避けましょう。

#### ユニットバスは吹きつけ塗装で新品同様に

床、壁、浴槽がすべてFRPのユニットバスの場合、全体に吹きつけ塗装を施すだけでも新品同様に。工期は3～4日かかります。タイル壁にしたいなら、専用の接着剤でリフォーム用のタイルを貼る方法もあります。

PART 3
リノベ＆リフォームでどう変える？

水回りを整える

# サニタリースペースが使いにくくて不便…

家族が毎日使う洗面室やトイレは、小さなスペースでも使いやすくしたいもの。今の生活で感じている不便さをリフォームで解決するには？

家族が多い家、特に女性の人数が多いと、朝の身支度の時間は洗面室のとり合いに…。そんなケースでは、壁の端から端までカウンターをつくり、鏡も同じように幅広のものを設置できるとベスト。使用時間が重なることが多いなら、洗面ボウルを2つ設置するのもおすすめです。お風呂上がりの下着やパジャマも収納したいなら、そのためのスペースも計画しておきましょう。

　また、トイレは長く滞在する場所ではないので、思いきり遊べるスペース。クロスやペイントで壁に大胆な色柄をとり入れるのもありです。広さも限られているので材料費や工事費を抑えられ、飽きたらDIYでの模様替えにもチャレンジしやすいので、失敗をおそれず個性を発揮してください。

## 広々と使える洗面スペースにするなら…

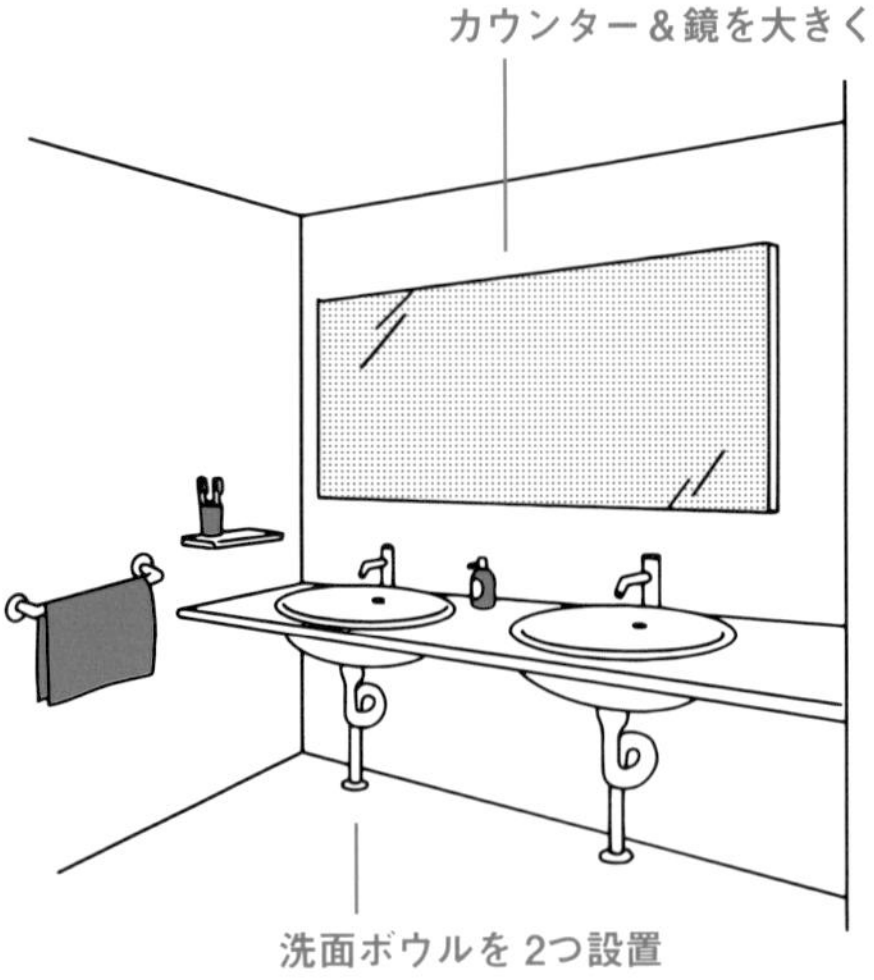


＼コレも人気！／

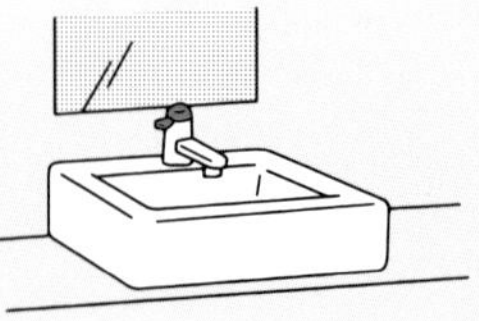

**ベッセル型**
カウンターに洗面ボウルを据え置いたタイプ。高級感もあり、ボウル自体がインテリアに。

**実験用シンク**
実験用は16㎝、医療用は20㎝以上の深さがあるので水ハネしにくく、つけおきにも便利。

# 使い勝手とインテリア性を極めると満足度が上がる

## 居心地のいいトイレにリフォームするなら…

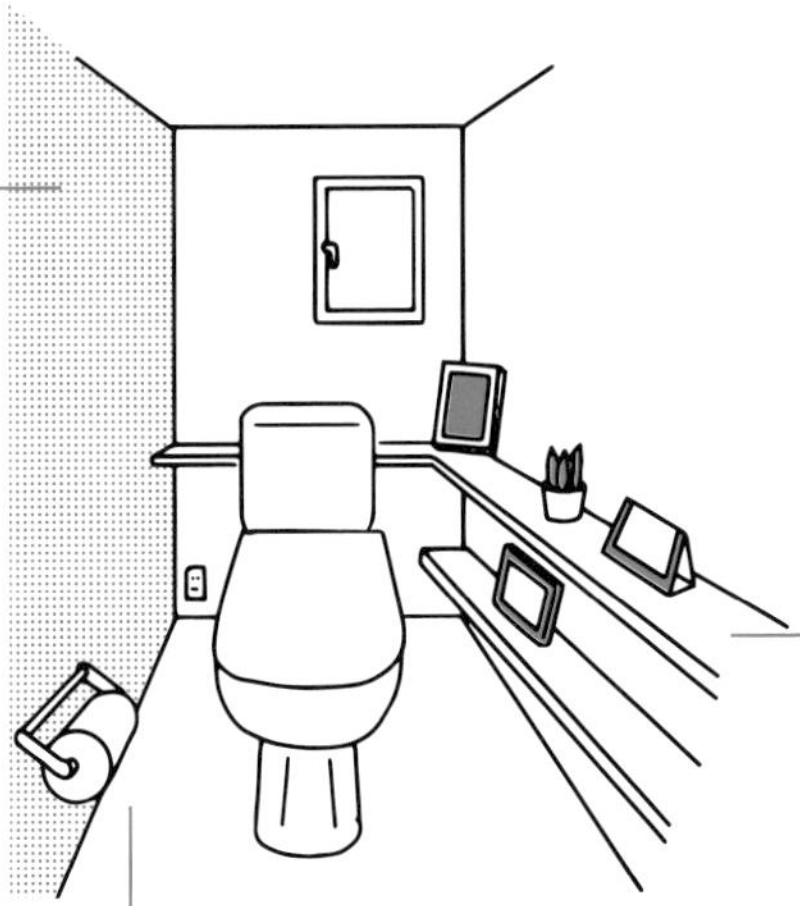
クロスやペイントで
個性を演出
ニッチやオープン棚で
センスよく
塗り壁や無垢材で居住性アップ

### アイディア&テクニック

#### トイレに手洗いカウンターを設けるなら…

リフォームのタイミングでタンクレストイレに交換するケースが多くなりました。タンクがない分、広さに余裕が出るのがメリットですが、手洗いボウルを新たに設置する必要があります。トイレ内につくる場合は、壁づけにするか、カウンターを造作して設置します。トイレが狭くなるのが嫌という場合は、トイレの外の廊下にオープンな手洗いコーナーをつくるのもおすすめです。

トイレの外につくる

壁づけタイプ

手洗いカウンター

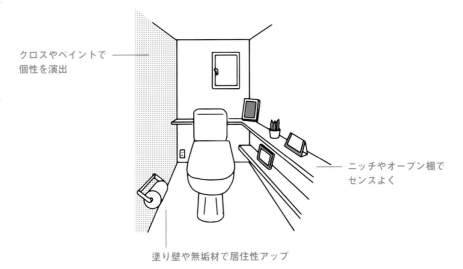

PART 3
リノベ&リフォームでどう変える？

水回りを整える

# 家事の効率が悪い…をなんとかしたい！

台所仕事、洗濯、子どもの世話…。家事をするのに家じゅう動き回るのは本当に大変！少しでも負担を減らせる家にするコツは？

家事をするときの動きを家事動線といい、これが短くて無駄がないと効率よく家事がはかどります。家事ラクのプランは、作業時間（＝滞在時間）が長くなるキッチンを中心に考えるのが基本です。たとえばキッチンと洗面室&浴室を隣接させたり、アイランドキッチンにして回遊できるようにすると、移動のための無駄な労力が省けて、家事が効率よくすませられます。

収納も家事ラクポイントのひとつ。大型のW.I.C.を水回りの近くに設けて家族の衣類を集中収納できると、しまう手間が一度ですみます。また、キッチンをオープンスタイルにする場合は、パントリーなど見せたくないものをさっと隠せるスペースを設けると、家事ストレスを軽減できます。

## 回遊動線も便利

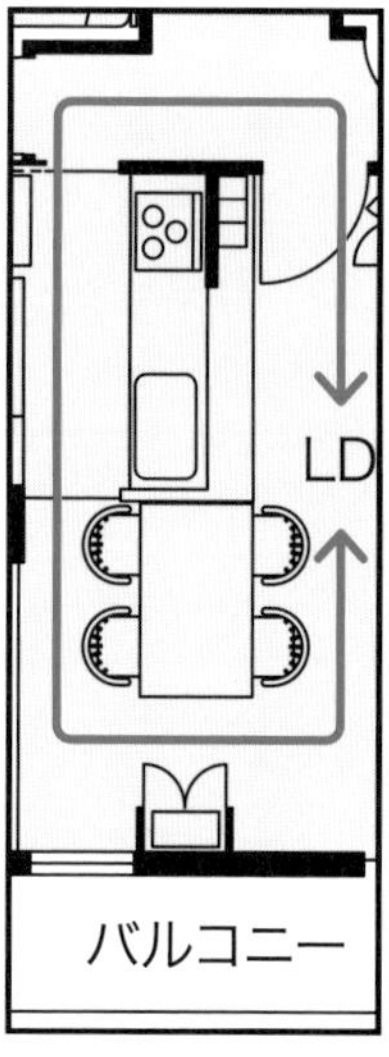


**回遊式のキッチンで使い勝手よく**

キッチンを中心に回遊できる間取りで無駄な動きをカット。横並びにダイニングテーブルを配置して配膳がスムーズな家事ラク仕様に。

（M邸　設計／アネストワン一級建築士事務所）

## ことば辞典

**【アイランドキッチン】**
シンクや調理台を部屋の中央に配置するタイプ。大人数での調理に向く。動線の自由さや開放感がある一方、汚れやにおい対策が必要。

**【パントリー】**
キッチン近くに配置する、食品や食器を収納する場所。冷蔵庫など大型家電を置くことも。キッチンと別に出入り口をつくると2方向から使えて便利。

**【回遊動線】**
スペース同士をつなげて行き止まりなく回れるようにした動線。行き来がスムーズになるので生活しやすい。照明のスイッチングなどに配慮が必要。

# 水回りを1カ所にまとめて家事動線を短く

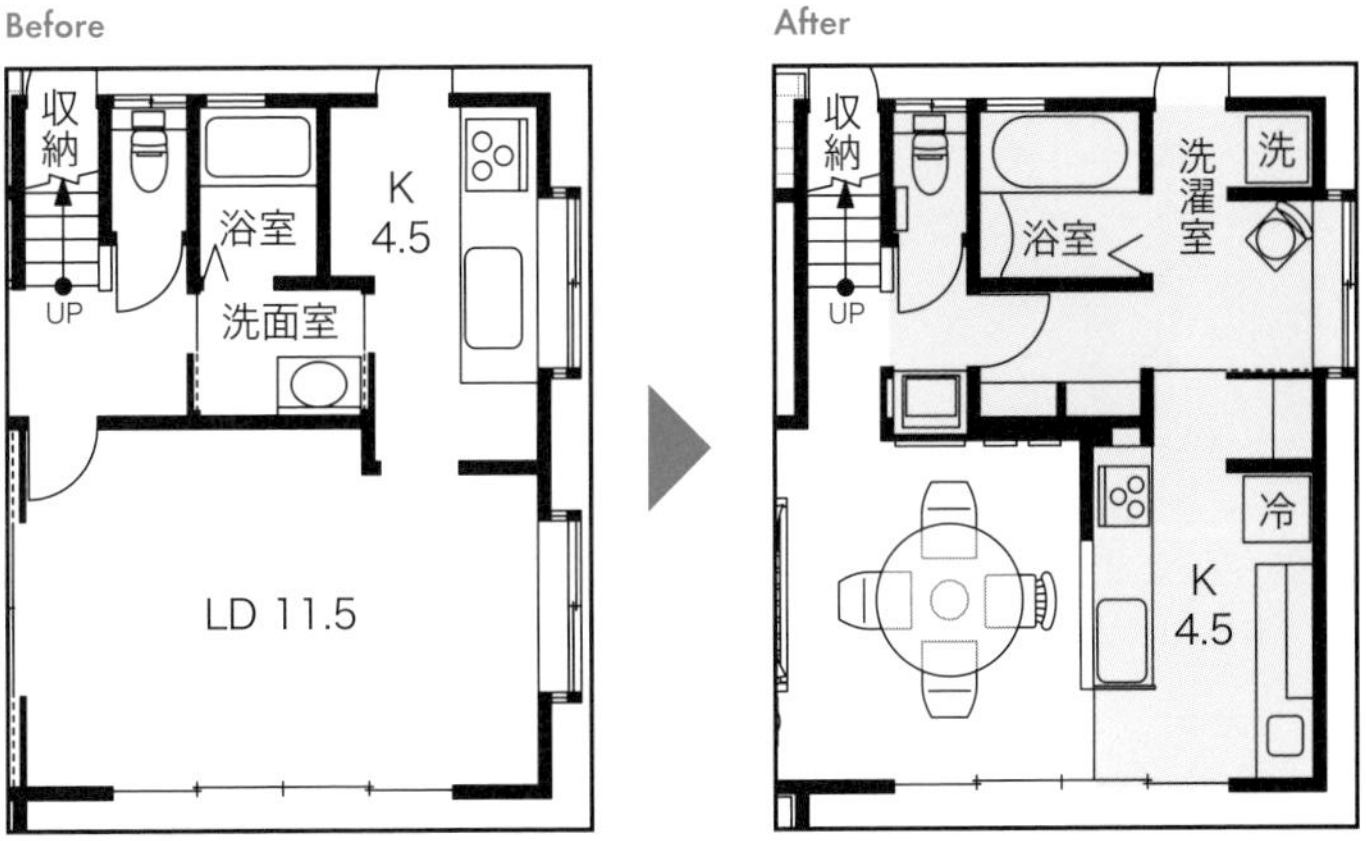


### クローゼットを中心に水回りを集約

水回りを近くにまとめ、中央部分にたっぷりと収納スペースを配置。雨の日に便利な洗濯室も設けて、家事が効率よくできる住まいに。

（W邸　設計／ takano home）

### アイディア&テクニック

## 洗濯機と干し場が近いと洗濯動線がラク

水を含んだ重い洗濯物を持って家の中を移動するのは意外と重労働。洗濯機の近くに物干し場があると動線が短くなり、家事の負担が減らせます。スペースにゆとりがあれば、とり込んだあとのアイロンがけやクローゼットに収納する作業まで近くですませられるのが理想。また、雨の日や花粉の時期に、室内で洗濯物が干せるような工夫を施しておくと便利です。

洗う → 干す → たたむ → しまう

＼あると便利／

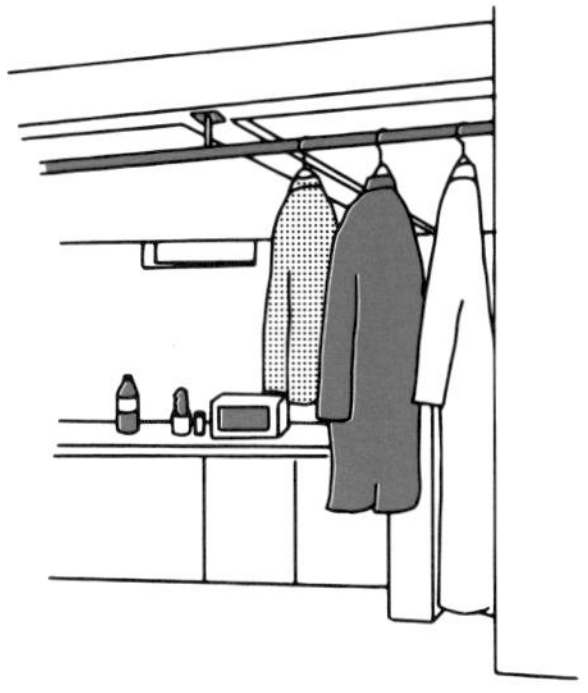

室内干しのレールを LD にとりつけておくとなにかと便利。ロフトの床を支える梁にさりげなく設置。

（設計／スタイル工房）

PART 3 リノベ&リフォームでどう変える？

収納

# W.I.C.が使いにくくて片づかない

収納スペースがたっぷりあっても片づかないのは、その場所に原因が。使いやすいクローゼットをつくるには、どこに配置するのが正解？

W.I.C.は寝室に併設するケースが多いですが、家事の時短や生活動線を考えると浴室・洗面室の近くにつくるのもおすすめ。廊下と洗面室の2方向からアプローチできたり、洗面室→バルコニー→W.I.C.といった具合に洗濯動線を考慮した場所に設けると便利です。家族の衣類やタオルを1カ所にまとめて収納できれば、洗濯後の片づけもラクになります。

大型収納をつくるときはシンプルな箱だけを設けて、内部に棚などは造作せず、市販のラックなどを組み合わせてカスタマイズしてもいいでしょう。コストの節約はもちろん、将来の生活スタイルに合わせて収納パターンを変えられるうえ、空間そのものをフレキシブルに活用できます。

## 通り抜けできるつくりに

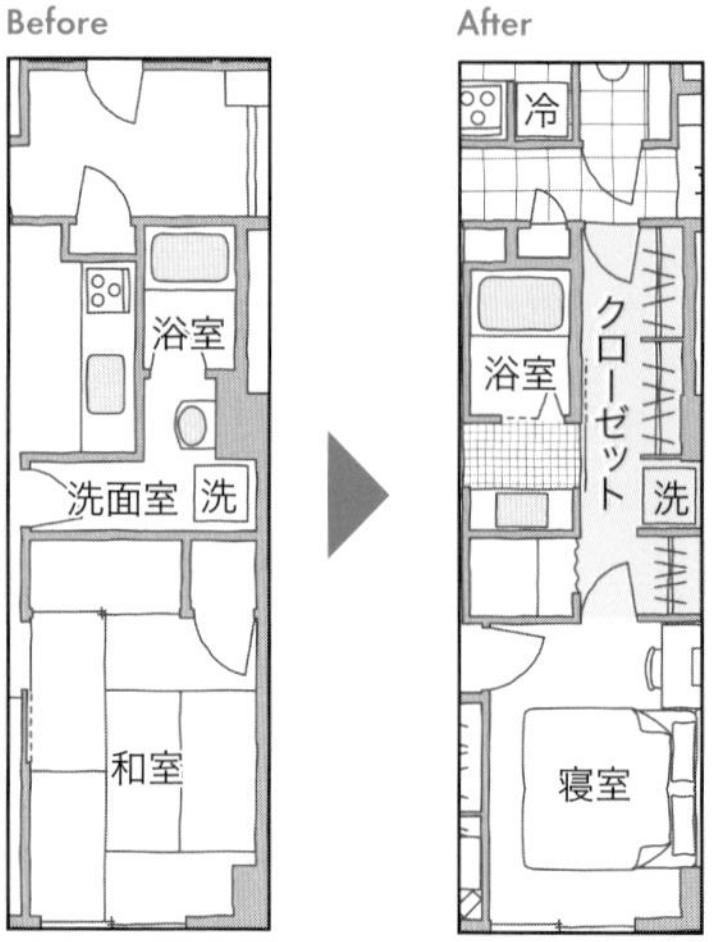


**2方向に入り口のあるW.I.C.**

玄関、寝室、洗面室から出入りできるウォークスルーのクローゼット。朝起きてからや夜の入浴後の身支度がスムーズ。

（S邸　設計／ブルースタジオ）

## ことば辞典

**【生活動線】**
家の中で生活するうえで人が移動する際に通るルート。各部屋と水回りなどを結んだ線。生活習慣に合った動線を計画すると、暮らしやすくなる。

**【ルーバー扉】**
細長い羽根板をすき間をあけて平行に並べたものをルーバーといい、扉がルーバー状のもの。湿気がたまりやすい収納や空間で通風のために用いる。

**【サニタリー】**
清潔、衛生的を意味することば。住宅の場合は浴室、洗面室、トイレなど衛生を保つために使用するスペースをさす。キッチン以外の水回りの総称。

# 生活&家事動線を考えて配置する

## 増設する

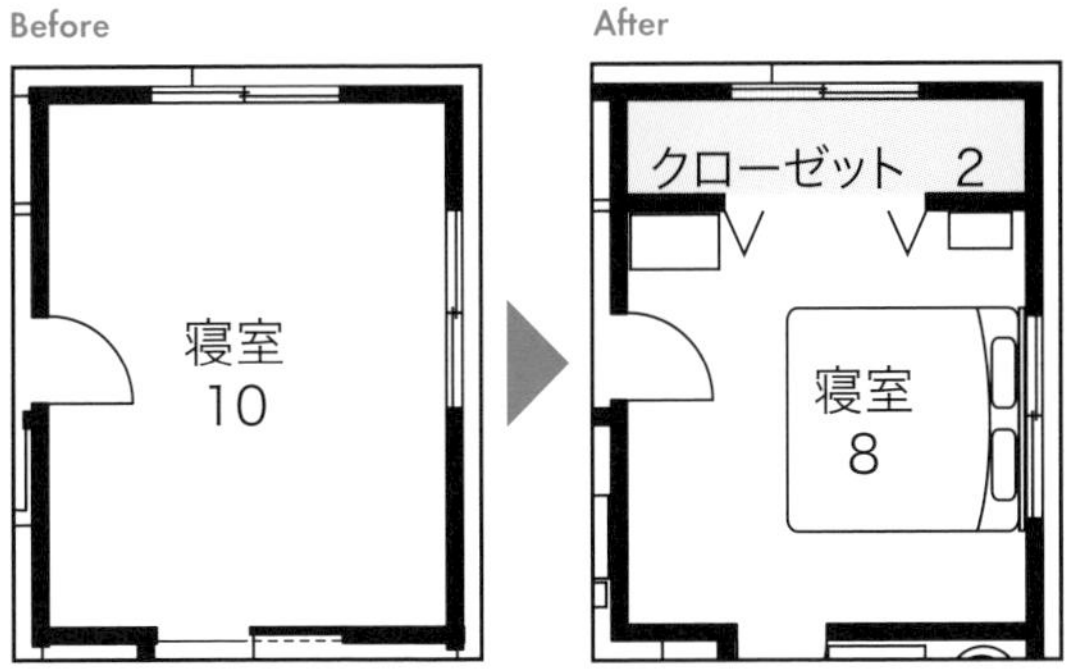


### 壁と扉で仕切って収納スペースを増設

10畳の寝室の北側に、新たに壁と扉を設けて2畳ほどのW.I.C.に。湿気がこもりにくいよう、通気性のいいルーバー扉を採用。

(M邸　設計/レジェンダリーホーム・スウィート)

## サニタリーの近くにつくる

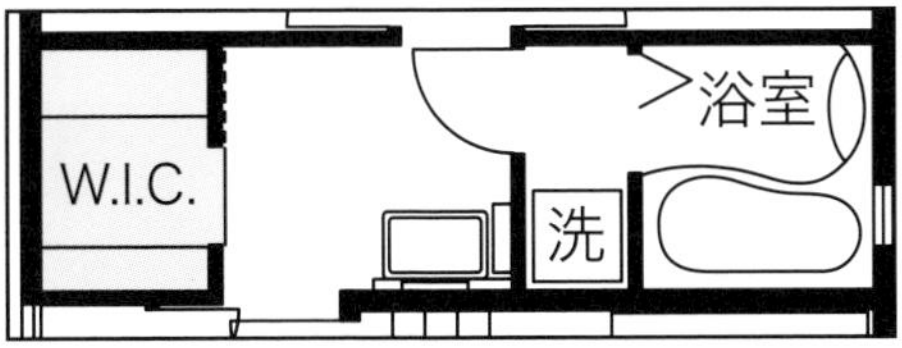


### 水回りに隣接したW.I.C.

浴室・洗面室近くにW.I.C.を設け、家族の衣類を収納。洗濯後の衣類を片づける場所が1カ所ですみ、入浴前に着替えをすぐ準備できて便利。

(F邸　設計/アイエスワン リノリノ)

### アイディア&テクニック

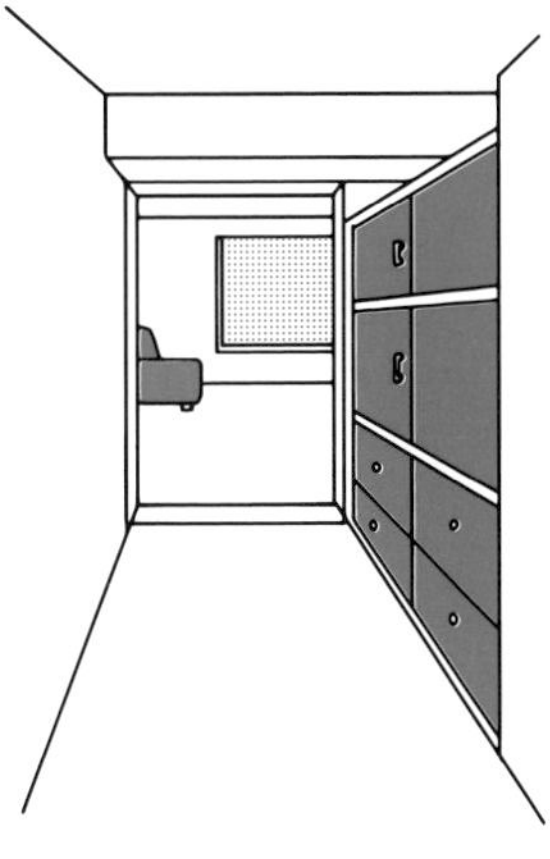

#### 手持ちの家具の置き場所を事前に用意

タンスの置き場所を、玄関とLDをつなぐ廊下に確保。リフォーム時にあらかじめ計画したことで出っ張りがなく、空間にすっきりフィット。

(設計/ブリックス。一級建築士事務所)

PART
3
リノベ&
リフォームで
どう変える？

収納

# 蔵書をすっきり収納したい

読書家の人にとっては、増え続ける本の収納は悩みの種。膨大な蔵書をすっきりおさめつつ、読みたい本がすぐ手にとれる収納をつくるには？

本棚は、収納としての役割はもちろん、親の愛読書を子どもが手にとったり、そこに並ぶ蔵書から家族のコミュニケーションが生まれることも。そこでおすすめなのが、壁一面に本棚を造作するアイディア。本棚は大工さんにつくってもらえば安くできますが、板の切断面などに粗さが出てしまうことも。仕上がりにこだわるなら、費用はかかっても家具店にオーダーを。

また、板を固定してとりつけるのではなく、棚受けレール（棚柱）を使ったオープン棚もおすすめ。本のサイズや量に合わせて、棚板の位置や数を自由にカスタマイズできます。本は色数が多く見た目がごちゃつくので、気になる人は書斎や寝室などプライベートスペースに設けるといいでしょう。

## オープン棚で「見せる収納」に

**棚板だけのカジュアルな本棚**

しっくい壁にブラウンの棚板が映える、シンプルで圧迫感のない本棚。お気に入りの表紙を見せるように並べるなどディスプレイも楽しめる。

（設計／エイトデザイン）

### ことば辞典

**【棚受けレール】**
棚板を固定するため、壁にとりつける棚柱のこと。DIYでも設置できるが、下地の有無は確認を。お店の陳列棚などで見かけることも多い。

**【オープン棚】**
枠や扉などがない、棚板だけとりつけた収納。棚のほか、バーなどに吊り下げるなど、しまうものが見えるスタイルの収納をオープン収納という。

**【デッドスペース】**
階段下や壁の内部、床下や小屋裏など、家の中の利用されていない空間。扉をつけるなど工夫を施して収納に利用することが多い。

# 壁やデッドスペースに本棚を造作する

## デッドスペースを利用

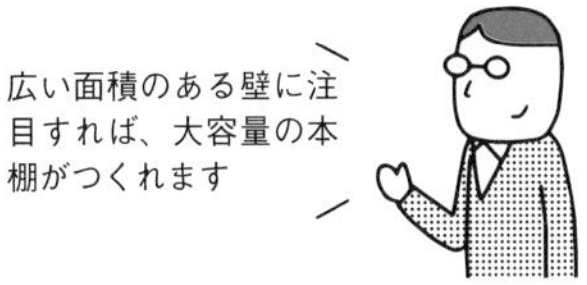
広い面積のある壁に注目すれば、大容量の本棚がつくれます

### 廊下のあきスペースに注目!

広さのある廊下の、窓の上のデッドスペースを利用して、壁の端から端までスギ材の本棚を設置。読書を楽しむスペースに。

(設計/エイトデザイン)

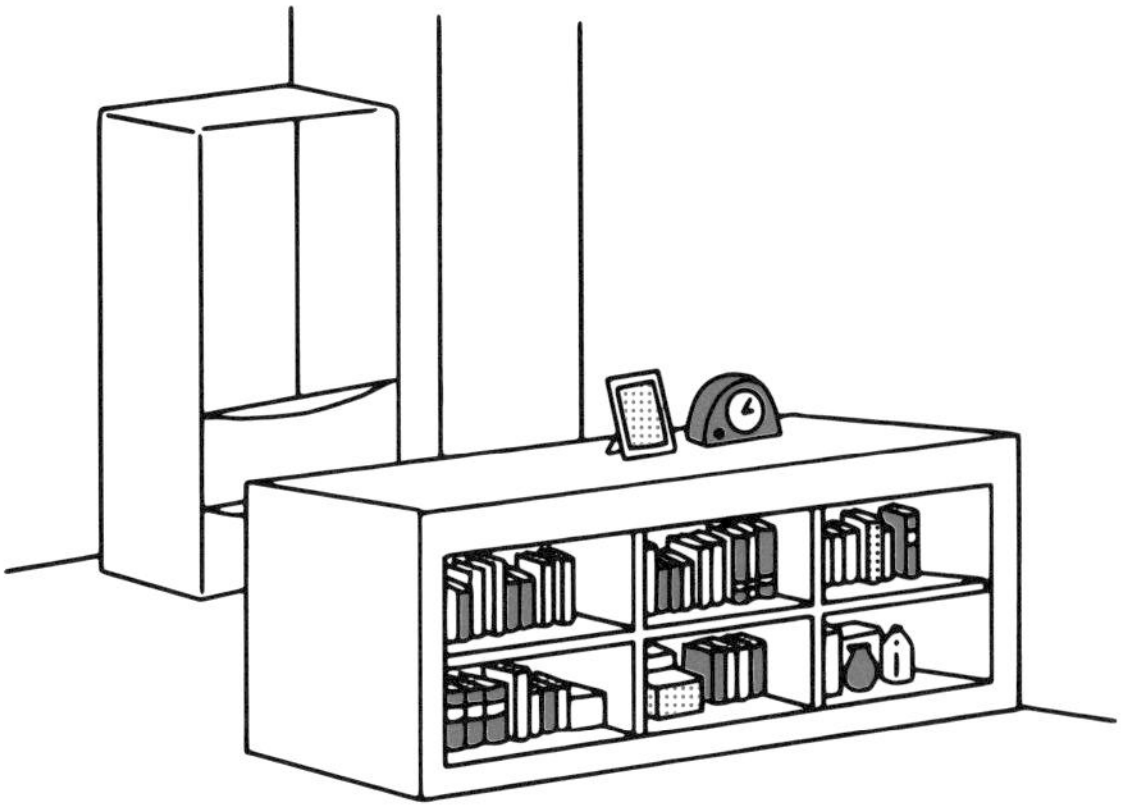

### キッチンカウンターをブックコーナーに

食器収納に使うことが多いキッチンカウンターのリビング側を本棚に活用。みんなが集まるLDKの中心に家族のブックコーナーを。

(設計/アネストワン一級建築士事務所)

**アイディア&テクニック**

### 既製品を利用すれば安上がりに

市販の本棚をリフォーム工事でビルトインするのもおすすめ。本棚をサイズに合わせてあけておいた壁のへこみにはめ込み、一体化するように壁を仕上げると、見た目もすっきり。安くて精度の高い収納ができます。

本に囲まれた暮らしも素敵ね!

収納

# インテリアにもなる収納がほしい

物を使いやすく機能的にしまえる収納もほしいけれど、お気に入りの雑貨を飾れるスペースもほしい。それなら、見せる収納も検討してみては。

オープン棚はお気に入りを飾りながら収納でき、インテリアの見せどころになります。棚板と棚受けやレールだけでいいので手軽な印象がありますが、あとからDIYでとりつけようと思っても、下地がない場所には設置できません。設置する位置は工事前にあらかじめ決めておき、大工さんにとりつけてもらったほうが安心。マンションの場合、構造壁のコンクリート壁にとりつけるのは管理規約で禁止している場合もあるので、確認が必要です。

キッチンにオープン棚を設けて、カフェのように器や調理器具をディスプレイ収納するのも人気。特にオープンキッチンの場合、このオープン棚がキッチンの印象を決める重要な要素になります。

## アイディア&テクニック

### 造作工事で家具のような収納をつくる

壁かけテレビに合わせて、AV機器用の収納を壁の内側に造作。パイン材の扉つきで家具のような趣。配線も隠れてすっきり。

（設計／イノブン インテリアストア事業部）

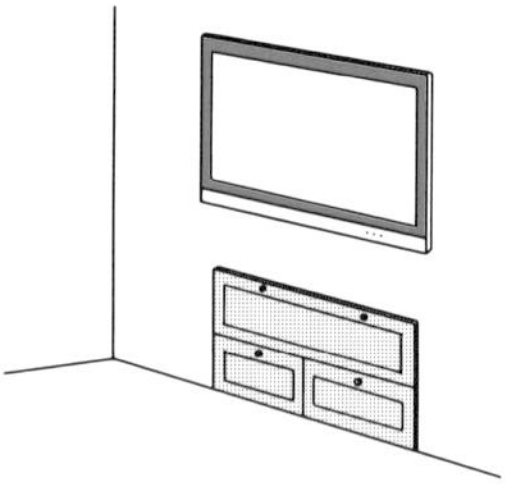

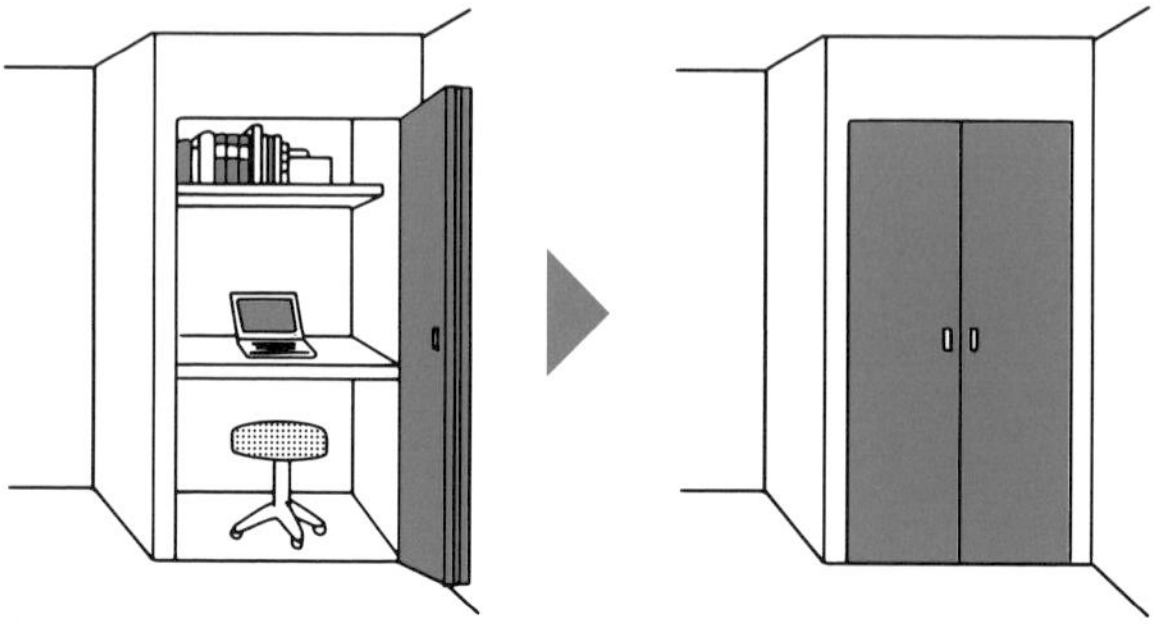

### ごちゃつきがちなデスクはまるごと収納

ダイニングに設けたワークスペース。折り戸をつけてまるごと隠せるようにしたので、使わないときはすっきり。急な来客時にも慌てずに対応。

（設計／ブリックス。一級建築士事務所）

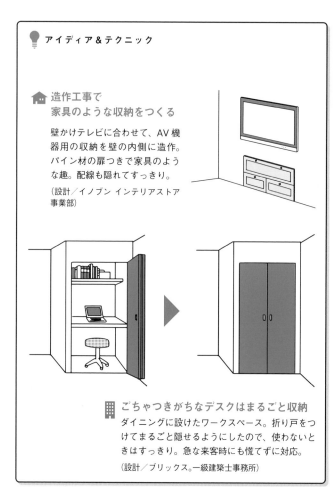

## オープン棚ならインテリアとしても楽しめる

＼玄関に／

### ショップ風に靴を飾りながら収納

玄関の壁一面にオープン棚を設置し、手持ちの靴をディスプレイ収納。選びやすく出し入れしやすいうえ通気性がいいのもメリット。

（設計／空間社）

＼キッチンに／

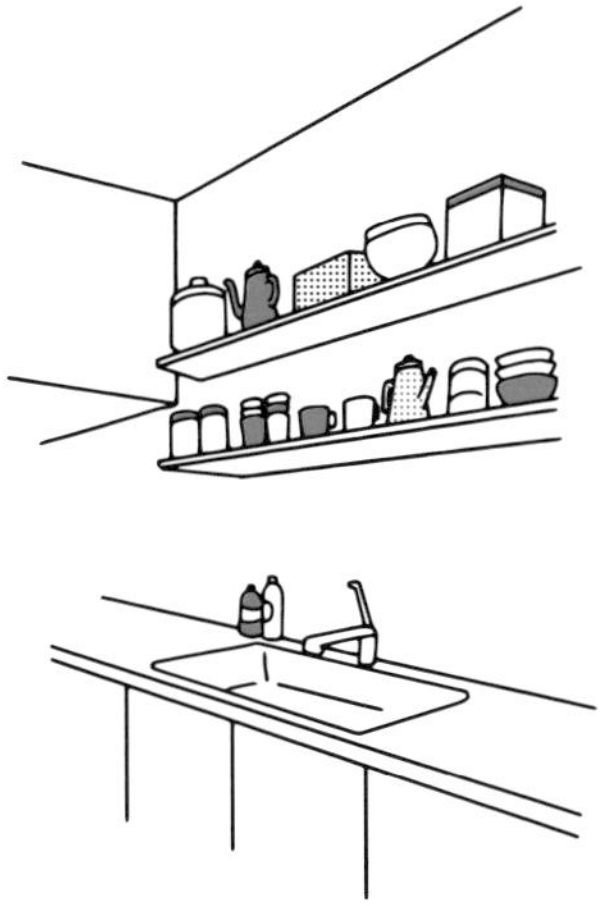

### 使いやすいオープン棚を

棚板だけのシンプルなオープン棚をキッチンに。手の届きやすい高さに設置したのがポイント。

（設計／ FILE）

＼リビングに／

### 空間をゆるやかにゾーニング

広々としたLDをゆるやかに仕切るのは、造作で設けたオープン棚。光を遮断せず、お気に入りの雑貨のディスプレイを楽しめる。

（設計／イデー）

高さを変えられるようにしておくと、生活の変化にも対応できます
おしゃれな収納、憧れます！

収納

# 玄関から生活感をなくすには？

ゲストが最初に目にする玄関は、いつもすっきりさせておきたい場所。家族の靴や道具が散乱しない、気持ちのいい空間をめざしましょう。

家族の靴や雨具など、玄関には生活雑貨があふれがち。こうした雑多なものをすっきりしまえるほか、家の中に持ち込みたくないアウトドアグッズの収納もあると便利。マンションで広さに限りがある場合は、ホールや廊下部分を活用した収納を考えます。ウォークインにする場合は物置き状態になりがちなので、ゲストの目にふれないように扉をつけておくと安心です。

奥行きが浅めで幅がたっぷりある壁面収納は、物を探しやすく出し入れしやすいのでおすすめ。要望の多いベビーカー置き場は、数年で必要がなくなるものなので、たたき部分に壁の一部をへこませたオープンスペースを設け、いずれ板を渡してオープン棚にできるようにしておくのも手です。

## 廊下に壁面収納を

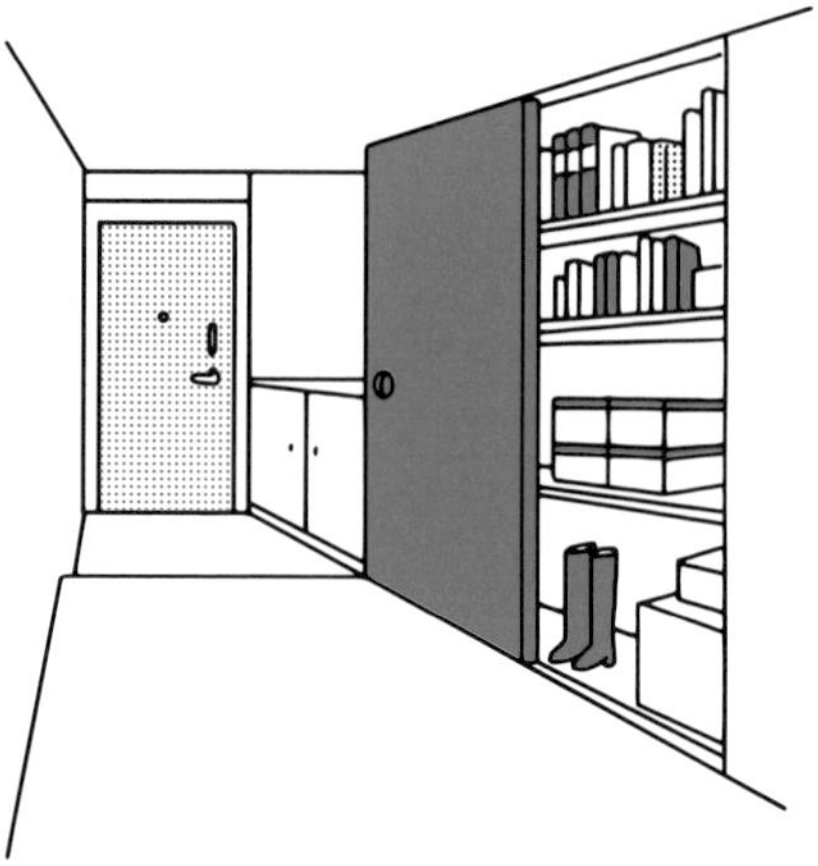

\Point/

壁一面を収納にしたときの圧迫感が気になるなら、下部をあけると解消できる。

### 大型の壁面収納を廊下に

幅に余裕があった廊下を利用し、壁面に大型収納を設置。半分はシューズクローゼット、半分は書庫に。たたきに面した部分は棚の高さを抑えて開放的に。

（設計／KURASU）

## ことば辞典

【ホール】
大広間や集会所をさす。玄関を入ってすぐのちょっとしたたまり場を玄関ホール、階段を上った2階の空間を階段ホールという。

【シューズクローゼット】
靴や傘、コートなどをしまえる玄関脇の収納スペース。たたきから靴のまま入れるつくりが多い。ベビーカーなど大物もしまえる広さがあると便利。

【たたき】
玄関の土足で入る土間の部分。もとは土と石灰とにがりを混ぜ、たたき固めて仕上げた。珪藻土やしっくい、コンクリートの土間もたたきと呼ぶ。

# ホールや廊下を利用して収納をつくる

## シューズクローゼットが便利！

Before

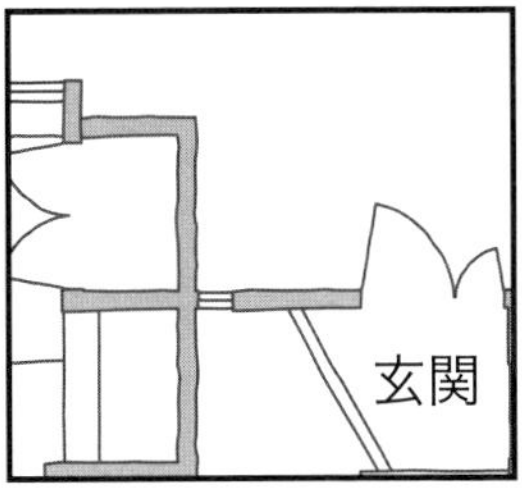


After

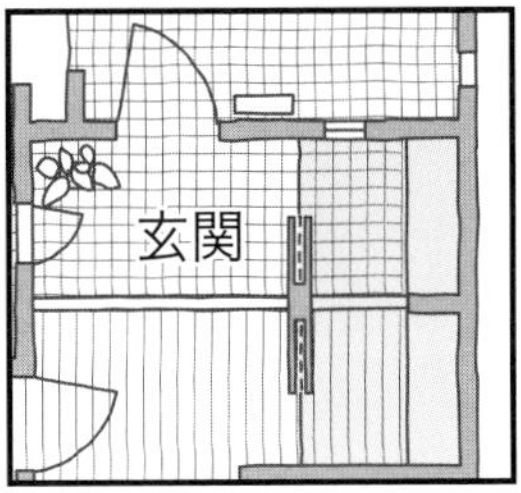


### スペースに余裕があれば2WAYに

増築して広げた玄関横に、たたきとホールの両方から出入りできる収納を。バーや棚をとりつけ、バッグやコートもすっきりしまえる。

（I邸　設計／イノブン インテリアストア事業部）

Before

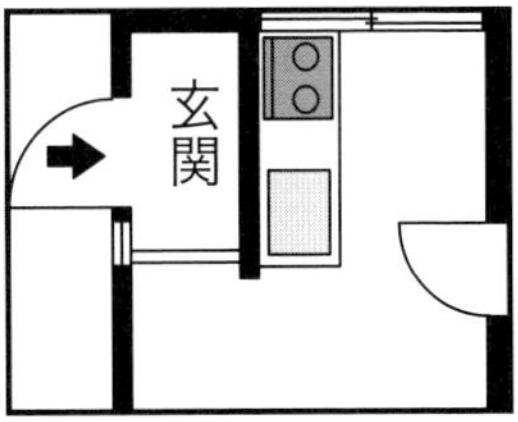


After

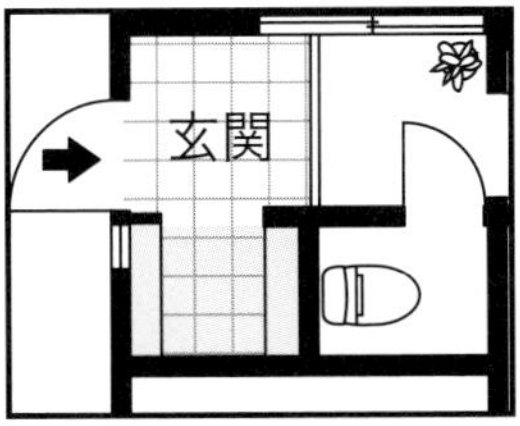


### たたきにシューズクローゼットを新設

玄関スペースを大幅に広げ、ウォークインできるシューズクローゼット兼物置きに。アウトドアグッズも収納でき、車への出し入れもラク。

（I邸　設計／アイエスワン リノリノ）

**アイディア&テクニック**

### 第一印象のいい玄関のつくり方

畳１枚分が玄関ホール&たたきの一般的な広さですが、２枚分の広さがとれるとゆったりした印象に。ホール部分よりたたき部分を広くすると、窮屈な感じがなくなります。また、タイルやモルタルなど、たたきの素材で印象ががらりと変わるので、素材選びもポイントに。靴についた泥や雨水などで汚れやすい場所なので、汚れが落としやすく、すべりにくい素材を選びましょう。

玄関は家の顔。コンパクトでも収納はしっかりつくりましょう

# 生活用品を使いやすく収納するには？

洗剤やペーパーのストック類など生活必需品のしまい場所もきちんと計画を。在庫管理がしやすくて出し入れもラク。そんな収納が理想です。

洗面室に畳1枚分×高さ2・4mほどのスペースがとれると、家族4人分のタオルや下着類を収納できます。スペースに限りがある場合は、洗面台を収納力のあるものにしたり、鏡を最小限のサイズにして、残った壁面に棚を設置することを考えます。壁の厚みを利用してつくるニッチも有効。雑貨を飾る場所と思いがちですが、トイレではトイレットペーパーが収納できるので重宝します。

多少出し入れしにくいというデメリットがありますが、洗濯機の上も収納に十分活用したいスペースです。オープン棚なら空間が狭くても圧迫感がないのでおすすめ。収納量がほしいからと欲張らず、手の届く高さ2～3段にとどめておきましょう。

## トイレの収納

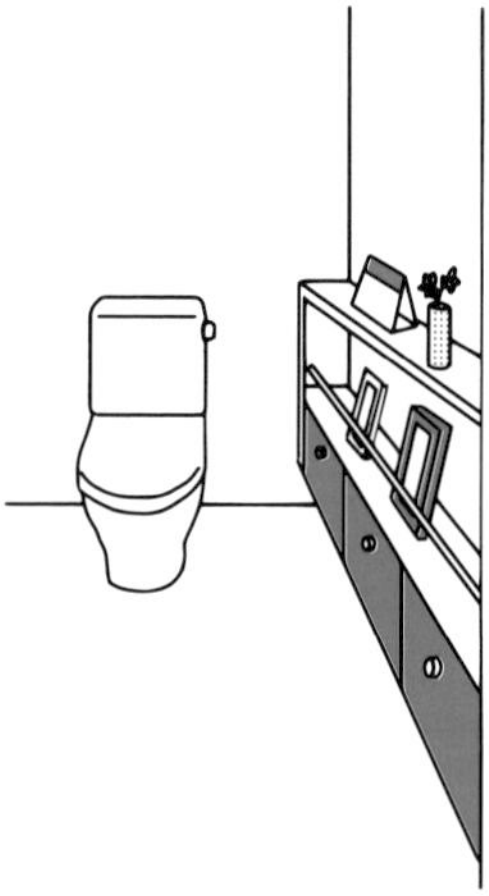

**浅めの収納をサイドに**

上部はオープン、下部は扉つきの、奥行きの浅い造りつけ収納を設置。ディスプレイを楽しみつつ、見せたくない備品を隠せる。

（設計／OKUTA LOHAS studio）

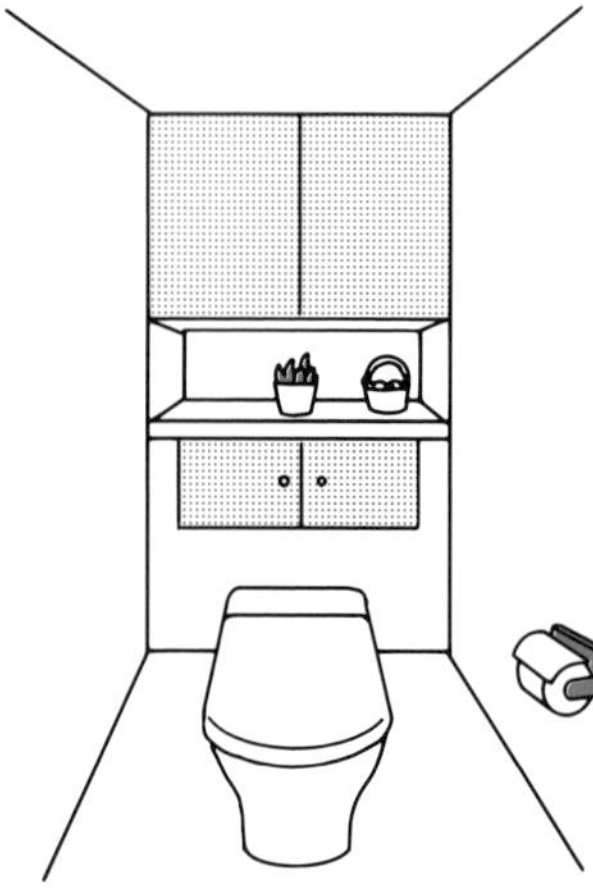

**タンクレスの背面を利用**

正面の壁の上下にキャビネットを設けて、ペーパーなどの備品を収納。間にディスプレイスペースを設けることで圧迫感を軽減。

（設計／ブリックス。一級建築士事務所）

# サニタリースペースの壁の厚みやあきに注目

## 洗面室の収納

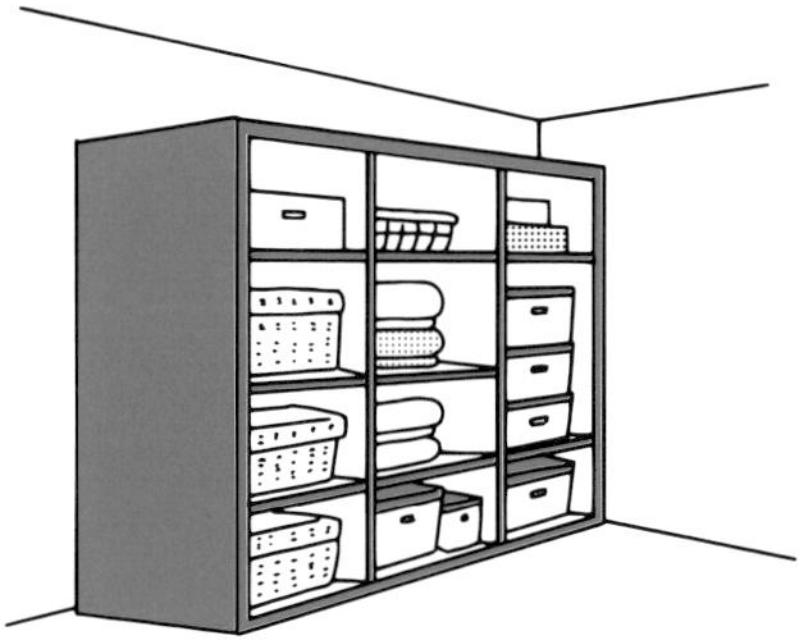

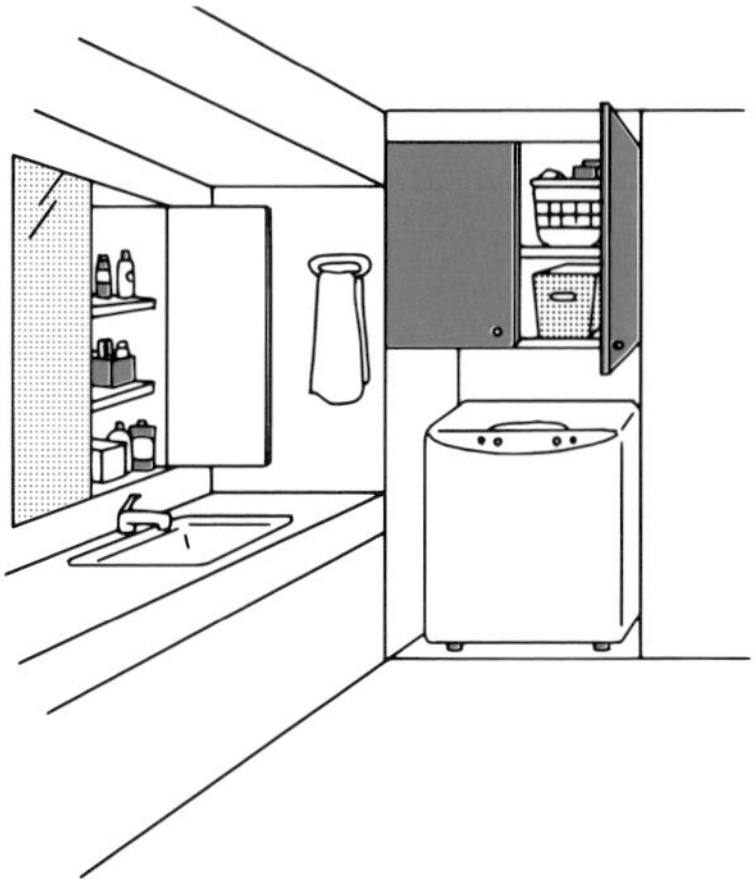

### 洗面室に家族用の大容量収納を

家族の衣類とタオルを収納できる棚を洗面台の背面に設置。ざっくりしたつくりで、市販のかごやケースでアレンジしながら使える。

（設計／エム・アンド・オー）

### 造りつけ収納を壁と一体化

壁面を無駄なく活用して造りつけ収納を設置。鏡の裏を化粧品などの収納に活用。洗濯機の上にはハンガーや洗剤用のスペースも。

（設計／ブリックス。一級建築士事務所）

洗面室に下着をしまえると、お風呂上がりがラクね

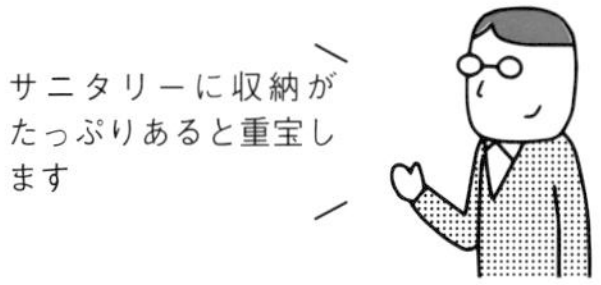
サニタリーに収納がたっぷりあると重宝します

### ことば辞典

**【ニッチ】**
すき間の意。住宅では厚みのある壁の一部をえぐってつくったくぼみ部分をさす。雑貨や花瓶を飾るほか、小物の収納にも使われる。

**【奥行き】**
建物や家具などの手前から奥までの寸法。サイズ表記では「D」と表す。幅（W）や高さ（H）とともに表記されることが多い。

**【タンクレストイレ】**
便器の後ろにあるタンク部分がないトイレ。圧迫感がなく、空間を広く使える。形状がシンプルで掃除がしやすいが、手洗い器を別に設ける必要が。

**【キャビネット】**
タンスや飾り棚など箱形の家具の総称。もとは貴重品を保存するための小部屋をさしたが、現在では家具の意味に使われる。箱や容器をさすことも。

収納

# 収納が足りない…を解決したい！

物が散らかるのは収納場所の不足も原因のひとつ。部屋は広くしたいけれど収納もほしい。この2つをバランスよくプランすることが課題です。

部屋を居心地よく快適なスペースにするためには、適切な量の収納スペースをつくることが必須です。とはいえ、限られた面積の中ではできるだけ居室を広くとりたいもの。そこで注目したいのがデッドスペース。階段の下や廊下の一角、カウンターの下など、あきスペースになりがちな場所を積極的に収納に利用しましょう。

特にリフォームの場合は、撤去できない構造材のまわりなども狙いめ。部屋に出っ張った柱や袖壁を上手に活用して棚などをつくれば、収納スペースを増やせます。こうしたデッドスペースは、あとからの工事になると手間が増えたり費用がかさむケースもあるので、事前に設計者などに相談しておきましょう。

＼階段下／

**階段下を子どもも使える収納に**

リビングに設けた収納は、階段下のデッドスペースを利用したもの。子どものおもちゃの定位置ができたので、すっきりしたリビングをキープ。

（設計／アイエスワン）

## ことば辞典

**【袖壁】**
部屋などの一部に突き出している小さな壁。間仕切りのように目隠しとして設ける。玄関横などの、建物から外に突き出した短い壁もさす。

**【ステップ】**
電車やバスなどの昇降口の踏み段。住宅の場合は段差をさす。室内からデッキやバルコニーなどといった外部空間への出入り口などに設けられる。

**【天袋】**
古い和風建築で床脇の上部に設けた袋棚。現代では押入れの上部など天井に接して設ける戸棚をさす。床に接してつくられる戸棚を地袋という。

# 半端にあいたスペースこそ収納にちょうどいい

\壁のすき間/

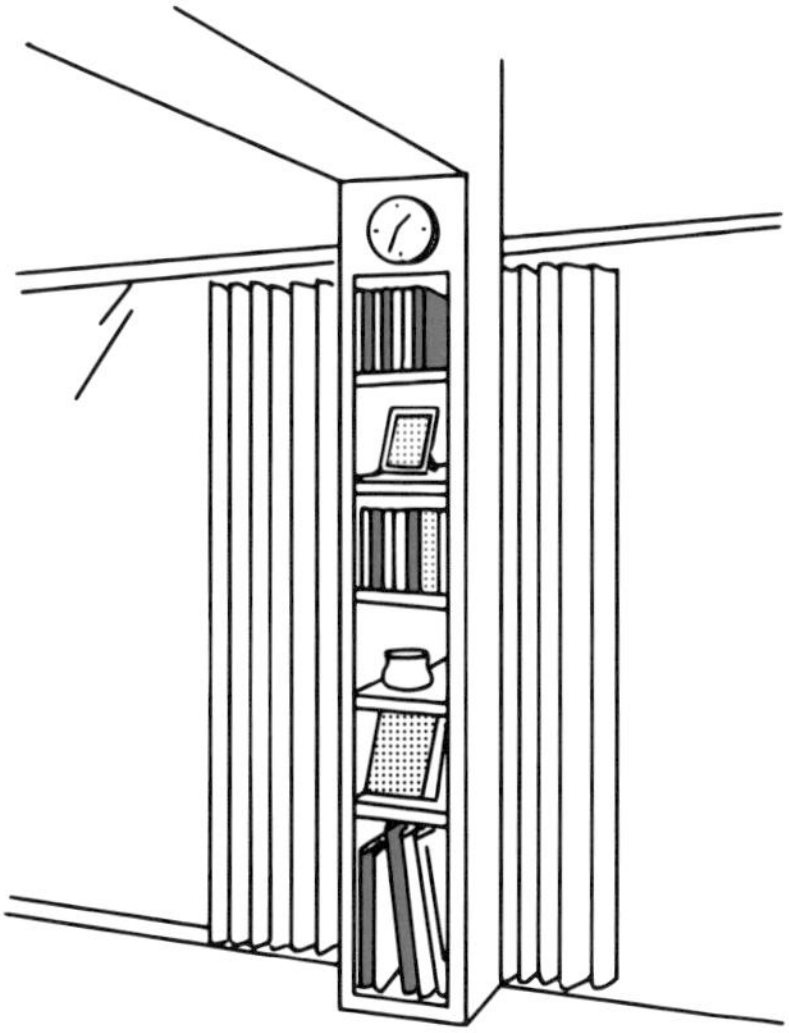

\段差/

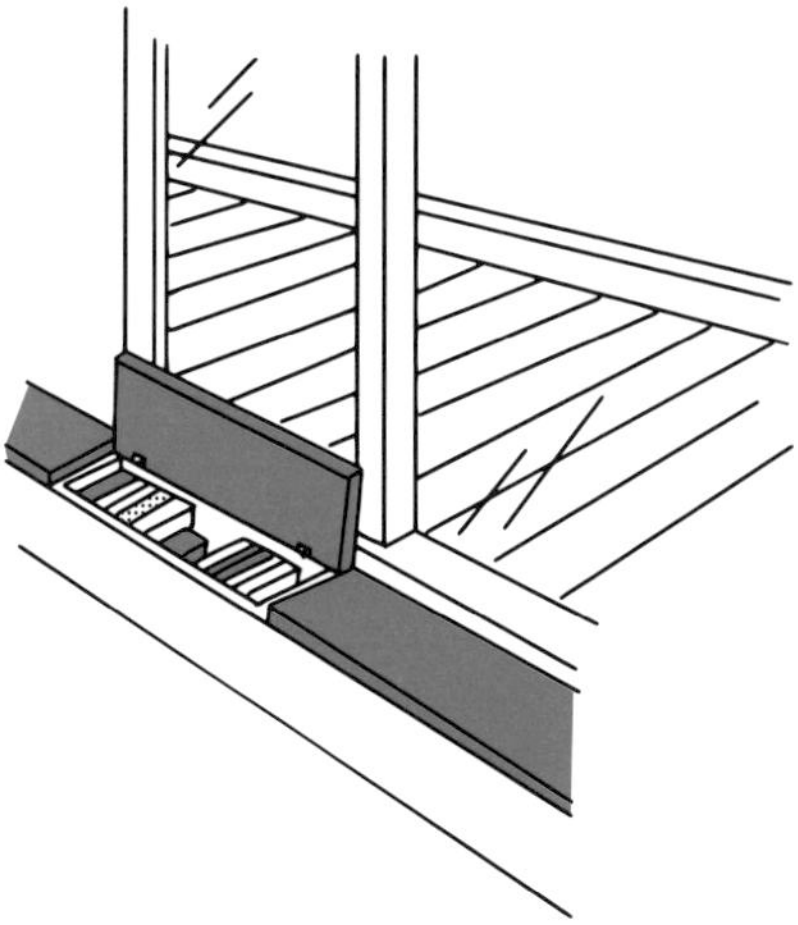

### 窓と窓の間を有効活用

窓まわりのわずかな壁面を利用して造作した収納棚。周囲にとけ込むデザインで部屋との一体感も演出。エアコンの配管を隠す役割も。

(設計/ブリックス。一級建築士事務所)

### 窓ぎわのステップを収納に

バルコニーをデッキ風にリフォームしたのに合わせ、収納スペースつきのステップを造作。たくさん所有していたCDの収納場所に。

(設計/ nu〈エヌ・ユー〉リノベーション)

## アイディア&テクニック

### 押入れの奥行きを生かしてクローゼットに

和室を洋室にリフォームした際、押入れをクローゼットにつくりかえ。前後2列にハンガーパイプを設置して使いやすく。天袋のスペースもとり込んで高さを確保したので、タンスもそっくり入る。

(設計/アトリエグローカル一級建築士事務所)

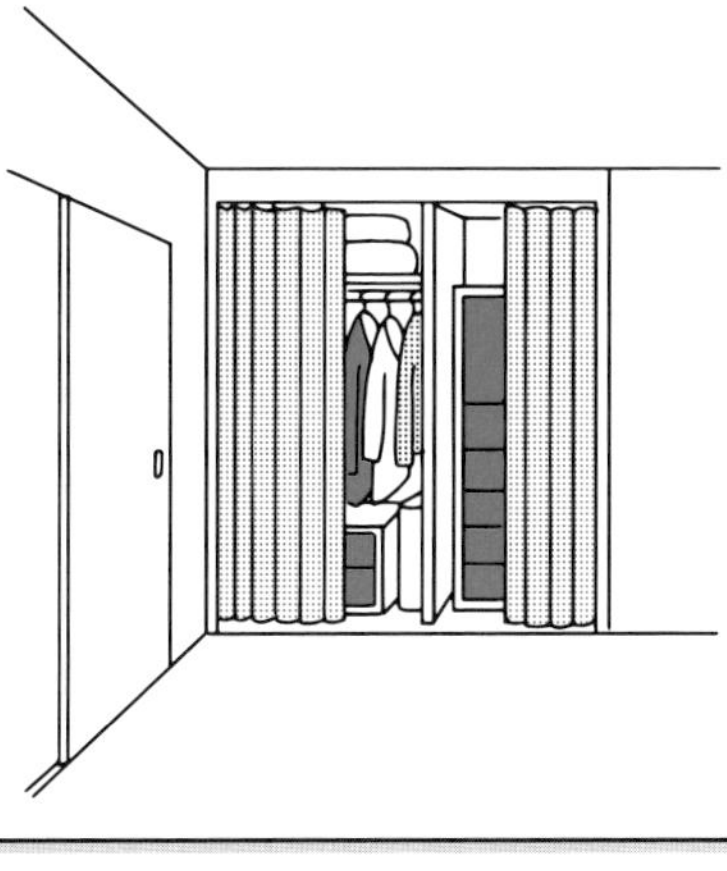

Column リフォーム体験談 Vol.3

# お金＆打ち合わせ

**満足のいく住まいにするためには、依頼先とのコミュニケーションが大切。予算オーバーや想定外の出費に対処するため、資金計画にはゆとりを。**

マンションに来客用の駐車場がなく、工事車両用に駐車場を借りた分のお金がかかった。
（関西在住・Mさん）

印紙代や事務手数料が意外と高い。節約のため、自分で手続きできるか調べたものの無理でした…。
（北海道在住・Fさん）

工事期間中の電気代や水道代は自分たちが負担するのですね。住んでいなくても光熱費がかかるとは（涙）。
（中国在住・Iさん）

工事費や部材価格の相場を勉強しておいたほうがいい。おかしいと思ったら確認！
（関東在住・Tさん）

床を解体したら、白アリで柱が傷んでいた！　予想外の費用が必要になりました。
（中部在住・Oさん）

リフォーム前提で中古住宅を購入。土地も購入したという意識が希薄で、半年後に土地取得税が数十万円かかってショック…。
（中国在住・Iさん）

大まかな見積もりではなく、何にいくらかかるか詳細を教えてもらうと、予算がオーバーしたときに削除部分を判断しやすい。
（関東在住・Uさん）

採用する内装材や設備機器など、いつまでに決めなければならないか確認を。意外と日数がなくて、仕事をしながらの選定は時間的に厳しかった。
（関東在住・Kさん）

自分たちが建材や設備などの知識がなさすぎると、「おまかせします」「よくわからないので、それで」ということになるので、打ち合わせ前には予習がおすすめ！
（北海道在住・Eさん）

住みながらのリフォームだったので、生活への支障を考えて、どのような順序で工事を進めるかを事前によく打ち合わせました。
（関東在住・Yさん）

プランが二転三転し、最終的に決定したと思った内容が、プランナーさんとくい違ったまま工事に。自分でもこまめに現場の状況を確認しておくべきでした。
（関東在住・Tさん）

「言った、言わない」でトラブルにならないように、些細なことでも文書に残すのが◎。担当者は物件をいくつも担当しているので、間違えられたりしがち。
（関東在住・Hさん）

# PART 4

# 素材&設備は
# どう選ぶ?

PART 4
素材&設備はどう選ぶ？

# めざしたいインテリアのスタイルは？

リフォームではこだわる人も多いインテリアのコーディネート。好きなものに囲まれた居心地のいい空間をつくるポイントをチェック！

心地よく過ごせる空間は、人それぞれ好みによって違います。まずは自分や家族がどんなスタイルが好きなのか、どんな空間で過ごしたいのかを探すことから始めましょう。内装のテイストやデザインの好みは、家具や雑貨、食器の選び方に自然と表れるもの。また「こんな無垢材のテーブルで食事をしたい」「こんなアンティークのキャビネットを壁ぎわに置きたい」など使いたい家具を先に見つけて、イメージソースにするのも手です。

インテリアの印象は、内装材やパーツ、家具の選び方などで決まります。とり入れるアイテムの「素材」「質感」「形」「色」の4つの要素を意識して選ぶと、コーディネートがうまくまとまります。

## インテリアを構成するのは…

### 素材

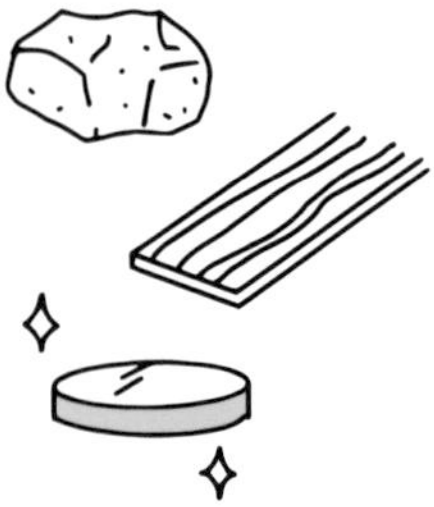

木や石、プラスチックなど種類のほか、かたさによっても受ける印象が異なる。

### 質感

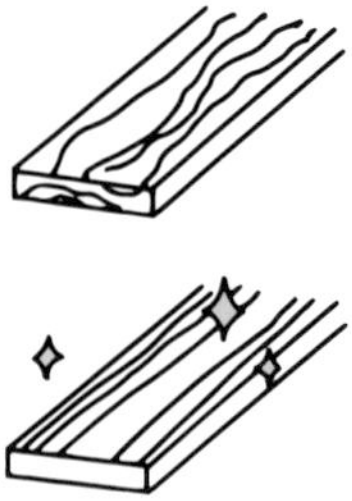

同じ木でもゴツゴツか、なめらかか、塗装でピカピカかでイメージが変わる。

### 形

フォルムやラインの特徴も大切。面か線、骨太か華奢、直線か曲線かなど。

### 色

赤、青など色みのほか、同色でも明るい暗い、鮮やかなものくすんだものなどがある。

# ポイントをおさえて理想のスタイルに近づける

## シンプルスタイル

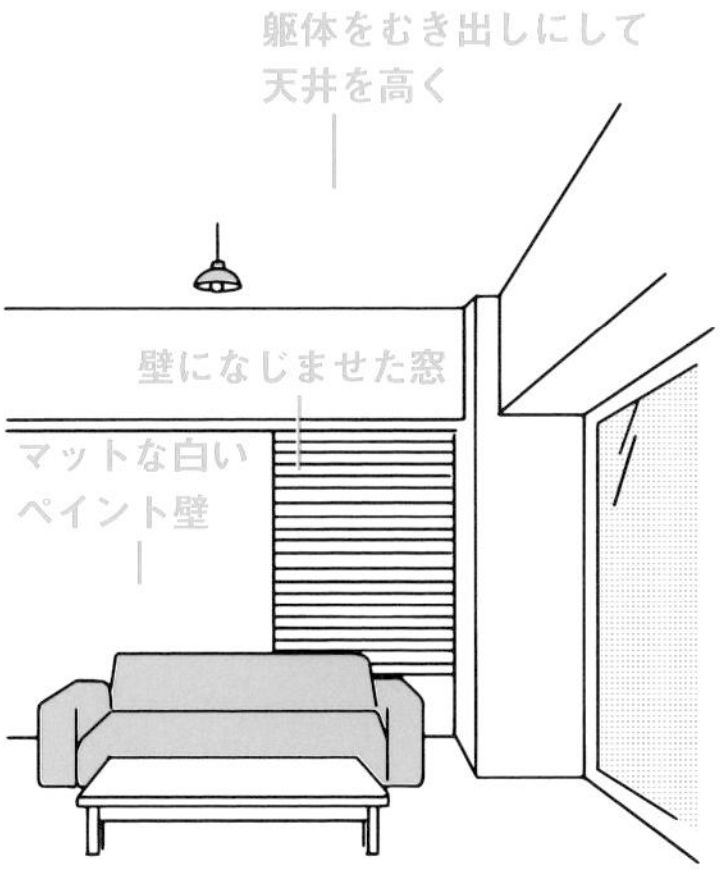


壁と天井は色をそろえる

窓まわりもシンプルに

家具や雑貨でインテリアを楽しむ

箱となる空間は色を絞る。天井が高いと開放感が生まれて、家具や雑貨が引き立つ。壁と天井の色を統一すると、明るく広く見える。光沢感があると主張が強いので、マットな質感に。

## フレンチスタイル

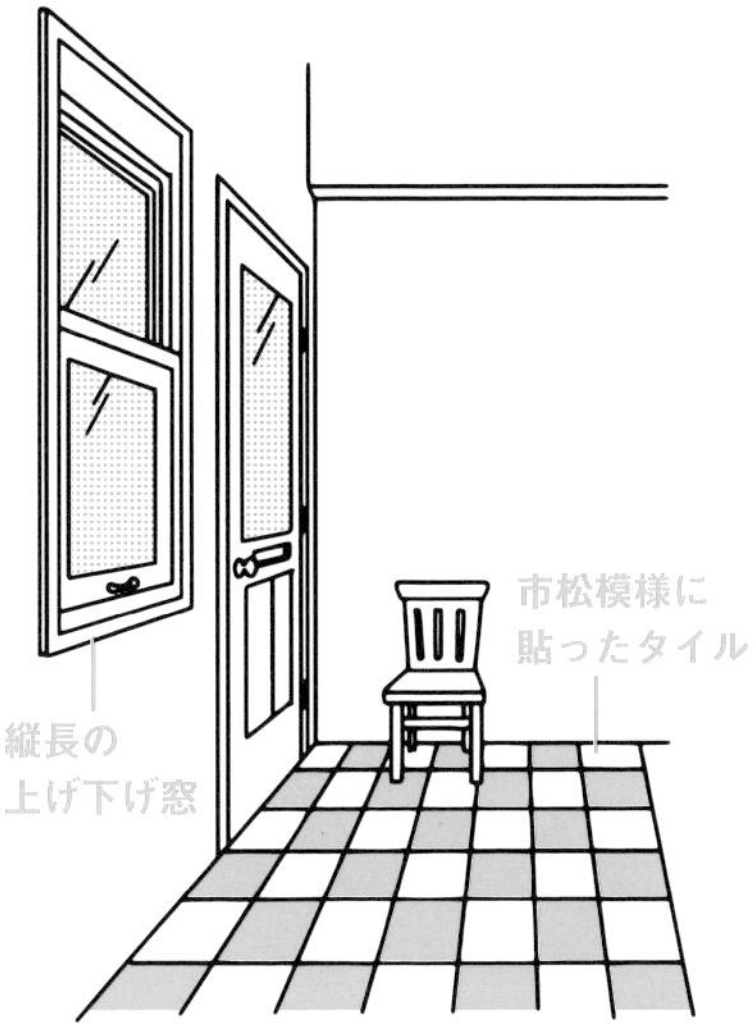


デザイン性の高い床

壁や建具で色をプラス

アンティークで味わいを添える

ポイントは装飾性と色使い。アンティークな雰囲気のあるヘリンボーンや市松模様などデザイン性の高い床は欠かせない。ペイントの壁や建具、柄の壁紙で色をとり入れる。

（設計／木-スタイル）

## カフェスタイル

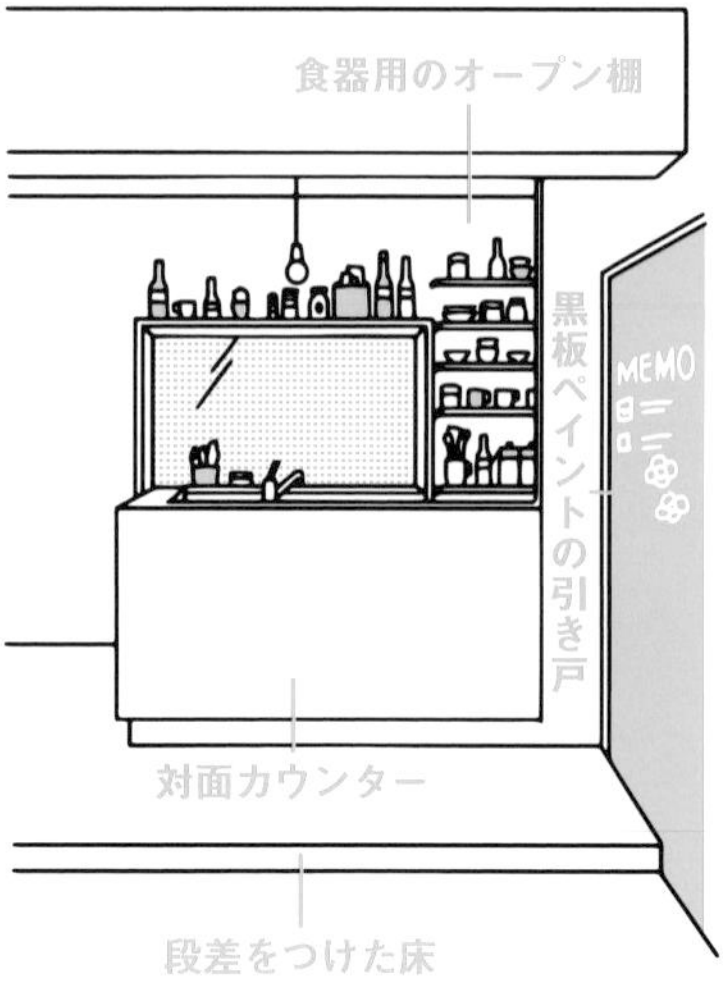


会話を楽しむ対面カウンター

オープン棚でディスプレイ収納

ペンダントライトで照明の演出を

おしゃれで居心地のいいDKをつくるポイントは、調理しながら会話も楽しめる対面式にすること。食器や調理器具をディスプレイ収納できるオープン棚も欠かせない。

(設計／ブルースタジオ)

## NYスタイル

コンクリートの天井や壁

むき出しの配線やダクト

鉄やステンレスのハードな質感

色使いは控えめに素材の色みを生かす。凹凸感のあるレンガ壁やユーズド感のある床など、味のあるラフな質感を足すのもポイント。木材をとり入れるとハードになりすぎない。

(設計／コードスタイル)

## レトロスタイル

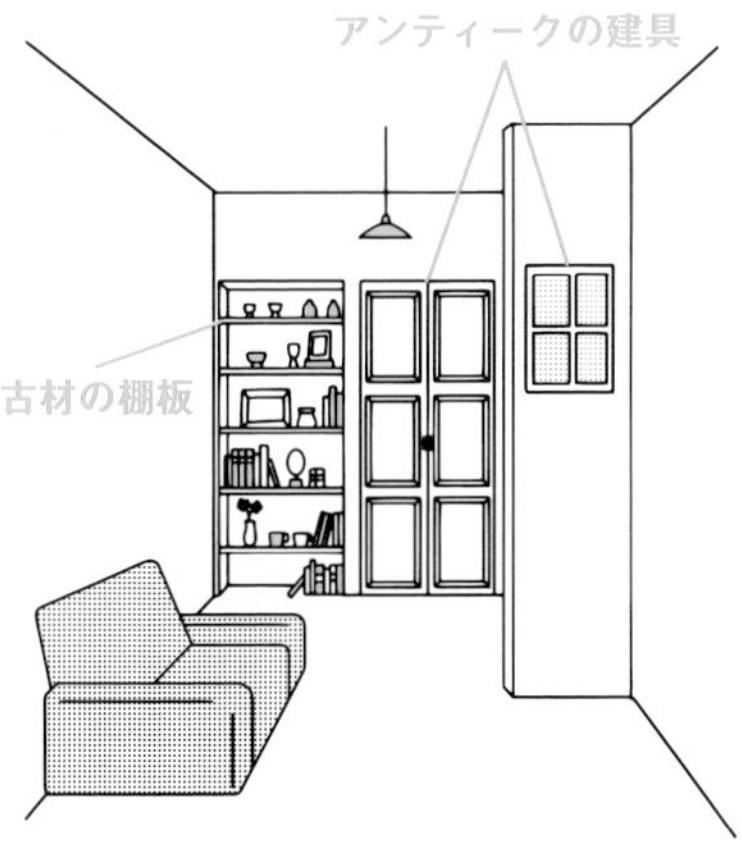
アンティークの建具
古材の棚板

幅広の床材などラフな素材

古材の梁やアンティークの建具を採用

レトロな家具や雑貨をアクセントに

空間自体はシンプルにつくり、建具や棚板、梁などのアンティーク部材を内装にとり入れて、古い味わいを添える。アンティークが多すぎると重くなるので、分量の加減が必要。

(設計/ BOLT)

### アイディア&テクニック

**古い家の味わいを生かすには?**

今の家の思い出を新しい家にも残したい。そんな要望をかなえるなら、柱や梁、レトロな建具など空間のアクセントになるものを利用するのがポイント。補修して再利用できるものをところどころにとり入れるだけで、雰囲気がぐっと増します。なかでも建具はキーアイテムに。現在のドアは高さ２mが基本ですが、昔の建具は１m80㎝と低めなので、建具のサイズ感でも懐かしさを演出できます。

いろいろなスタイルが
あって迷うなあ…

### ことば辞典

**【無垢材】**
丸太から使用する形状で切り出した木材。天然木のもつ風合いが楽しめる。湿度を調整する性質がある半面、割れやひびなどが入りやすいのが難点。

**【建具】**
障子、ふすま、窓、戸など壁の開口部に設ける、開け閉めできる仕切りのこと。ドアなどの開きタイプと、ふすまや戸などのスライドタイプがある。

**【ペンダントライト】**
コードやチェーンで天井から吊り下げるタイプの照明器具。照明位置が低く、照らす範囲が狭い。器具自体のデザインがインテリアのアクセントに。

**【ダクト】**
空調や換気、排気のための空気の通り道となる管。適切な風量を送るため一定の断面積が必要。通常は天井裏など室内からは見えない部分に敷設する。

# インテリアの基本を知っておく

内装材の組み合わせ方のコツを知っていると、模様替えをしたくなったときにも役立ちます。コーディネートのポイントを覚えておきましょう。

インテリアの構成要素となるのが床、壁、天井、造作材や家具。これらの色の組み合わせ方で部屋の雰囲気が決まります。色同士の相性はもちろん、どの色をどれくらいの面積で使うか＝色の配分も重要。まずインテリアで使いたい色を「ベース」「メイン」「アクセント」の3つに分け、配分を70％＋25％＋5％で考えてみましょう。色の配分に差をつけることで、めざすインテリアがわかりやすく、強い色も調和させやすくなります。

　色の明暗による効果も内装材選びのポイントに。床を暗い色に、天井にいくほど明るい色にすると、天井が高く見えてのびやかに。具体的には、白い天井は10㎝ほど高く、黒い天井は20㎝低く見えるといわれています。

## ルール1＝色の配分のコツは7：2.5：0.5

**ベースカラー 70％**
- 床、壁、天井などの広範囲に使う色
- 部屋のイメージの基調になる色

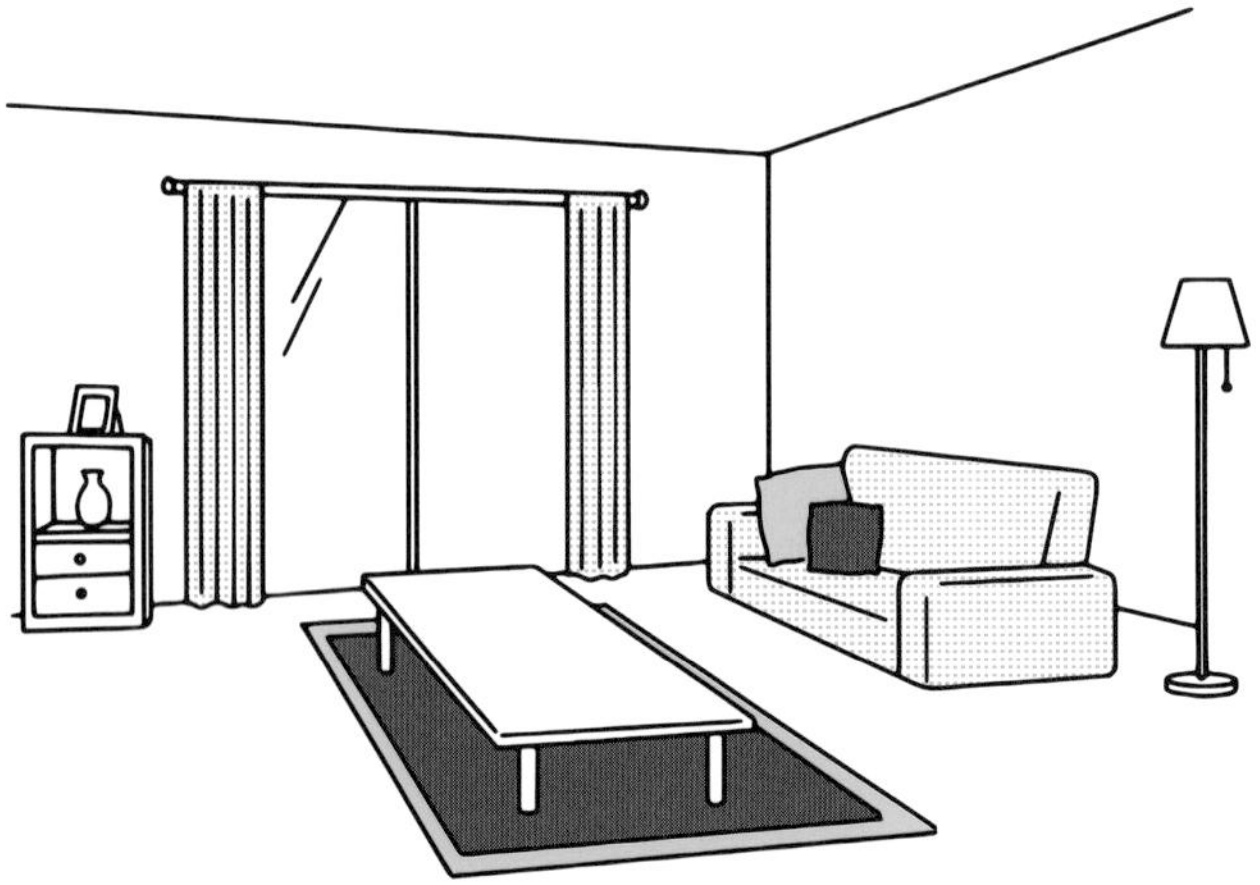

**アクセントカラー 5％**
- クッションなどの小物に使う色
- 面積が小さくても目をひきつける色

**メインカラー 25％**
- ソファ、カーテンなどに使う色
- 部屋のカラーイメージになる色

# 内装材と部材の色の配分がカギ

## ルール2＝床→壁→天井の順に明るくすると広く感じる

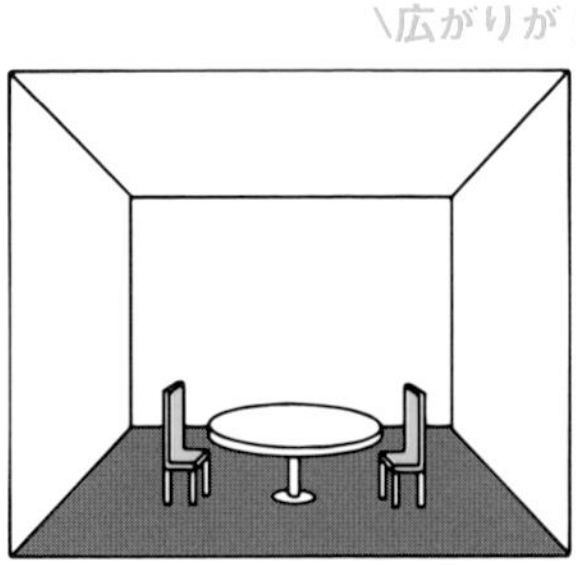


上にいくほど明るい色にすると、天井が高く見える。壁と天井は同じ色で統一してもOK。

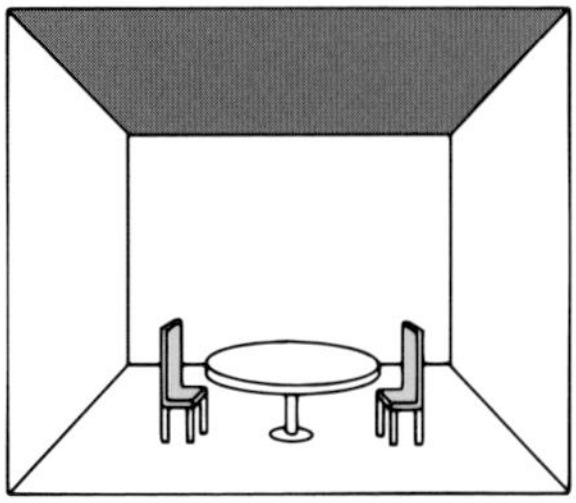

天井を暗くすると、実際より低く見える。落ち着き感を出したい寝室や書斎向き。

## ルール3＝建具は「床合わせ」か「壁合わせ」が基本

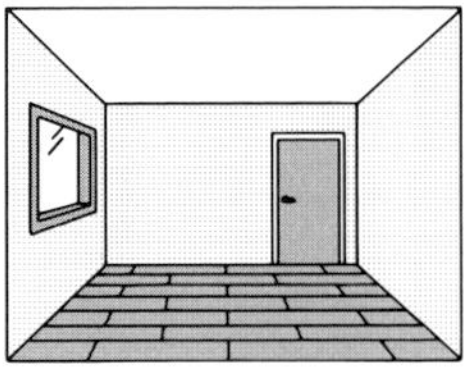

**建具と床をそろえる**

ドアや窓枠を床と同じ色にすると調和させやすい。

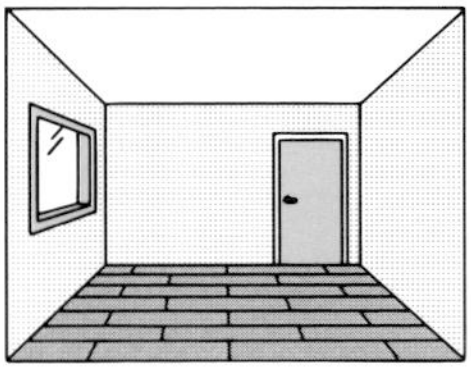

**建具を床より濃い色に**

建具や造作材を濃い色にすると空間が引き締まる。

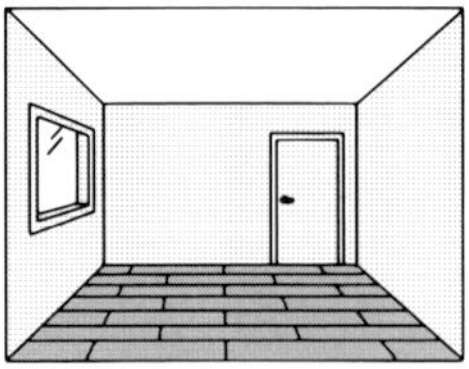

**建具と壁をそろえる**

建具を壁に同化する色で仕上げると広々と感じる。

## ルール4＝木部や金属部の色をそろえる

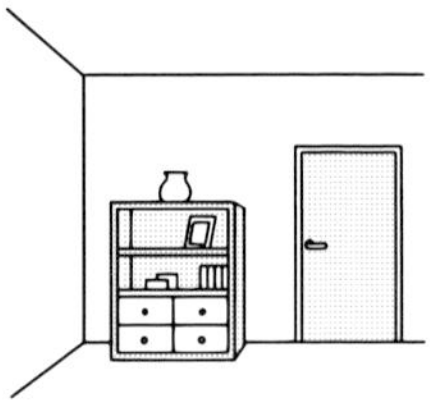

**木部**

同じ木材でも、薄茶、赤茶、こげ茶など色みをそろえる。

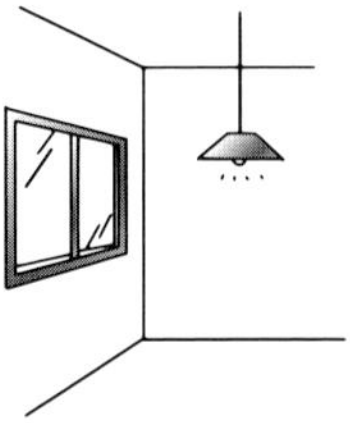

**金属部**

サッシや照明などの金属部分も色や質感を統一する。

# 家具の配置と間取りの関係は？

暮らしやすさやインテリアを左右するのが家具の配置。窓や収納の位置を自由に決められるプランニングの段階から同時に考えましょう。

家具レイアウトの基本は動線計画と居場所づくり。料理を配膳するためにキッチンからダイニングに、洗濯物を干すために洗面室からバルコニーになど、移動が効率よく行えるように考えます。このとき、家具が人の動きを妨げて遠回りや横歩きを強いられると、大きなストレスに。狭い部屋ではソファを置かずにダイニングでくつろぐなど、家具のしぼり込みも必要です。

家具を置くということは、そこに人の居場所をつくるということ。ソファの脇にお茶やメガネを一時置きできる小さなテーブルを置くなど、居場所が心地よくなるように周辺家具や収納家具を配置。また、家具のまわりには動作に必要なスペースを確保することも念頭におきましょう。

## ルール1＝人の動きや行為を基本に配置する

### レイアウトの基本は動線計画

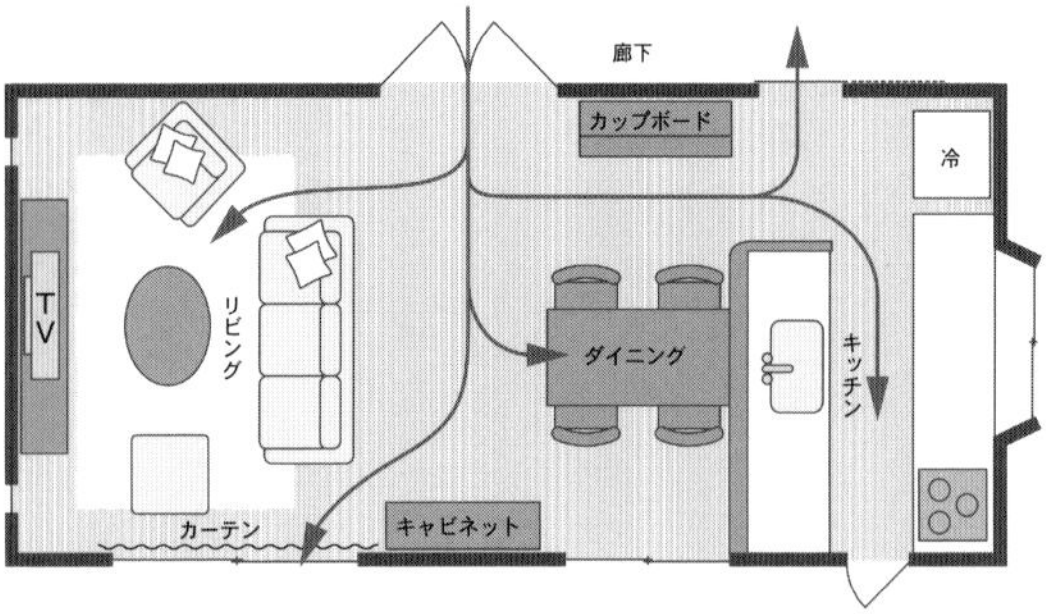


### 人が通るのに必要なスペース

45cm
横向きに通る

55～60cm
正面を向いて通る

110～120cm
正面を向いて
2人がすれ違う

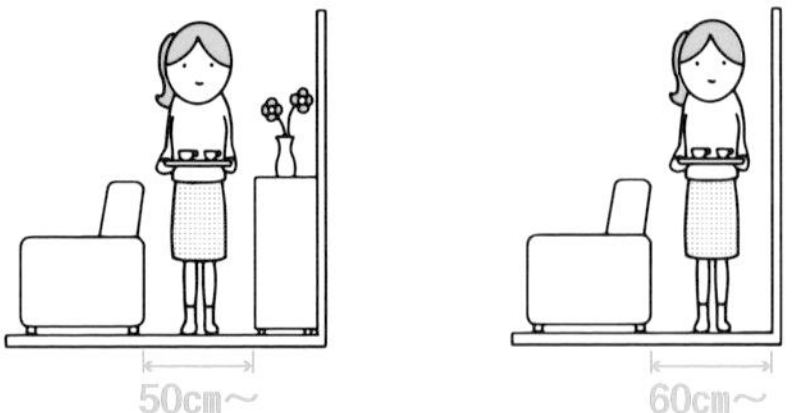

50cm～
低い家具の間

60cm～
低い家具と壁の間

# 動線と動作寸法から配置を考える

## ルール2＝家具を使うために必要な動作寸法を把握する

### 家具のサイズと動作寸法

引き出しを開けるには90cm、ソファとテーブルの間は30cm、通路には最低50cmのゆとりが必要。洗濯物など大きなものを運ぶなら90cmほどがベター。

## ルール3＝左右対称、非対称を意識してラインをそろえる

### すっきり見せる家具の並べ方

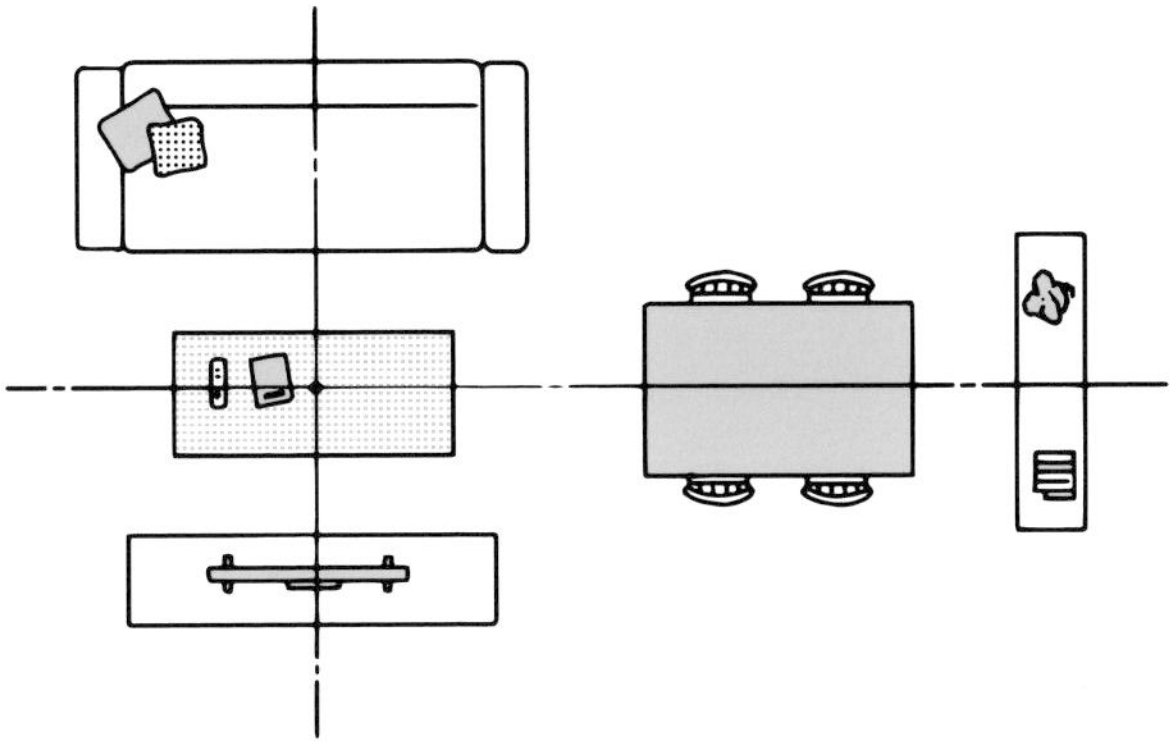

複数の家具を並べるときは、基準線を設けて家具の中心または端のラインをそろえると、整然と見える。基準線を壁や窓の中心に合わせるのがベスト。

### ことば辞典

**【動線計画】**

家の中を人が移動する経路を表した線を動線といい、その流れが効率的であるように考えること。家事の動きに注目したものを家事動線という。


**【動作寸法】**

歩く、座る、手を伸ばすなど動作の際に必要な寸法。家具の配置のほか、廊下やトイレ、キッチンなど空間の大きさを計画する際の基準になる。

窓まわりに家具を置く場合は、カーテンの厚みも計算してください

PART 4
素材&設備はどう選ぶ？

# 床材をリフォームするときの注意点

リフォームは好みの素材に変えるチャンス。特に素足にふれる床材は住み心地に影響します。床暖房を採用したい場合など注意点をチェック！

既存の床がフローリングで、床表面の凹凸やきしみなどの問題がなければ、重ね張りがおすすめ。解体、撤去、処分の費用が節約できて工期短縮にもなります。一般的な重ね張り専用のフローリングは厚さ6～7㎜と薄型設計ですが、どうしても床高が上がるため、改修しない部分や開口部などとの段差は、見切り材を使って目立たないようにおさめます。

リフォームで床暖房を設置するなら、ヒーターや温水パイプをフローリングの裏面に組み込んだフローリング一体型がおすすめ。また、和室は畳の厚み分の床下地が低くなっているので、洋室に変更するなら仕上げのカーペットやフローリングの下地を工夫するなど、高さ調整が必要です。

## フローリングを変える方法は…

既存の床の上に
**重ね張り**

コストが安く
工期も短縮！

既存を撤去して
**張りかえ**

### アドバイス

**マンションの防音対策は？**

特に集合住宅であるマンションで考えておきたいのが、床の防音対策。これは防音フローリングの使用や防音マットを敷くことで解決できます。マンションでは管理規約で定められている遮音等級基準を満たした床材の使用が義務づけられているので、確認してみましょう。品質が安定しない無垢の床材は遮音性能の数値がとれないので、下地に防音マットを敷いて遮音性能を確保する必要があります。

# まずは既存の床の状態を確認する

## 床暖房を採用するなら…

### じか張りできるフローリング一体型

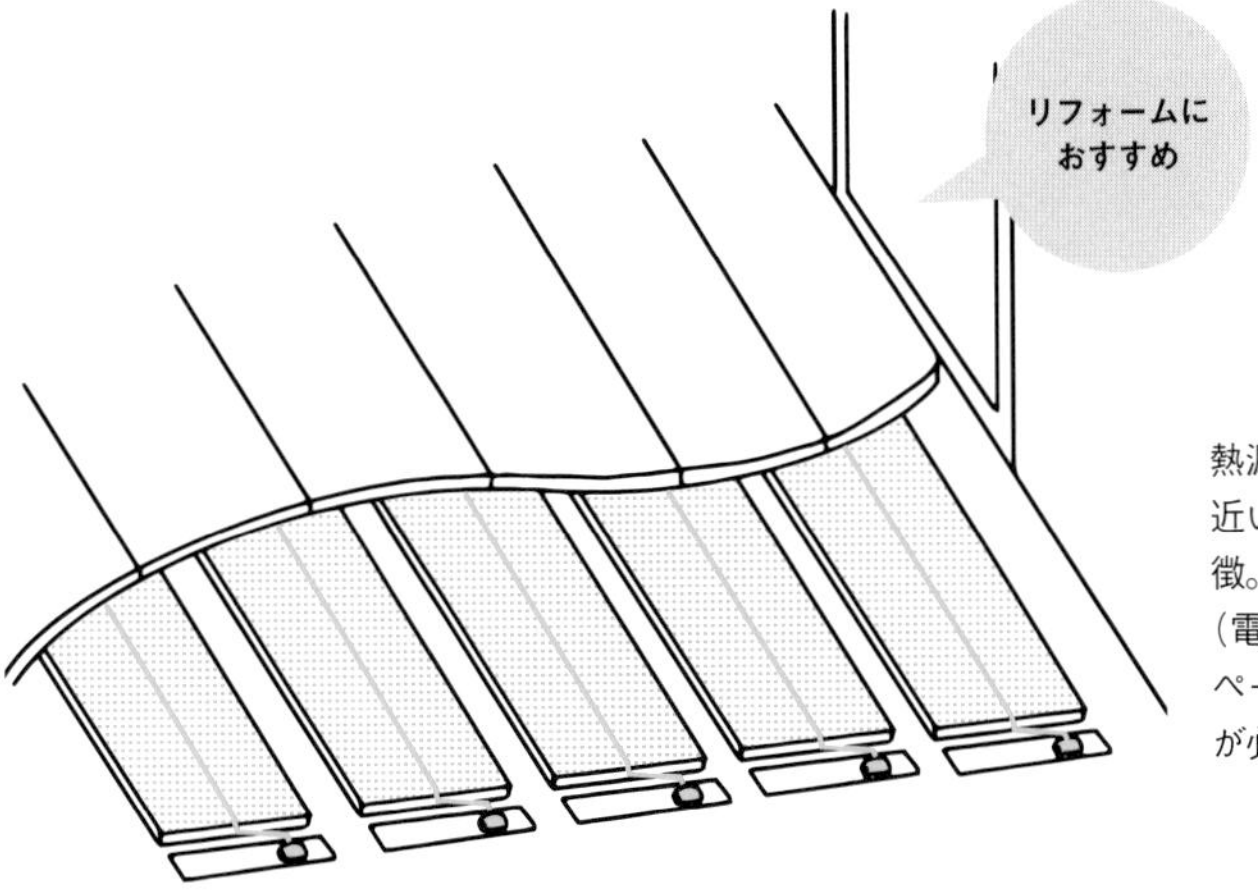


\Point/

床材をはがして床暖房を設置する場合、床下に断熱材を入れると、逃げる熱が少なくなる。

熱源と仕上げ材の表面の距離が近いため、素早く暖まるのが特徴。温水式の場合は、給湯器（電気、石油、ガス）の設置スペースと、電気容量などの確認が必要に。

→P106参照

## 和室を洋室に変える場合

### 洋室リフォームの仕組み

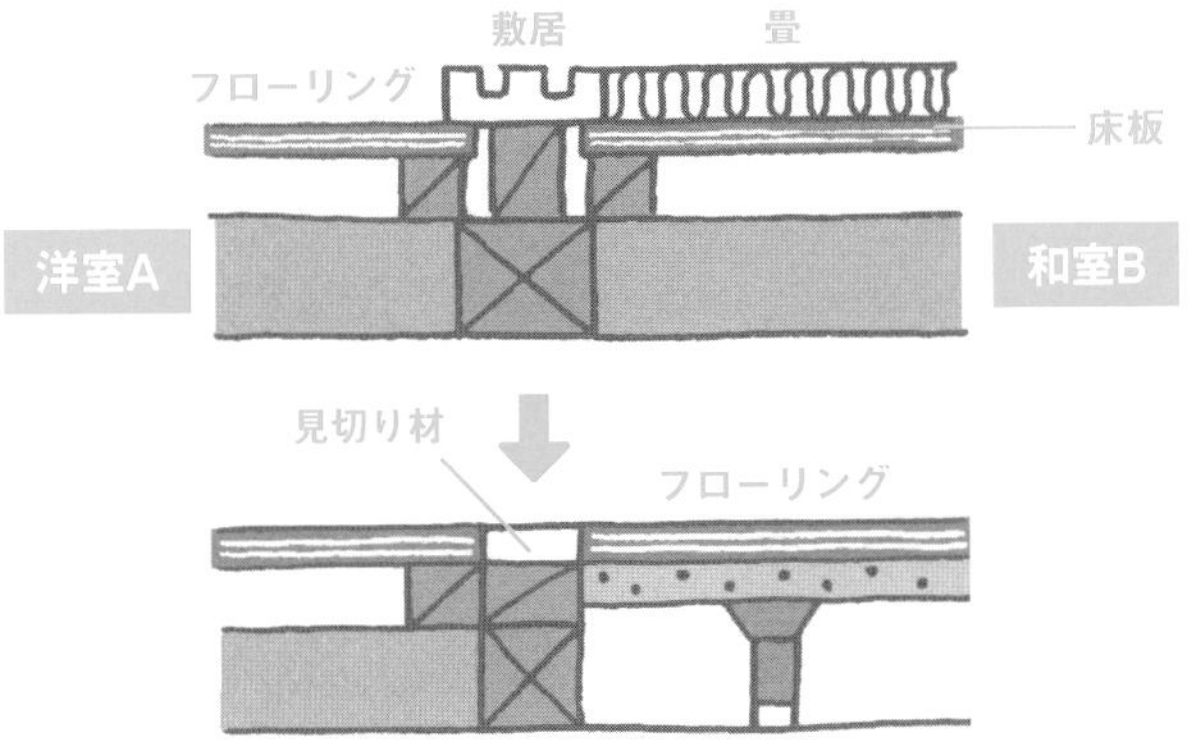


\Point/

古いマンションの場合、畳の厚み分、洋室より床が上がっていることも。マンションにより施工方法はさまざまなので、現状の確認が必須。

和室Ｂを洋室にして、洋室Ａと床レベルをそろえるには、敷居、床板、畳をとって見切り材を入れ、フローリングを張る。Ａのフローリングを同時に張りかえれば見切り材が不要で、部屋に、一体感が出る。

PART 4 素材&設備はどう選ぶ？

# 床材の種類と選び方

家族がくつろぐリビング、食事を楽しむダイニング、家事をする水回り…。それぞれの場所に適した床材と選び方のコツを見ていきましょう。

素材感と肌ざわりのよさから、リフォームで無垢の床材に変えるケースが多いようです。おすすめは、かたく傷つきにくいオーク材やタモ材。へこみ程度の傷なら蒸気を当てれば平らに戻り、厚みがあるので削って修復もできます。冬でも冷たさを感じず、素足に気持ちいいのも無垢材のメリット。パイン材やスギ材などやわらかい針葉樹系ほど空気を含んでいるので、保温性が高く、足裏にぬくもりを感じます。価格も広葉樹系に比べて手頃。仕上げを無塗装にすると、木がもつ本来の色の変化も楽しめます。

　そのほか、水回りや玄関などにもそれぞれ適した素材があります。採用する素材のコストや特徴などを頭に入れながら選んでいきましょう。

## 無垢フローリング

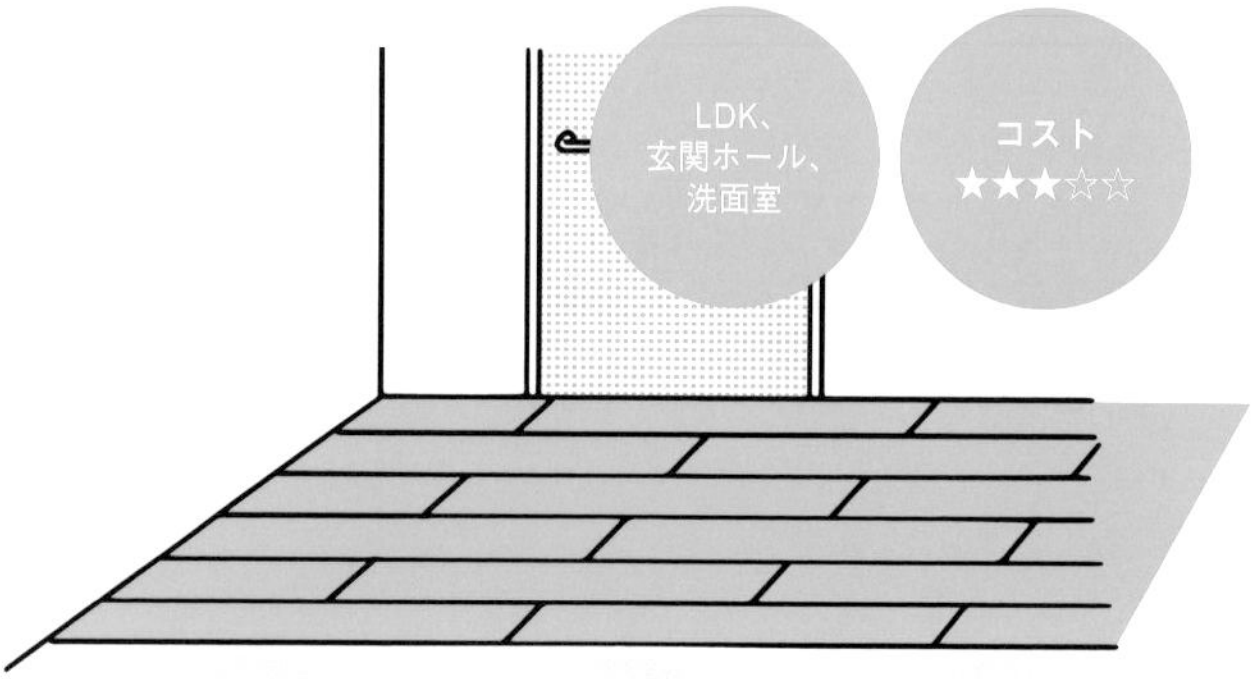


傷も味わいに

保温性にすぐれる

足ざわりが心地よい

### おもな種類

**パイン**
美しい木目が特徴で歩行感がいい。加工性にすぐれ、家具にも使用。

**スギ**
まっすぐ成長し、構造材や床柱向き。やわらかくて歩行感もいい。

**チーク**
耐水・耐朽性があり、狂いが少ない。船の甲板などにも使われる。

**オーク**
緻密で光沢があり、加工性がいい。建具や家具などにも向く。

**タモ**
はっきりした力強い木目。かたくても加工しやすく、弾力性がある。

**チェリー**
きめ細かく、なめらかな木肌。古くから高級家具に使われてきた。

## 肌ざわりや機能性を重視して選ぶ

### 〈仕上げによって印象が変わる〉

**オイル**
木材に浸透させ、内側から保護。しっとりとした濡れ色になり、木目が浮かび上がる。

**ワックス**
木の表面に薄い膜をつくって保護。色みはほとんど変わらず、さらっとした仕上がりに。

### 〈張り方もいろいろ〉

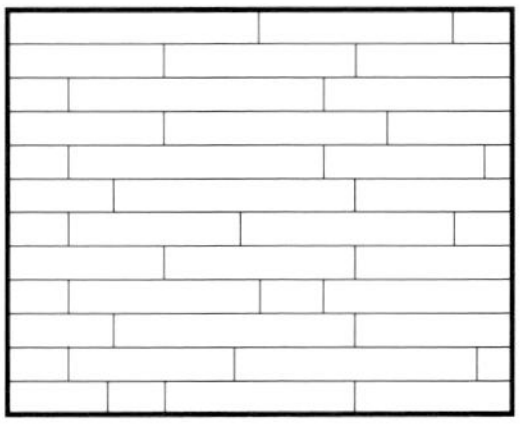
乱尺張り

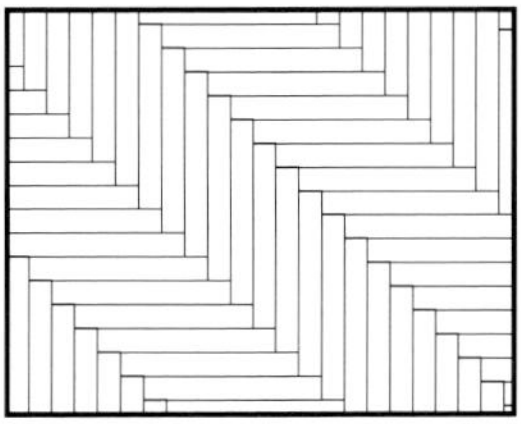
ヘリンボーン

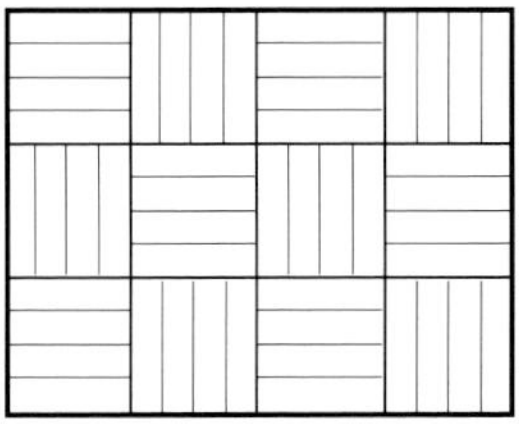
パーケット

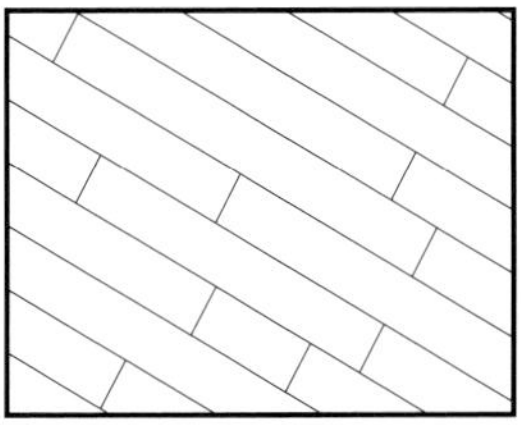
斜め張り

## 複合フローリング

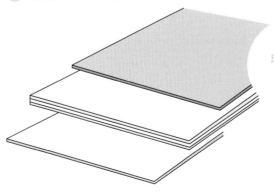

床暖房に
対応

防音性など
機能性が高い

合板の上に化粧用の薄い天然木(突き板)を張ったもの。湿度変化による反りや割れがない。

## タイル

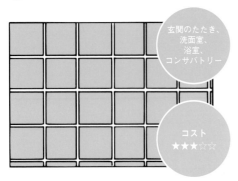

質感によって素朴にもモダンにも。素材の価格だけでなく、施工費も要チェック。

おもな種類

**磁器質タイル**
粘土や石が原材料。防水・耐摩耗性があり、色や形が豊富。

**機能タイル**
基材部に微細な気泡が入った磁器タイル。足ざわりの冷たさを軽減。

**テラコッタタイル**
素朴な風合いの素焼きタイル。汚れを防ぐにはワックスを塗布。

## 石

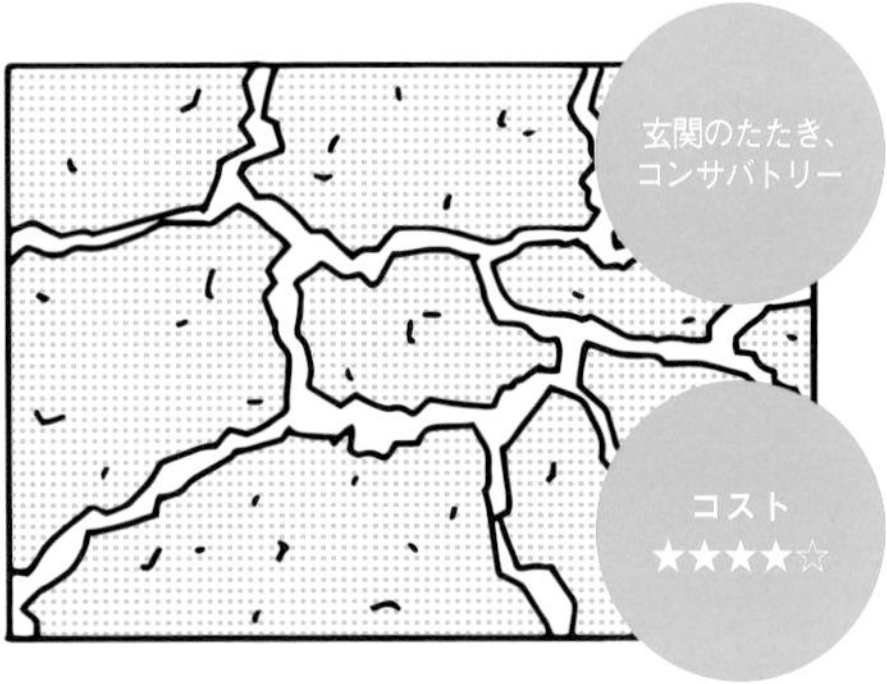


モダンな空間づくりや屋外風の演出に。施工費はタイルと同程度。素材の価格はやや高め。

おもな種類

**大理石**
独特の模様と華やかな色彩が人気。産地によっても色はさまざま。

**ライムストーン**
石灰岩。上品で温かみのある質感。やわらかく吸水性が高い。

**御影石**
白、黒、赤が基調。仕上げ（磨き方）によって表情が変わる。

## 畳

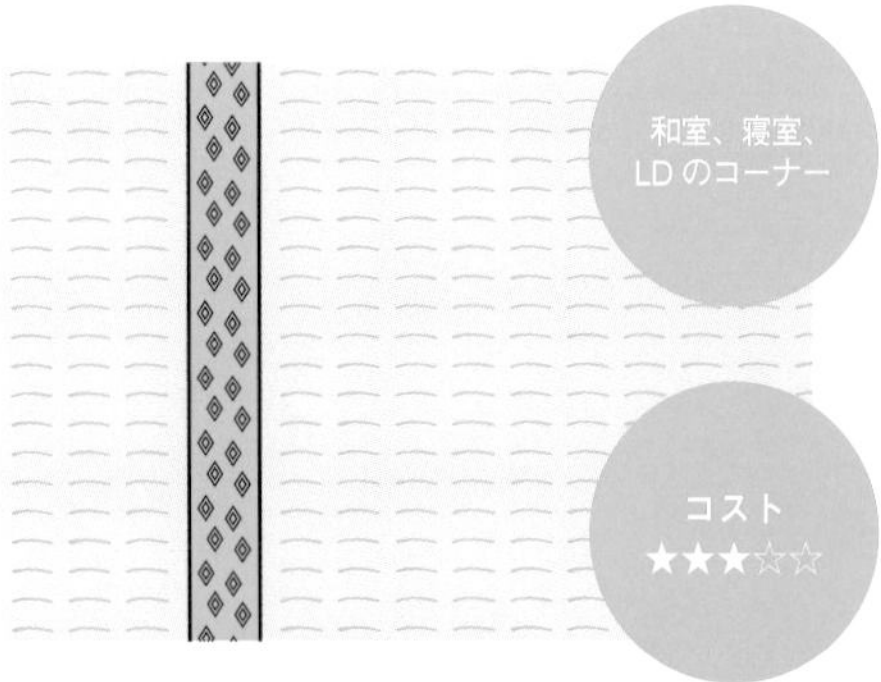


ごろりとくつろぐスペースづくりに最適。縁なしや半畳タイプは高価。

**アドバイス**

**床材を失敗なく選ぶコツは？**

部屋の暑さ寒さ、湿気の多さ、足音の響き方なども考慮に入れると、快適さに差が出ます。選ぶときはカタログで見るだけでなく、ショールームで現物を見たり、サンプルを取り寄せて色や質感のチェックを。ただし、膨大にある製品の微妙な違いを自分たちで見極めるのは至難の業。好みやセンスの合う設計・施工会社を見つけて、理想のイメージをしっかり伝え、プロの目で探してもらうのも手です。

## その他

### 〈洗面室〉

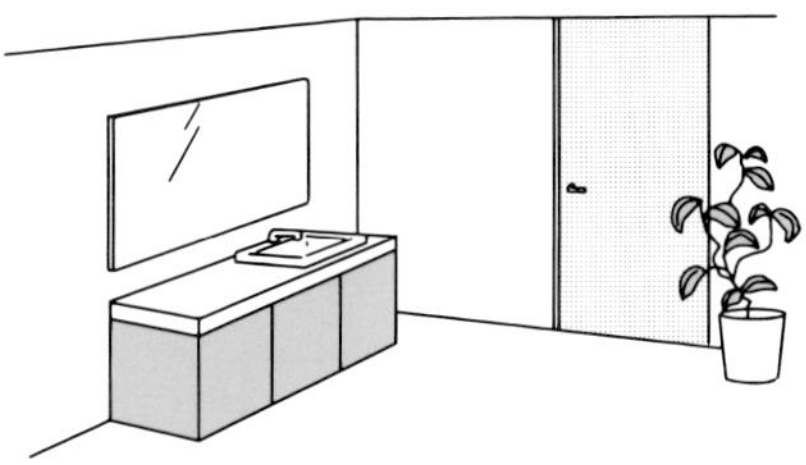

・麻

葉の繊維を織り上げたシャリ感が魅力。吸湿・断熱性が高く、夏は涼しく冬は暖かい。

・籐

表面がホウロウ質で覆われて水に強く、耐久性がある。洗面室のほか廊下やリビングにも。

・竹

しなやかで傷つきにくく丈夫。膨張・収縮率が小さく、さらっとしていて水回りに適している。

### 〈キッチンなど水回り〉

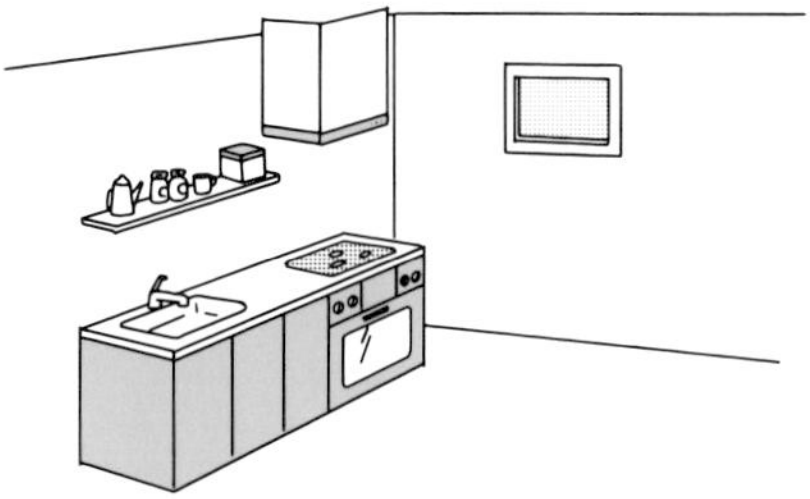

・クッションフロア

ビニール製の床シート。水がしみにくく、安価で色柄も豊富。弾力性があって疲れにくい。

・プラスチックタイル

タイル状になったビニール製の床材。弾力性はない。色や柄が多く、インテリアを楽しめる。

### 〈子ども部屋、寝室など〉

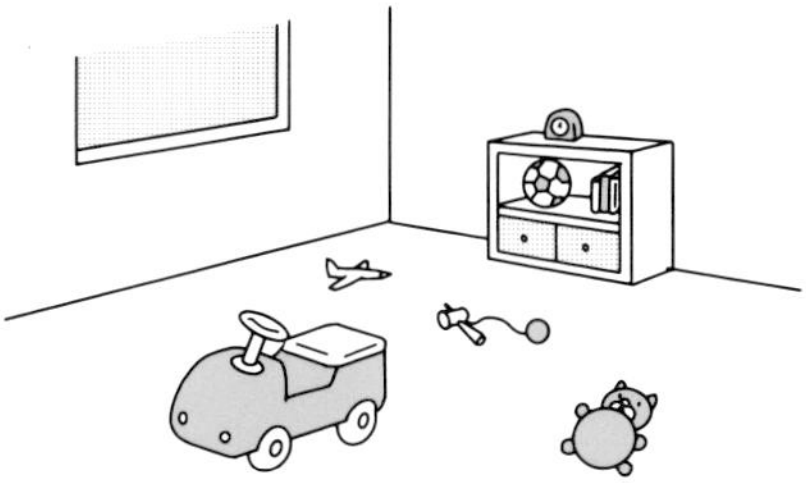

・コルク

吸音・衝撃吸収性があり、さらっと心地よい肌ざわり。すべりにくく転んでもケガをしにくい。

・ウールカーペット

羊毛が原料。保温性とほどよい調湿作用がある。静電気が起きにくく、汚れにくい。

### 〈個性的なLDに〉

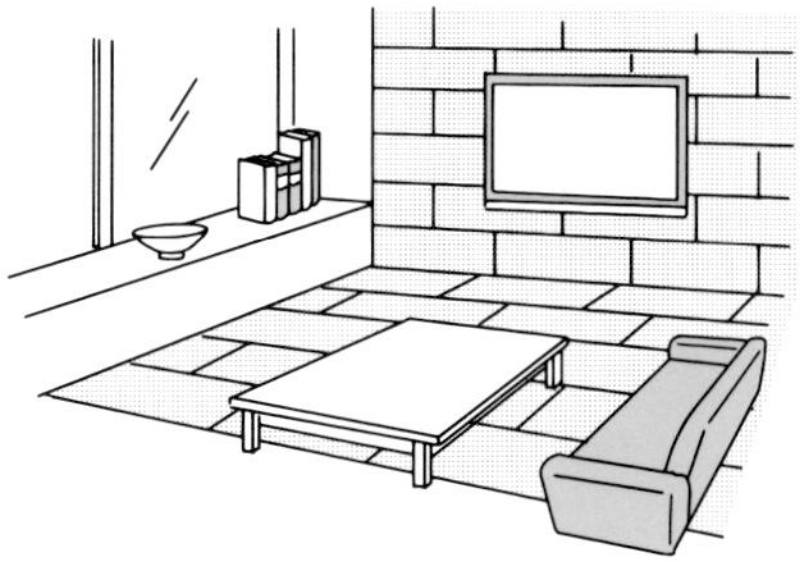

・古材、足場板

長年使われてきた古材や、建築現場で使い古された足場板には、割れや傷、ペイントのハネなど新材にはない味わいがある。

# 壁材をリフォームするときの注意点

部屋の中で最も面積が大きいのが壁面。リフォームで壁材を変えるとインテリアのイメージががらりと変わるので、壁材選びは慎重に。

リフォームで壁材を変えるときは、既存の壁の状態と、どんな材料を使うかによっても方法は異なります。たとえば壁紙を新しく張りかえる場合。国産の壁紙は一般的に表と裏の2層構造になっているため、既存の壁紙をはがすと、下地の合板や石膏ボードに薄い裏紙だけが残ります。新しい壁紙をきれいに張るためには、パテなどで下地を平らにならす調整が必要に。リフォーム用などの厚手の壁紙を選ぶのもおすすめです。特に輸入品の紙製壁紙など薄手のものを張るときは、入念に調整を。

珪藻土などの左官仕上げや、ペイントなど塗装仕上げに変える場合は、既存の壁紙の上に塗れるものを選ぶのも一案です。

## 珪藻土や塗装仕上げに変える

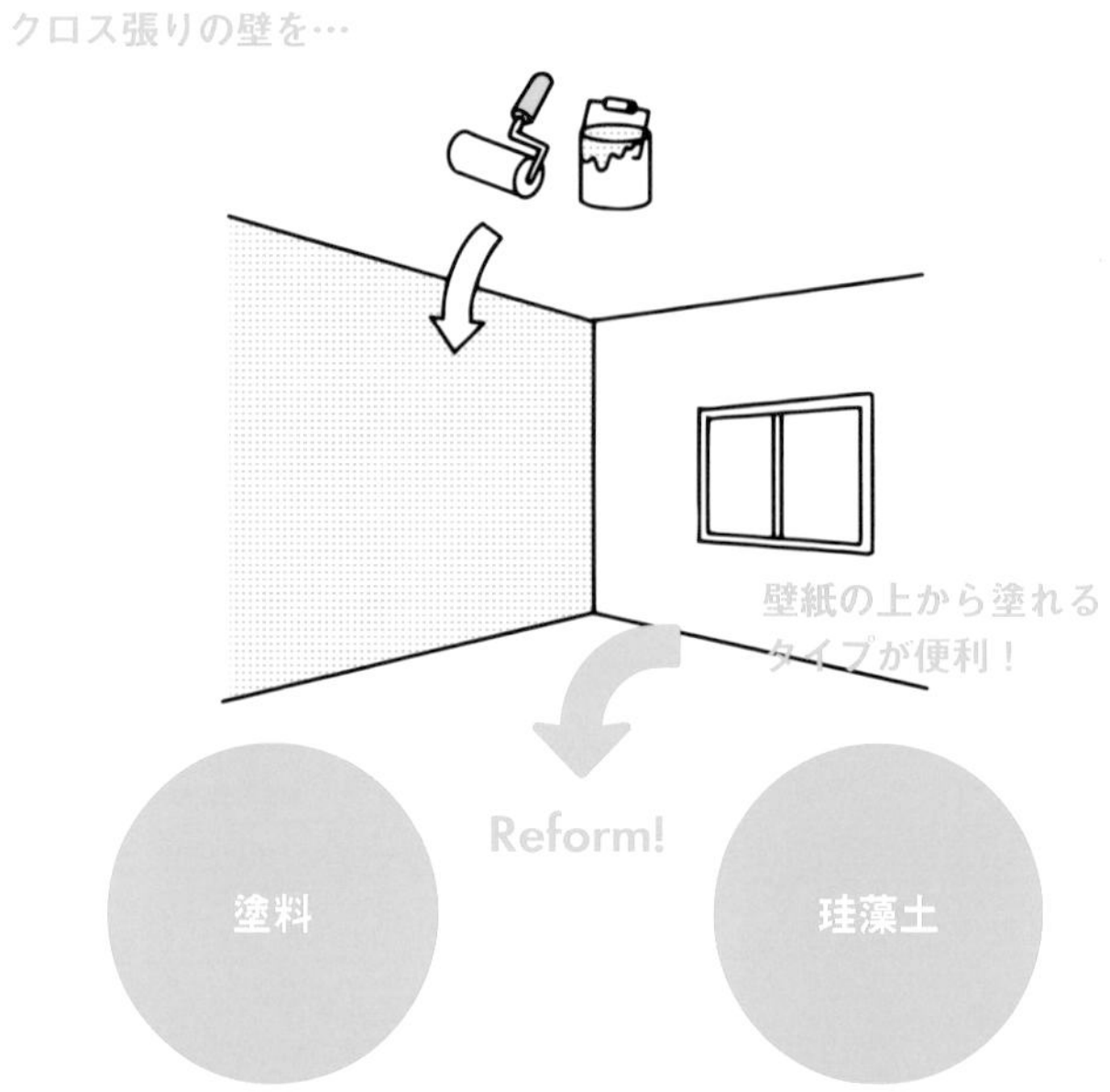
クロス張りの壁を…
壁紙の上から塗れるタイプが便利！
Reform!
塗料
珪藻土

既存の壁紙の上に塗れるものがおすすめ。壁紙の汚れが浮いてこないよう下地材を塗ってから仕上げる。塗料は水性エマルジョン系など安全性の高いものを選ぶとよい。

既存の壁紙や聚楽壁などの上に塗れるリフォーム用のものを選ぶのも手。下地処理は必要だが、短い工期で仕上がる。コテ刷毛や櫛を使ってさまざまなテクスチャーをつくれる。

全然違う壁にもできるのね！

# 既存の壁をどうするかがポイント

## 壁紙を張りかえる

〈たとえばこんな工程に…〉

既存の壁紙をはがす ▶ はがしムラや継ぎ目の凹凸が出る ▶ パテで下地をならす ▶ 壁紙を張る

リフォーム用の厚手タイプがおすすめ！

### アドバイス

**「捨て張り」なら仕上げがきれいに**

既存の壁が化粧合板で表面がざらざらしているものは、目地をパテで埋めてから壁紙を張ります。つるつるした化粧合板や目地が多い場合は、既存の壁に薄い合板か石膏ボードを張ってから壁紙を張る方法が。これを捨て張りといいます。左官仕上げの壁に壁紙を張る場合は、壁材をとり除いてから下地をつくる方法もありますが、既存の壁の上に合板などを張って下地にするとコストダウンに。

仕上げのきれいさは、下地処理しだいで大きく差が出ます

### ことば辞典

**【石膏(せっこう)ボード】**
石膏をボードではさんで板状にしたもの。プラスターボードともいう。防火・耐熱・耐久・遮音性があり、加工しやすい。

**【左官】**
建物の壁や床などをコテを使って塗り仕上げること。またはその職種。コテの種類や左官職人の技術によって仕上がりに差が出る。

**【聚楽(じゅらく)壁】**
土壁の一種。もともとは京都西陣で産出される聚楽土を原料にした土壁をさす。最近では同様の風合いに仕上げた土壁のことも聚楽壁と呼ぶ。

**【化粧合板】**
表面に突き板や布、紙を張ったり、塗装を施した合板。内装材や家具の外装に使われる。仕上げにより天然木化粧合板、プリント合板、塗装合板など。

# 壁材の種類と選び方

見た目とともに機能性にも注目したい壁材。リビングや寝室といったくつろぎの場や水回りなど、スペースに合わせてセレクトするには？

内装に使われるおもな壁材には、壁紙（クロス）、塗り壁、タイルや石などがあります。一般的に使われているのはビニールクロスなどの壁紙。デザインが豊富で、拭き掃除などのメンテナンスが簡単なうえ、価格も比較的手頃です。

健康面はもちろん、インテリアのクオリティにこだわるなら、自然素材の塗り壁材もおすすめ。人気の高いしっくいと珪藻土は、どちらも調湿・断熱・消臭性にすぐれ、ラフに塗ってコテあとを楽しめるのも魅力です。クロスのように張りかえる必要がなく、経年変化も味わいに。ちょっとした汚れはカッターやサンドペーパーで削り、全体的に汚れたら、薄めた塗り壁材をローラーなどで塗ればOKです。

## 壁紙

玄関ホール、LDK

コスト ★★☆☆☆

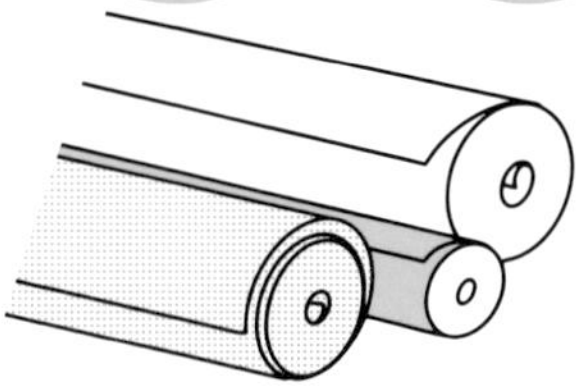

種類が多く、和から洋まで多彩。左官仕上げより手頃。

### おもな種類

**ビニールクロス**
ポリ塩化ビニルを原料にした壁紙。耐水性が高く、水拭きできるなど手入れもしやすい。色柄が豊富。

**布壁紙**
綿や麻、シルクなどの天然織物を紙で裏打ちした壁紙。通気性にすぐれ、結露しにくい。高級感と温かみが魅力。

**和紙壁紙**
洋紙に比べて繊維が長い、和紙の壁紙。繊維同士のすき間が大きくて調湿効果も。強靭で年月とともに風合いを増す。

**珪藻土壁紙**
珪藻土を塗布した壁紙で、施工性がよくて左官工事より低コスト。珪藻土のもつ調湿・消臭性も兼ね備える。

## ペイント

玄関ホール、LDK、子ども部屋、寝室

コスト ★★★★☆

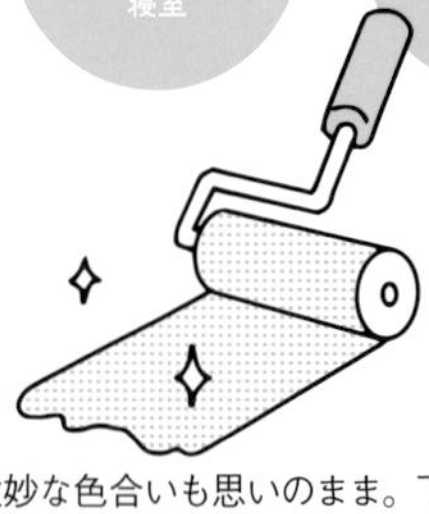

微妙な色合いも思いのまま。下地づくりに手間がかかるため、施工費はやや高め。

### おもな種類

**オイルステイン**
木の内部に浸透して保護。木目を引き立てる仕上がりに。

**水性ペイント**
静電気を抑え、ホコリの発生を防ぐ。天然顔料で着色可能。

# 色やテクスチャーでインテリアを楽しむ

## 左官材

玄関ホール、LDK

コスト
★★★☆☆

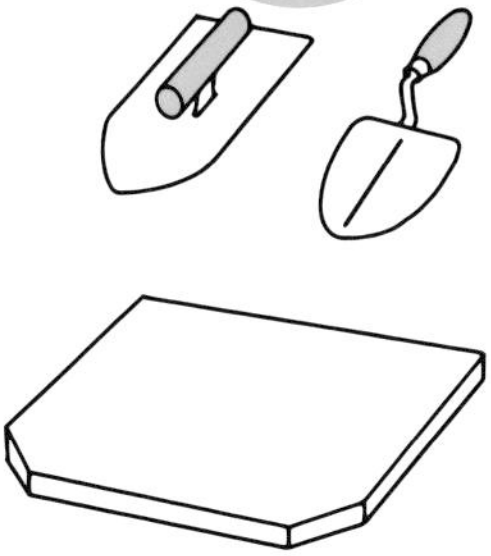

原材料によって素材感もさまざま。しっくいはやや高価、珪藻土は手頃。DIYにも向く。

**左官材は仕上げ方で印象が変わる**

**乱ゴテ**
不均一にコテあとが残るようになでつけた、ラフな仕上げ。

**櫛引(くしびき)**
コテ塗りのあと、櫛を使って一定方向に水平模様をつける。

**平ゴテ**
コテあとが残らないよう、表面をなめらかにならした仕上げ。

### おもな種類

**珪藻土**
超多孔質構造で調湿・消臭性にすぐれ、結露を防止する効果も。

**しっくい**
消石灰に海藻のりやスサを混ぜたもの。カビに強く調湿効果も。

**ホタテ貝**
廃棄物になるホタテ貝殻利用のエコ建材。低価格でDIY向き。

**火山噴出物**
調湿・消臭性にすぐれ、結露やカビ、シックハウス対策に最適。

## そのほか

### 〈キッチンなど水回り〉

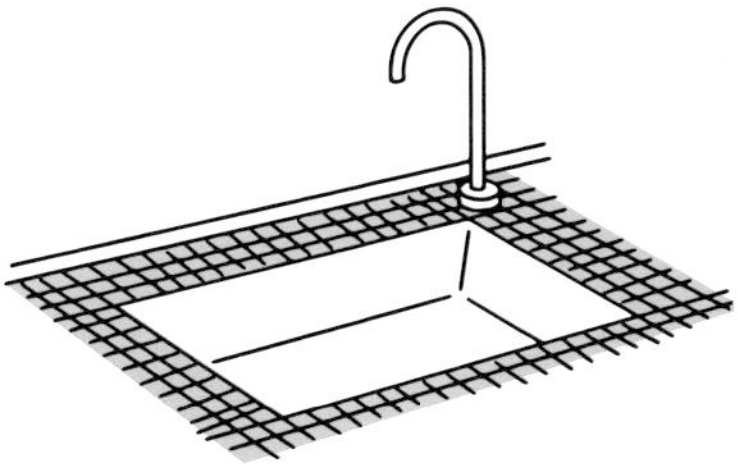

**・タイル**
粘土や石が原材料の陶磁器質タイルや、調湿・消臭性の高い調湿タイルなど。

**・ガラス**
ガラスブロックやガラスモザイクタイルは明るさや抜け感の演出に効果あり。

### 〈リビングのアクセントに〉

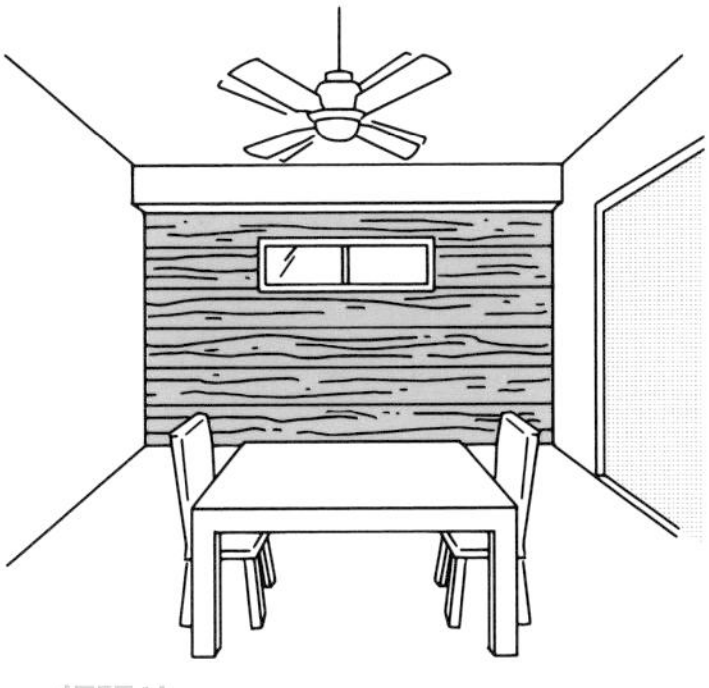

**・板張り**
無垢板の壁材は断熱・防音効果や空気の清浄効果も。LDの壁や天井の一部などに。

PART 4 素材&設備はどう選ぶ？

# インテリアを引き締める素材の使い方

フローリングと白い壁のシンプルなインテリアも素敵ですが、空間を引き締めるアクセントを加えると、より洗練された住まいが手に入ります。

梁があると、開放的な空間がほどよく引き締まります。リフォームの場合、構造補強のために新たに梁をとりつけるほか、天井をとり払って梁をあらわしにする方法も。その場合は、事前に天井裏の様子を確認する必要があります。ウレタン製や樹脂製の飾り梁を活用するのも手。照明とのバランスを考えて配置するとよいでしょう。

古い民家や納屋で使われていた木材、建築現場の足場板などをインテリアに生かすと、リフォームしたての真新しい空間に味わいを加えられます。コンクリートやモルタルなどハードな質感をとり入れたり、タイルでアクセントをつけるなど、質の違う素材を組み合わせてインテリアを楽しむのもおすすめです。

## 梁を空間のポイントに

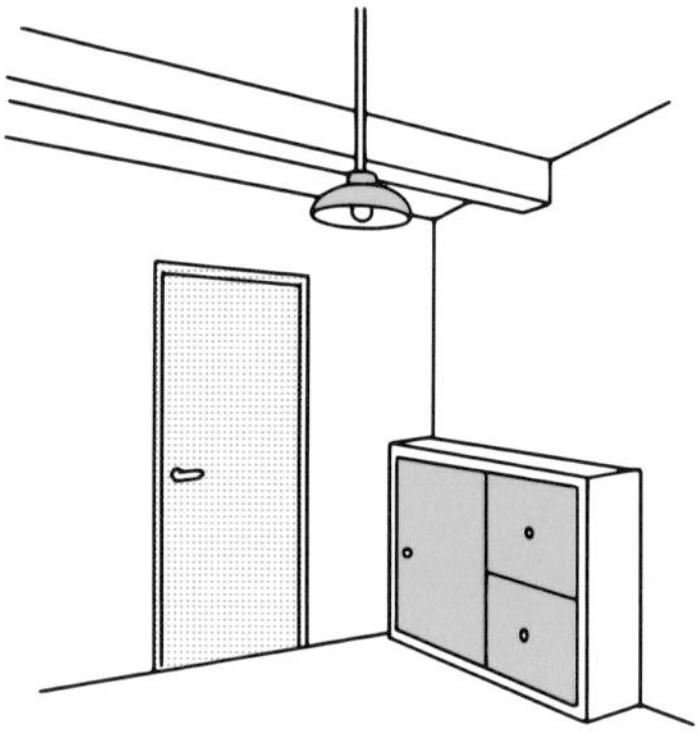

**飾り梁で天井をデコレーション**

味けなくなりがちなマンションの内装に飾り梁を設置。存在感のあるワンポイントに。

（設計／ KURASU）

## 古材をアクセントに使う

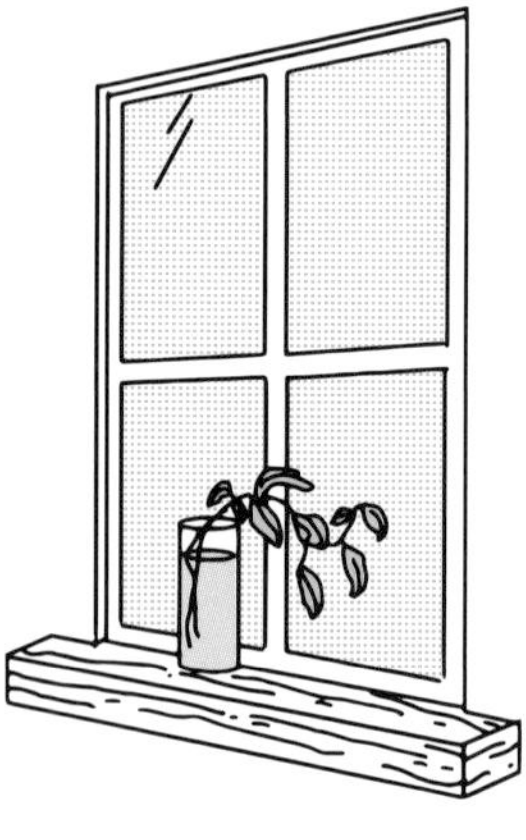

\Point/

本物の古材は高価なので、古材風に加工した製品を使うのも手。単価の安いスギ材の足場板は反りが起こるなど床材には不向き。棚板や腰壁などに部分的にとり入れるのがおすすめ。

**窓辺に古材を生かして雰囲気アップ**

室内窓と古材を組み合わせて、雰囲気のあるコーナーに。

（設計／ BOLT）

# 質感の異なる素材を効果的にとり入れる

## コンクリートでハードさを演出

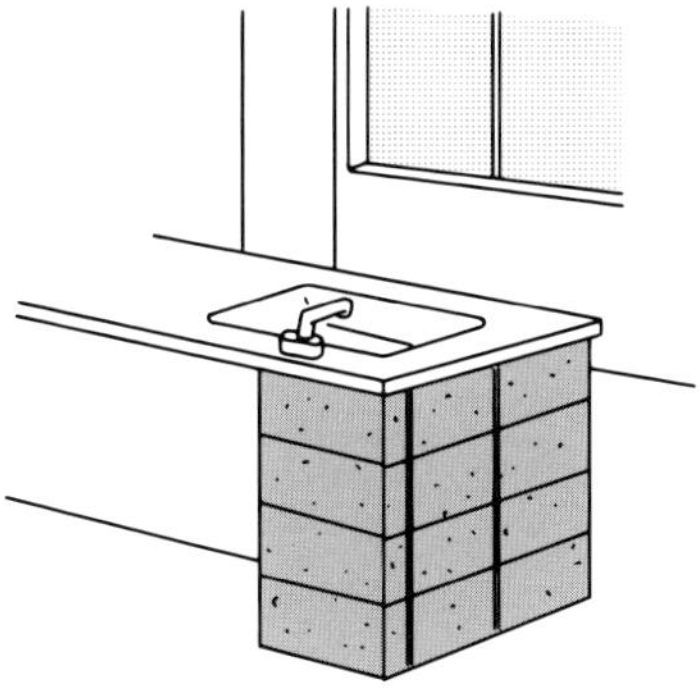

\Point/

モルタルのカウンターはフラットで拭きやすくおすすめ。キッチンや洗面カウンターに採用する場合は、水がしみ込みやすいので撥水加工を。

### コンクリートブロックをキッチンの一角に採用

木目調のキッチンのコーナーにコンクリートブロックを。無機質でクールなアクセントに。

(設計/山﨑壮一建築設計事務所)

## タイルでアクセントをプラス

\Point/

目地の汚れが気になるなら、グレーなど濃い色の目地材を。防カビ剤入り、油がしみ込みにくいものなど施工場所に合った目地材を選べば、掃除もラク。

### モザイクタイルで色みを加える

しっくい壁の水ハネ対策とアクセントを兼ねて、ラベンダー色のタイルを採用。

(設計/アネストワン一級建築士事務所)

**アイディア&テクニック**

### リフォームでとり入れたいインテリアデザイン

空間にアーチの曲線をとり込むと、インテリアにやわらかな表情が加わります。パントリーやW.I.C.の出入り口、ニッチにとり入れてみては。ドアノブやスイッチ、照明などにアンティークパーツを加えると、どこか懐かしい居心地のよさがプラスされます。窓枠などのアンティーク建具は反りやすく日常使いしにくいので、デコレーションとして壁にはめ込んで使うのが安心です。

# 外装をリフォームする際のポイントは？

戸建てリフォームの場合は外観をどこまで変えるかも要検討。見た目もさることながら、風雨にさらされて傷んでいる箇所はきちんと補修を。

屋根材がずれたりひびが入ると、すき間から雨水が入り込んで下地材を傷めます。表側からはわからない場合が多いので、リフォーム時に下地の状態も調べてもらいましょう。新規の屋根材は既存と同じ種類か、より軽量のものを選ぶこと。今より重いと、建物の補強が必要になることがあります。

外壁にひびがあると雨水が室内に入り、構造体を腐らせる原因に。亀裂の程度にもよりますが、数が少なく小さな場合はシーリング材を詰めて補修する場合も。亀裂が何カ所もあると、シーリング材を詰めたあとが残って見た目がよくないので、吹きかえか塗りかえを検討しましょう。塗りかえには足場を組む必要があるので、屋根と同時にリフォームするのが合理的です。

## リフォームのタイミング

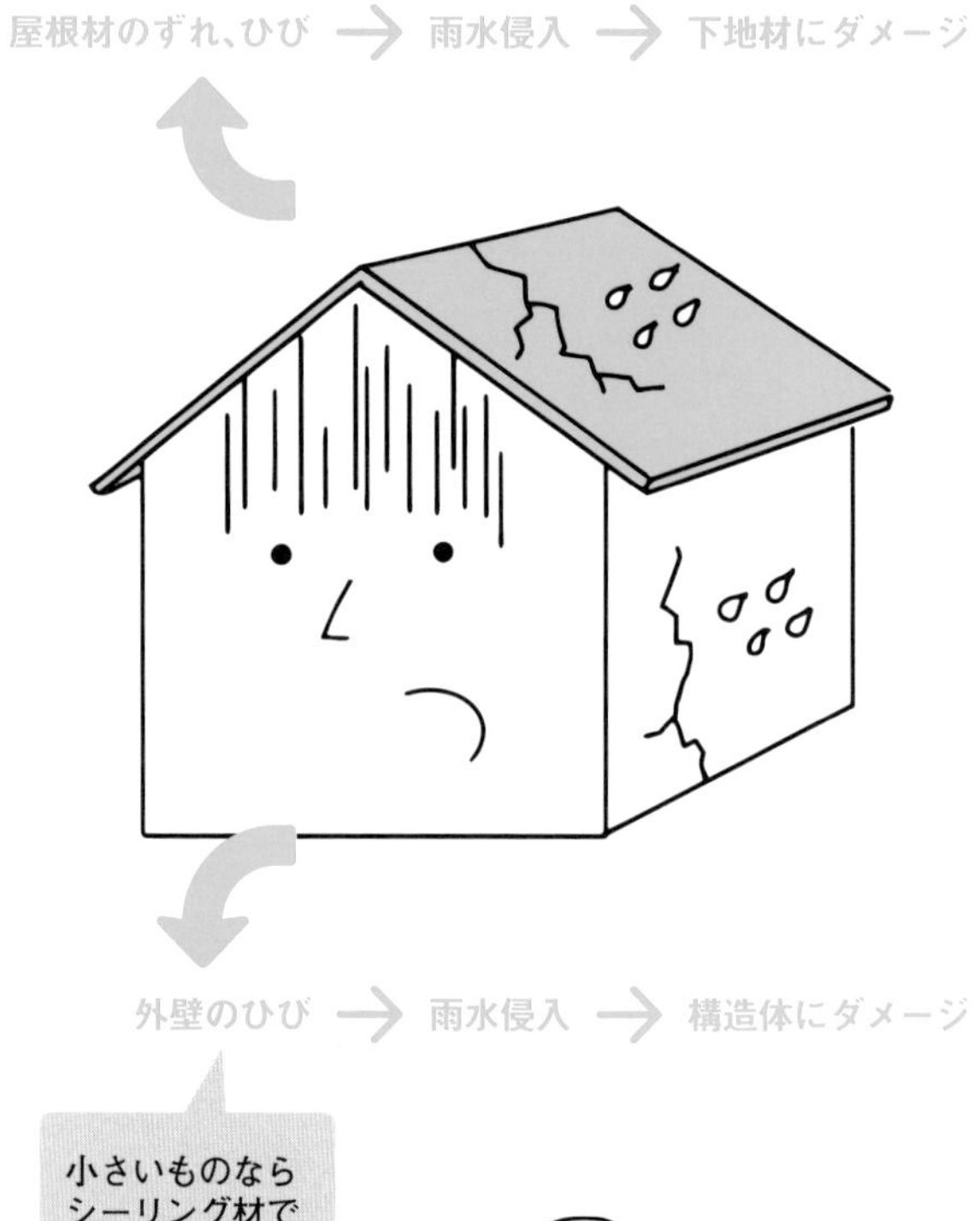
シーリング材で
補修でも OK


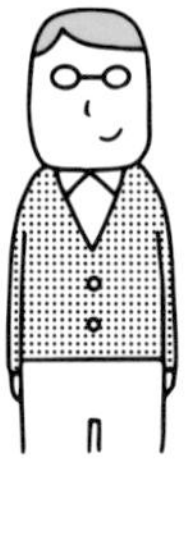
下地の状態まできちんと確認して、建物を長持ちさせましょう

# 屋根と外壁は同時にリフォームするのが合理的

## 屋根リフォームの方法

化粧スレート金属板の屋根

### 塗りかえ

化粧スレートや金属板の屋根を塗りかえる。

### 重ね葺き

既存の屋根材をはがさず、上から新しいものを施す。既設が化粧スレートか金属屋根の場合に限定。

### 葺きかえ

新規の屋根材は既存と同じ種類か軽量のものを選ぶ。下地も新しいものに張りかえたほうがよい。

### おもな屋根材の種類

**瓦**
粘土を一定の形に固めて加熱し、石質にしたもの。割れない限り半永久的な耐久性がある。

**化粧スレート**
セメントに繊維材料を混ぜ込んで高圧プレスした屋根材。10年くらいで塗りかえが必要。

**金属板**
鋼板、アルミ、ステンレスなどがある。ガルバリウム鋼板は軽量で耐久・耐候性にすぐれる。

## 外壁リフォームの方法

### 塗りかえ

足場を組む必要があるので、屋根と同時に行うと効率的。

### 張りかえ

既在より重い素材は建物に負担がかかる。構造に合った外壁材を。

### 重ね張り

金属の外壁材を重ね張りするのがいちばん手軽な方法。

### おもな外壁材の種類

**窯業系サイディング**
セメントに無機物や繊維などを混ぜて板状にした外壁材。断熱・防火・デザイン性が高い。

**金属サイディング(ガルバリウム鋼板など)**
アルミ、鉄、ステンレスなどの板金を加工。防食・耐熱性にすぐれ、軽量で加工しやすい。

**ALC**
軽量気泡コンクリート。板状にしたものをALC板という。軽くて断熱・耐火性が高い。

**タイル**
石や砂、粘土などを細かく砕いて高温で焼き固めたもの。見た目の高級感と耐久性が特徴。

**塗り壁(モルタル、土など)**
セメントと砂、水を練り混ぜたもの。耐火性があってコストが安く、施工しやすい左官材料。

**板張り(羽目板)**
反りや乾燥による収縮が少なく、水に強いスギ材やヒノキ材などが向く。経年変化も美しい。

PART 4 素材&設備はどう選ぶ？

# 窓やドアはどこまで変える？

日当たりが悪いので窓を大きくしたい！ 玄関は開け閉めがラクな引き戸にしたい！ 快適な暮らしに合わせて窓やドアを変えるには？

木造住宅では通常、窓の上下は耐力壁ではないので、既存の窓の上下方向なら大きくしても大丈夫。横方向に広げたい場合は、耐力壁かどうかを確認。窓を新設する場合も同様で、柱がある部分や耐力壁になっている部分は避けましょう。耐力壁に窓を広げたり新設する際には周囲の壁を補強する必要があるので、業者によく確認を。

玄関ドアの交換にはリフォーム用を採用すると、施工が簡単。既存の枠を使ってとりつけるものと、枠ごと撤去するものがあり、いずれも約1日で仕上がります。リフォーム用玄関ドアは主にアルミ製ですが、木目調や断熱・防犯性にすぐれたタイプなど種類も豊富。室内ドアも、既存の枠を生かしたドアだけの交換なら簡単です。

## 窓を大きくしたいなら…

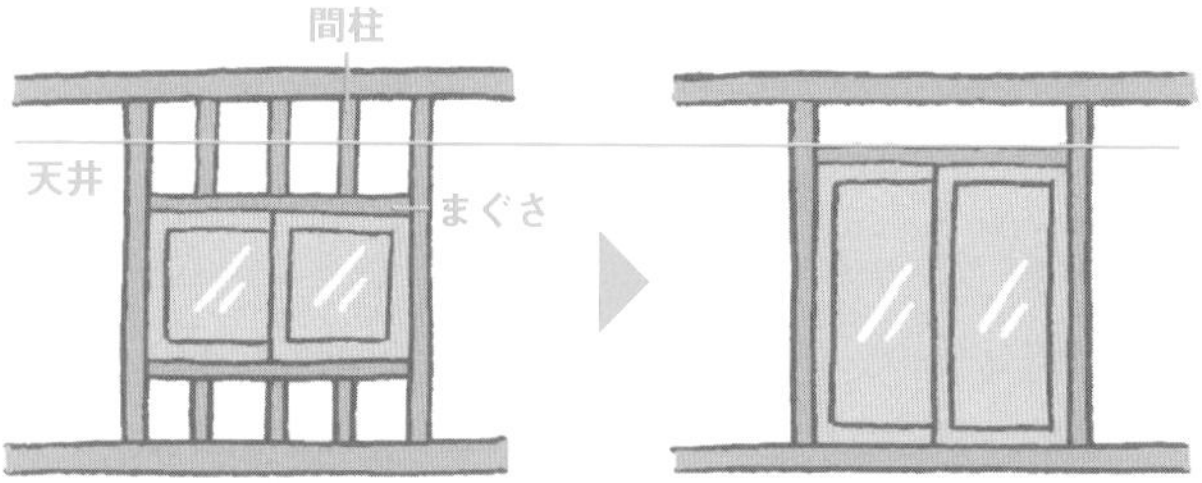


間柱、まぐさは撤去可能。腰窓を掃き出し窓にしたり、掃き出し窓を天井までの窓にできる。

\Point/

窓サッシを交換すると枠の周囲を壊すことになり、外壁や内壁などの補修が必要に。できれば外壁などの張りかえに合わせて行う。

**ココに注意！**

**マンションは玄関ドアの交換は不可**

マンションの場合、玄関ドアの外側は共用部分で、内側が専有部分。勝手にとりかえたり、外側をペイントすることはできません。一方で、室内側は塗装したり、シートを貼ったりして模様替えは可能。たたきのタイルを変えるだけでも印象は変わります。その場合は、既存の床をはがす必要がない重ね張りがおすすめです。

# 既存の枠を生かせば施工が簡単

## 玄関や室内ドアを変えるなら…

＼工事が簡単／

**既存のドアを使う**

ドアだけを交換する場合は建具工事だけですむ。

**ドア枠ごととりかえ**

ドア枠も新しくするには大工工事が必要になる。

＼Point／

既存のドア枠と違和感のない塗装のドアを選べば、枠塗装の手間も省ける。

### アイディア＆テクニック

**開き戸を引き戸にするには？**

ドアを引き戸に変更するには大工工事と内装工事が伴います。扉をスライドさせるため、開口部の上や床にレールをとりつけて引き戸を設置します。そのほか、床にレールのない上吊りタイプにする方法もあります。また、引き戸は引き込むための壁が必要ですが、横の壁が狭い場合は２枚引きなどにする手も。設置が簡単なリフォーム用の引き戸を採用するのもおすすめ。

### アイディア＆テクニック

**既存の建具をおしゃれにリメイク**

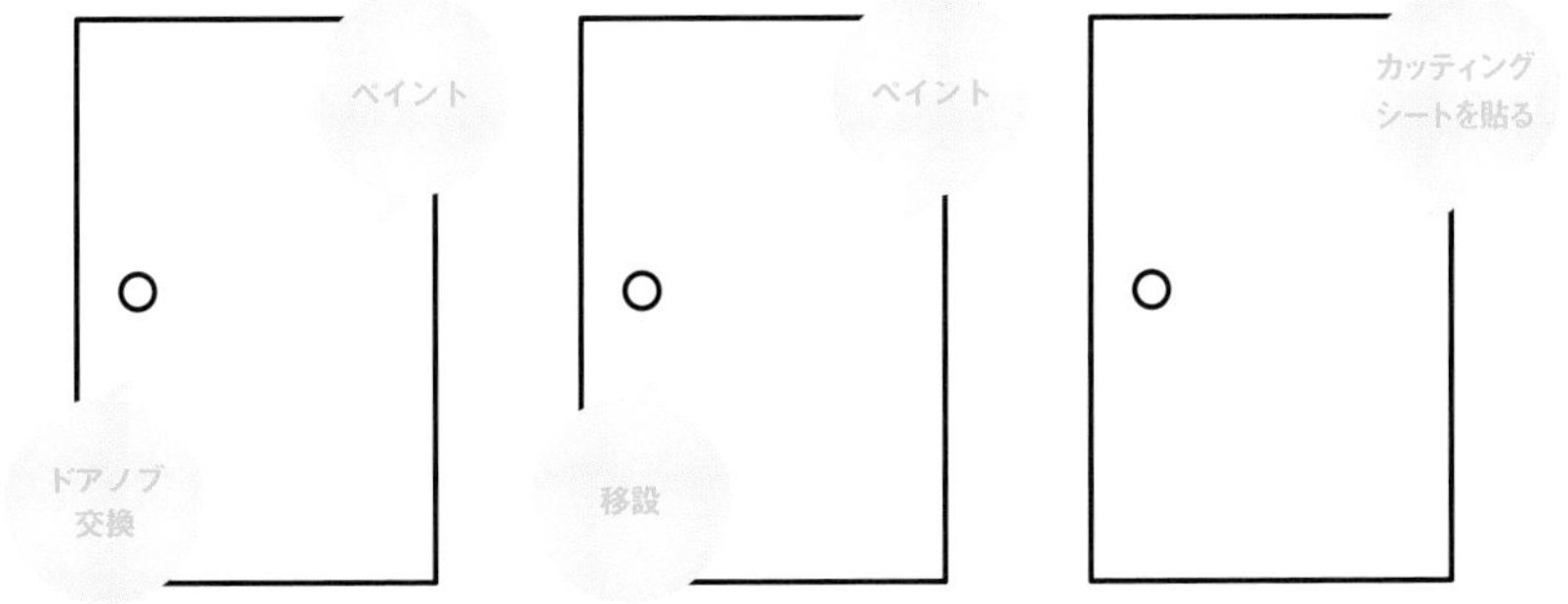


もともとの建具がそれほど傷んでいないのなら、リメイクして使うのも一案。新たにペイントしたりシートを貼れば、印象もがらりと変わります。古い家の建具を新しい家のどこかに移設して使うなど、思い出を引き継げるのもリフォームならではの工夫です。

# 冷暖房選びの注意点は？

足元からほんのり暖かい床暖房は、その心地よさからリフォームで導入するケースも多数。どんな部屋に使いたいかでも選び方は違います。

戸建てでもマンションでもオープンな間取りの要望が多いことから、冷暖房も部屋ごとの部分暖房より、家全体を均一の温度にできる設備が求められる傾向にあります。床暖房はその点からも効率がよく、床表面が暖かいのはもちろん、幅射熱でじんわりと家全体を暖めることができるので、主暖房として採用するのもおすすめです。

既存の床の上に設置できる製品もあり、床暖房リフォームはより手軽に。広い面積や複数の部屋に設置したいなら「温水式」、使用時間が短くてスイッチの切りかえが多い場合は「電気式」が適しています。また、選ぶ熱源によってランニングコストも異なります。熱による反りを防ぐためにも、床材は床暖房対応のものを選びましょう。

## 床暖房のメリットは…

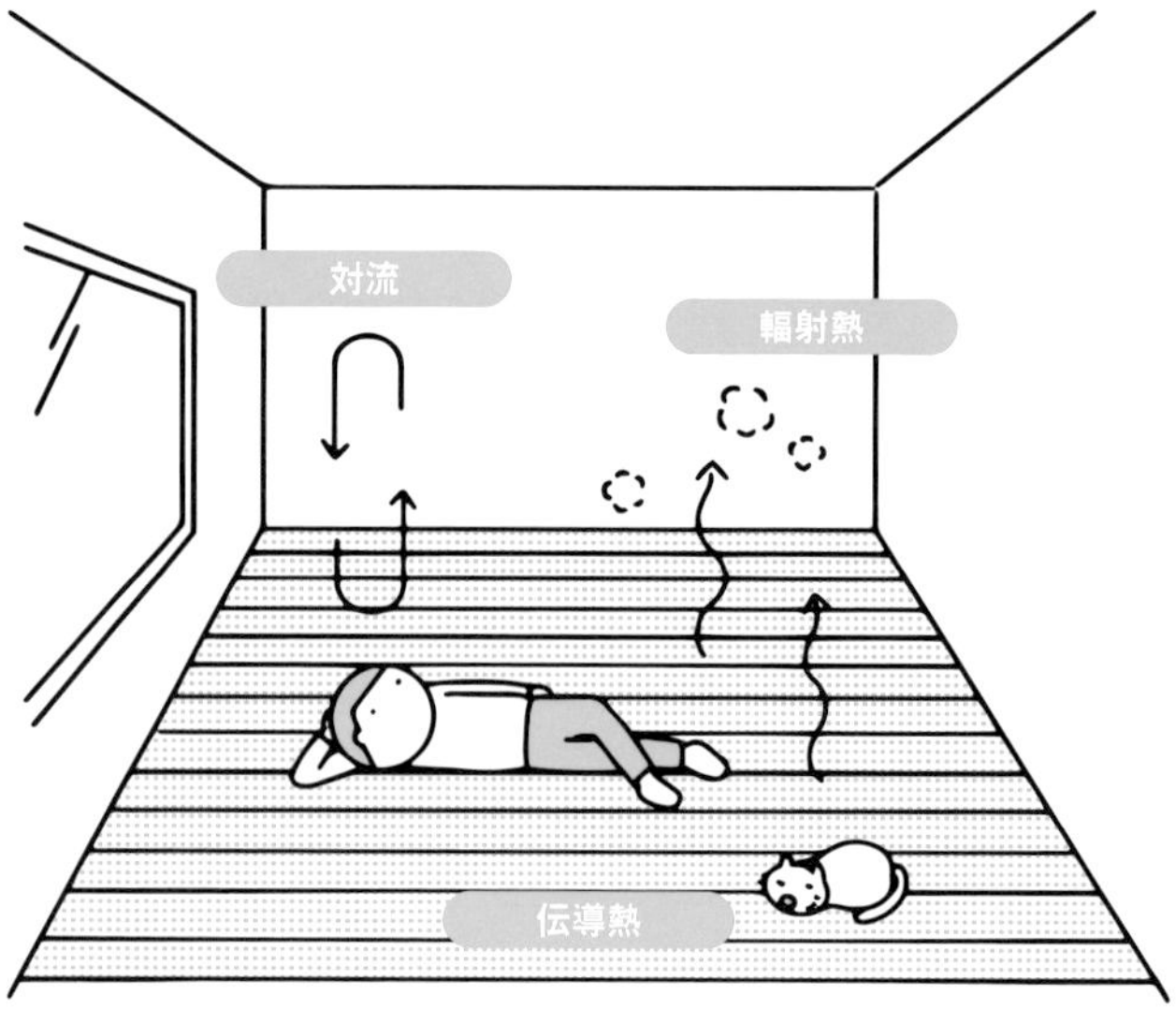


主暖房なら床面積の70%に敷設

2階建てなら1階だけでも十分

オープンな間取りにも最適

# 床暖房は敷設する広さやコストから熱源とタイプを選ぶ

## 床暖房の種類

### 電気式

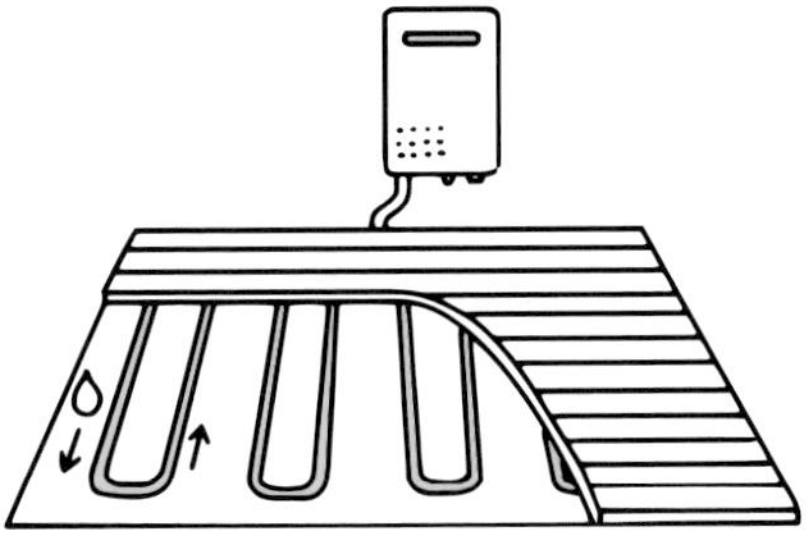

電熱線で発熱するシートを床下に敷き込む。

〈熱線式〉

使用範囲：キッチンや洗面室など狭い範囲
設置費用：設置が簡単で、費用も比較的安い
ランニングコスト：高め

電気代の割安な夜間電力を利用して蓄熱。

〈蓄熱式〉

使用範囲：広い居室向き。均一に暖める
設置費用：初期費用は高め
ランニングコスト：低め

### 温水式

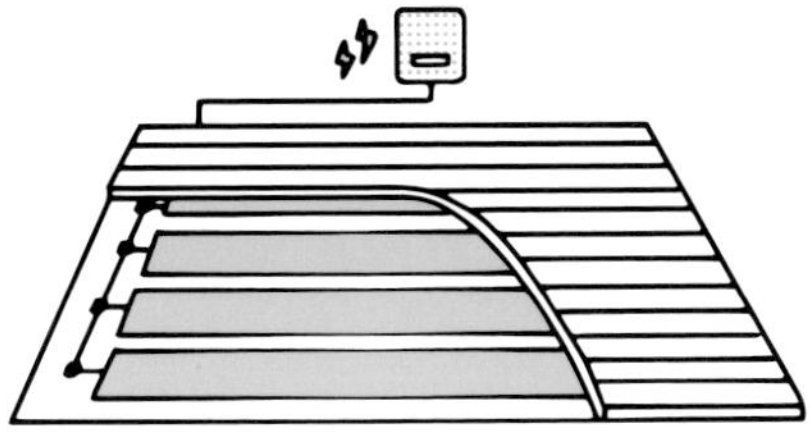

床下に設置したパイプに温水を循環。

使用範囲：広い範囲で長時間使うケース向き
設置費用：給湯器の設置や配管工事費がかかる
ランニングコスト：電気、ガスなど熱源によって異なる

設置費用とランニングコスト、両方をよく検討しましょう

**ココに注意！**

### エアコン選びの落とし穴!?

最近はウイルスカットや自動フィルター掃除機能など魅力的なオプションも多彩。ですが、選ぶ機種は慎重に。たとえば掃除機能つきのエアコンは専用の配管が必要なものもあり、別途工事が発生。マンションなどで配管が壁の中に設置してあると、とりつけが難しいケースも。また大型のものを選ぶと、今までの設置場所におさまりきらないこともありえます。採用したい機種がある場合は事前に相談を。

床暖房はリフォームでぜひつけたいです！

# 暮らしを便利に変える設備の選び方

水回りの設備機器を選ぶときは、掃除のしやすさもチェック。毎日の家事がぐんとラクになり、暮らしやすさを実感できるはずです。

特に注目したいのは、毎日の家事をラクにしてくれる水回り設備の機能。たとえばシステムキッチンでは、掃除が面倒なコンロまわりや排水口、シンクなどに汚れがつきにくい素材やデザインを採用したものや、自動洗浄など便利機能を搭載したレンジフードもあります。リビング・ダイニングと一体型のオープンキッチンの場合は、こうした手入れがラクなタイプを選ぶのもおすすめです。

一日の疲れをゆっくり癒やせる浴室を、清潔で快適な空間に保てる機能も要チェック。カビがつきにくい素材や形状を浴槽や床、壁に採用したユニットバスや、排水口の掃除が簡単なタイプなどもあり、重労働のお風呂掃除を軽減してくれます。

## 手入れがラクなキッチンは…

# 掃除がぐんとラクになる設備に注目！

## 掃除がラクな浴室は…

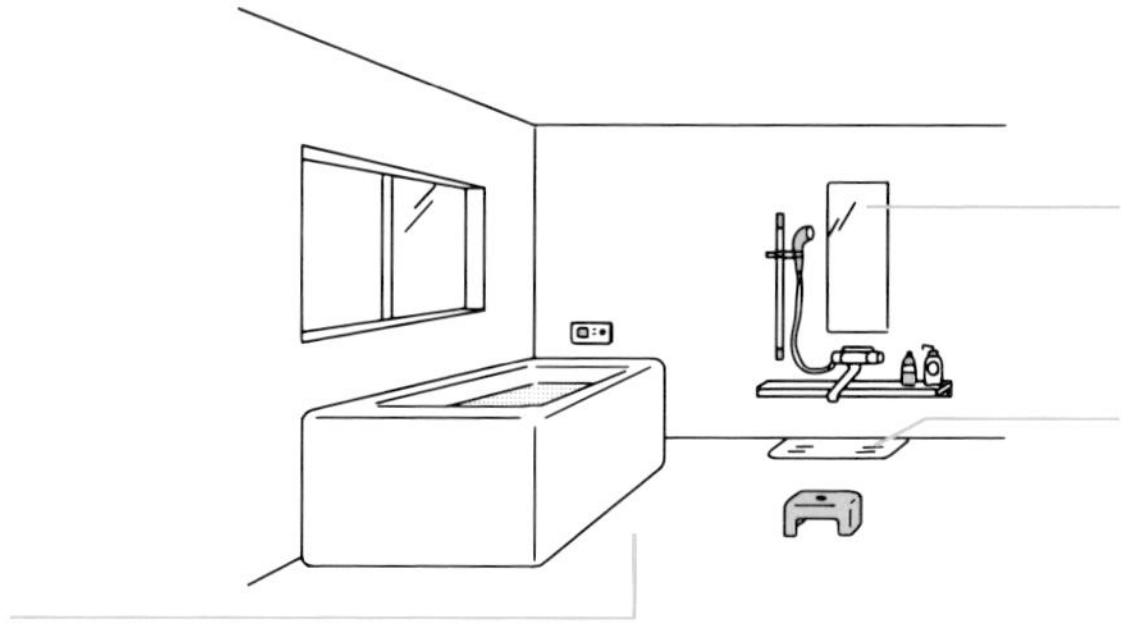

**鏡**

汚れをはじく特殊コーティング

**排水口**

髪の毛やゴミが集まりやすく捨てやすい形状と、ぬめり汚れがつきにくい素材

**床、壁**

水アカや黒カビがつきにくい素材や目地のない構造

### コレもオススメ！

**浴室乾燥機で水回りをカラッと快適に**

窓がない浴室には浴室乾燥機がおすすめ。入浴後の浴室内を素早く乾燥させてカビの発生を抑えます。入浴前の予備暖房機能や、夏は湿気を排気しながら風を送る涼風機能も。天気や時間を気にせず洗濯ができる衣類乾燥機能も便利。

## そのほか

**洗面台**

シンクとカウンターを一体型にして汚れがたまるすき間をなくしたデザインや、水ハネしにくく水アカがつきにくい水栓まわりなど。

**タオルウォーマー**

洗面・脱衣室の暖房設備としてあると快適。バスタオルを暖かく使えて、輻射熱で空間がほんのり暖まる。

**トイレ**

汚れが落ちやすい素材、流すたびに洗剤の泡とうず巻き状の水流で自動清掃する機能、拭き掃除がしやすいデザインなど。

**LED照明**

電気代が節約できて長寿命。撥水・撥油樹脂と帯電防止剤を組み合わせた、ホコリ汚れがつきにくい素材の器具も。

### アイディア&テクニック

**室内にも物干し場をつくっておくと便利**

洗濯物が多いお宅では、梅雨時や花粉症の季節にリビングに洗濯物を干しっぱなしになりがち。これでは、せっかくリフォームした住まいも快適に過ごせません。できればリビングから死角になる場所にスペースを確保し、換気扇やエアコンをとりつけるとベスト。天井に設置して使うときだけ引き出せる物干しポールや、洗濯物乾燥用の空調など、室内物干しスペースを充実させる設備もあると便利です。

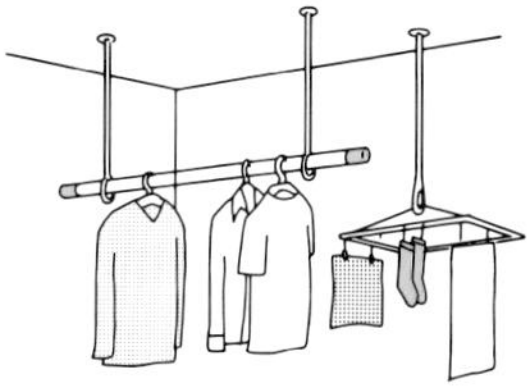

# リラックスして過ごせる照明プランは？

夜の時間を心地よく過ごすには照明計画がポイント。食事、読書、お酒…シーンに合わせて必要なあかりを用意できると、暮らしが豊かに。

リフォームで照明を変えるなら、可変性のあるライティングプランがおすすめです。たとえばリビングにライティングレールを設置して部屋全体を照らすライトを真ん中に1灯と、窓辺のデスクコーナーにスポットライトをとりつけるなど一室多灯のプランにすれば、家具の配置や部屋の使い方が変わったときも、ほしい場所に照明を当てられます。

躯体のコンクリートに直接仕上げ材が施されているじか仕上げのマンションでは、そのままではとりつけられず、天井を二重にして天井裏に空間をつくるなど大がかりな工事が必要に。そのケースでは、既設の引っかけシーリングなどに簡単に接続できるライティングダクトを採用するのも手です。

## ひと部屋に複数の照明を

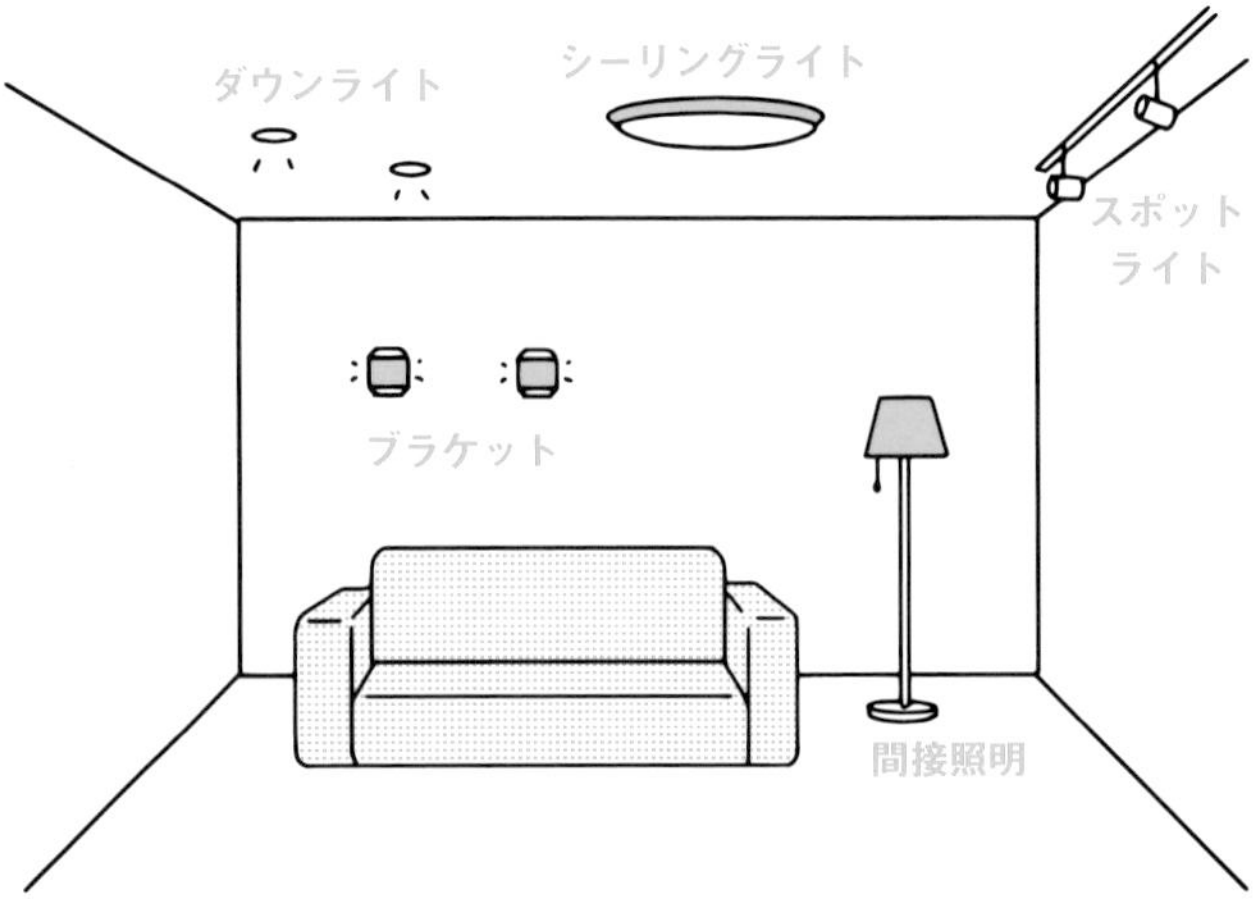


**ココに注意！**

**シーリングライトをとりかえる際は…**

シーリングライトといわれる天井じかづけの照明器具をとりかえる際は、幅や直径など既存の寸法を調べること。照明器具まわりと周囲とでは、汚れや日光による退色などで天井の色が若干違うので、既存より小さい照明をつけると、まわりに色ムラができてしまいます。既存のライトがプルスイッチつきで壁にスイッチがない場合は、リモコンつきの器具にすれば、手元で点灯・消灯できて便利です。

# 数種類の照明を組み合わせて雰囲気をアップ

## マンションの照明をとりかえるには？

**二重天井の場合**

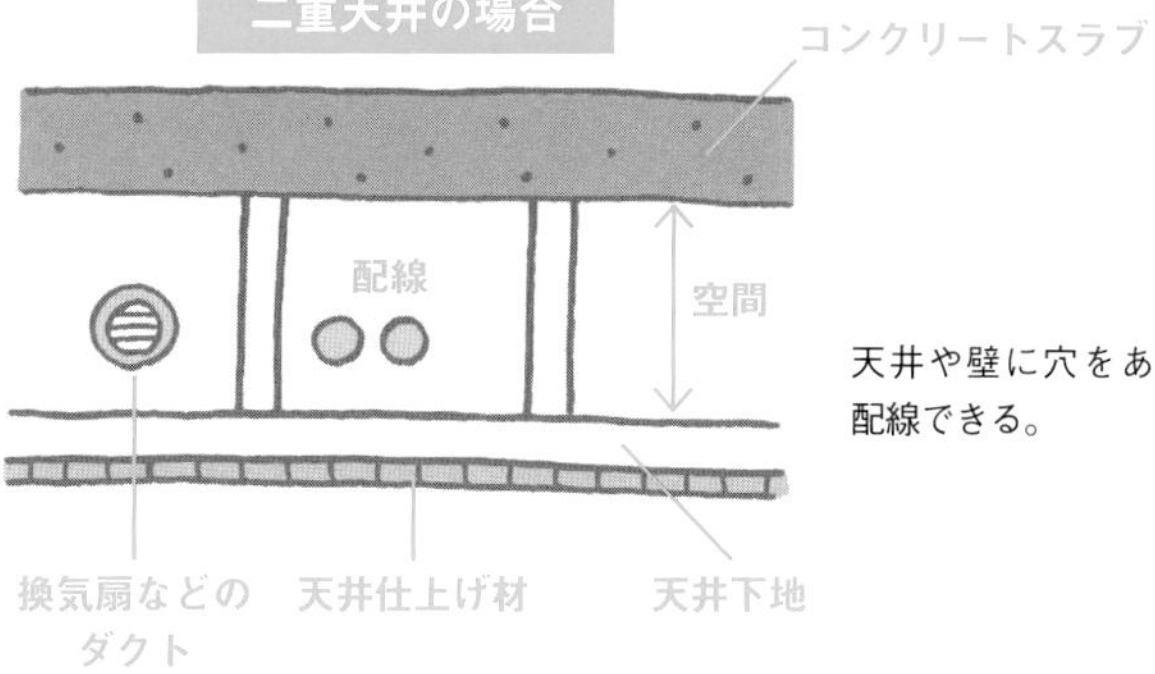


天井や壁に穴をあけて
配線できる。

**じか天井の場合**

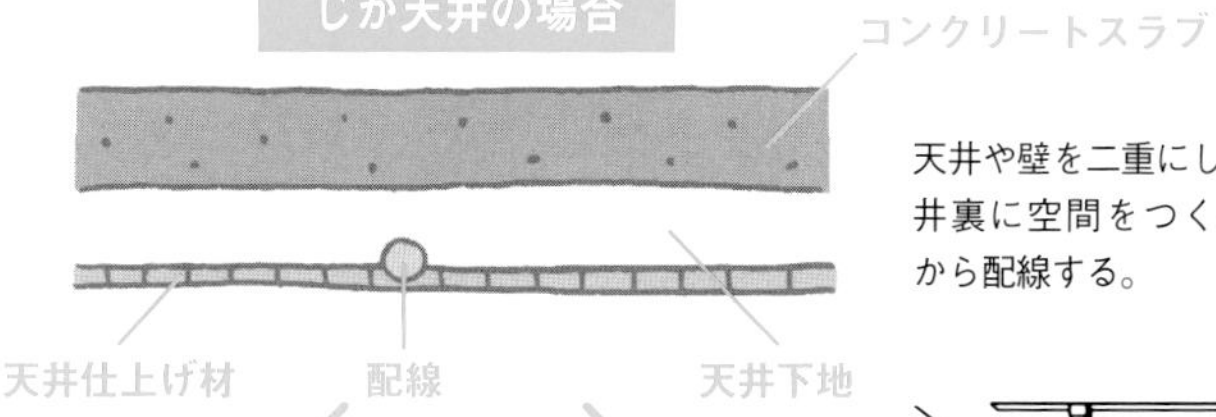


天井や壁を二重にし、天
井裏に空間をつくって
から配線する。

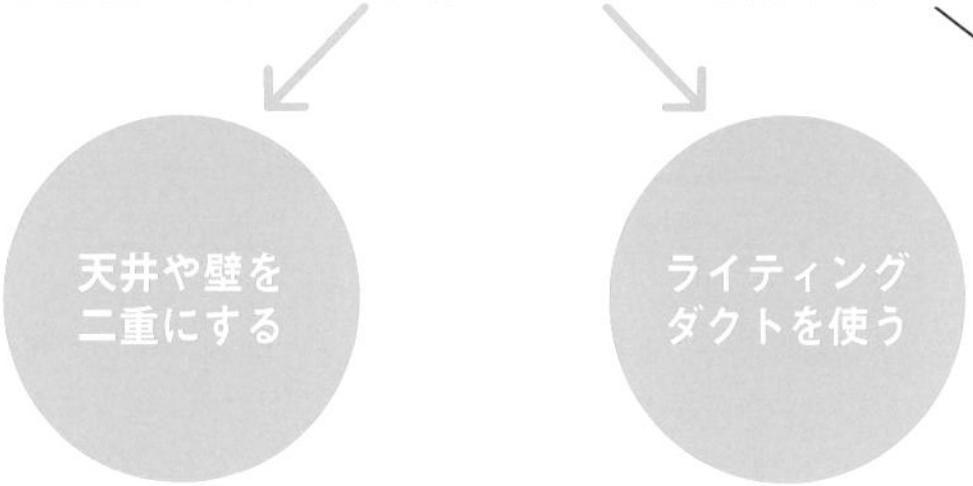


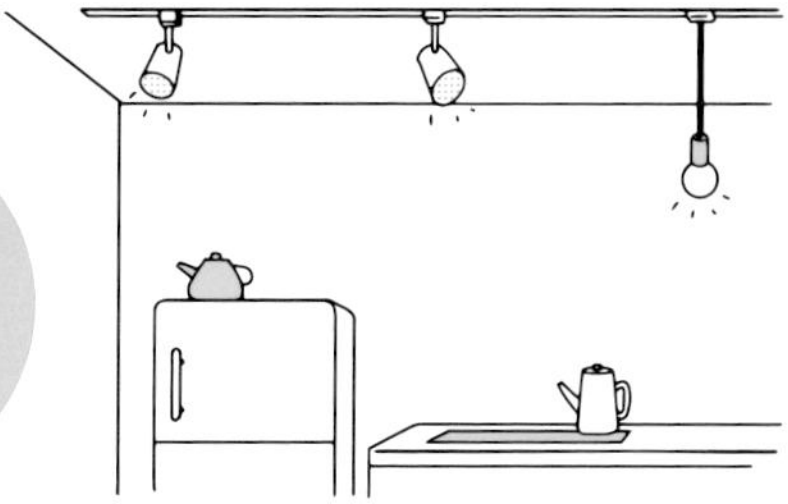

天井の電源が1カ所でも、とりつけ簡易型ダクトシステムで複数のあかりを楽しめる。

**アドバイス**

**スイッチ、コンセントの位置や高さも念入りに計画を**

たとえばコンセントは床から25㎝の高さが一般的ですが、年配のかたが腰をかがめるのがつらい場合は、床から50～60㎝の高さに設置しても。最近は、家族それぞれがスマホやパソコンを使うので、充電器など誰がどこにさすのかを考えて、必要な数のさし口を用意しましょう。大きな充電器は隣の口をふさいでしまうので、2口タイプのコンセントを少し離して並べてつけるなどの工夫を。

## Column リフォーム体験談 Vol.4

# 間取り＆工事

**建物の構造上、何でも自由に変えられないのがリフォームの難しいところ。実際に工事が始まってからも予想外のことが起こります…。**

内部を解体してみてはじめて、撤去できない柱があることがわかり、間取りに制約が出ました。決められた枠内で間取りを考えることは意外と難しい。
（北海道在住・Eさん）

ガス給湯器を室外に出したかったのですが、マンション規約によりできませんでした。
（中部在住・Mさん）

洗面室に窓がなく通気をあきらめていましたが、リビングとの間仕切り壁に室内窓をつける提案をしてもらい、実際、採光・通風がとてもよくなりました。
（中部在住・Mさん）

工事のペースは驚くほど速い！　ちょっとしたことでも「進行中に考えればいいや」というのは無理！
（中部在住・Oさん）

リフォーム現場の近くに仮住まいしたので、工事の細かい確認を逐一できてよかった。仮住まい選びは思っていたより大変で、出費も大きくて重要。
（関東在住・Kさん）

耐震工事は大きな音が出るので、防音対策はもちろん、工事の時間帯に配慮が必要。
（関東在住・Hさん）

予定外の工事をしたら、階下の住人から苦情が。あいさつやお礼はきちんとして、対応はていねいすぎるくらいがちょうといい。
（中国在住・Yさん）

浴室を解体してみたら、このままでは危険ということがわかり、土台以外をすべてつくり直すことになってしまった。
（関東在住・Kさん）

現場に足しげく通ったおかげで、変更したい部分を見つけたときに対応してもらえた。完成後だったら無理でした。
（関東在住・Uさん）

近隣の迷惑にならないよう、工事用トラックの駐車スペースも事前に確認しておいたほうがいい。
（関東在住・Uさん）

# PART

# 5

# 予算内でおさめる
# コストダウン
# アイディア

PART
5
予算内でおさめる
コストダウン
アイディア

プランニング

# 業者選びの基本は？

リフォームをどこに頼むかは、コストを左右する大事な選択です。どんなリフォームをしたいかによっても、選ぶべき依頼先は違います。

リフォーム業者にも得意分野があり、設備メーカー系列のリフォーム会社は、洗面台やトイレの交換など設備工事の経験が豊富。大手リフォーム会社は小規模から全面リフォームまで幅広く対応。オリジナリティのあるプランを求めるなら、工事監理までしてもらえる設計事務所が安心。それぞれ得意分野の材料をリーズナブルに入手できるルートや、その材料の扱いに慣れた職人を熟知しています。一方で、得意分野とかけ離れたオーダーをすると、材料の仕入れ先も職人も一から探さなくてはならず、コストも時間もかかることに。めざすリフォームをはっきりさせ、その内容が得意な業者選びをすることが、満足できるリフォームを予算内で実現するコツです。

## どんなリフォームをしたいかを考える

キッチンだけ
リフォームしたい
自然素材を
使いたい
レトロな
インテリアが好き
個性的な
家にしたい
短期間で
すませたい

## ことば辞典

**【工事監理】**
設計図と照合しながら、図面どおりに工事が実施されているかを確認すること。通常、一級または二級建築士、木造建築士の資格を持つ者が行う。

**【リノベーション】**
修正、再生、改革、刷新の意。住宅の場合は既存の建物に大規模な工事を行うこと。リフォームと同義だが、より大規模な改築をさすケースが多い。

**【メンテナンス】**
保守、維持、管理の意。機械や施設、情報通信など幅広い分野で使われる。住宅の場合は長期にわたり快適な住空間を維持するために施す修繕をさす。

## めざすリフォームを得意とする依頼先を選ぶ

### 建築家

デザイン性の高さやオリジナリティを重視したい人におすすめ。工事は工務店に発注するが、監理もしてもらえるので安心。

### リフォーム&リノベーション会社

中古の住宅・マンションのリフォームが得意な会社が多い。物件の紹介から資金計画の相談までトータルコーディネートを依頼できる。

### 工務店

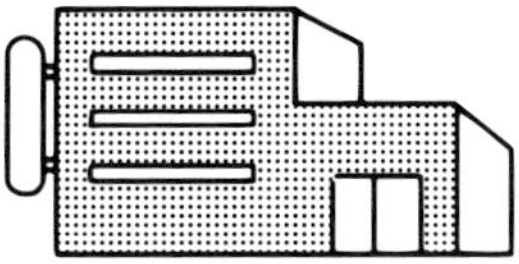

土地事情や周辺環境にも詳しく、地の利を生かしたリフォームをまかせられる。設計を請け負うところも多く、入居後の対応も迅速。

### 大手メーカー

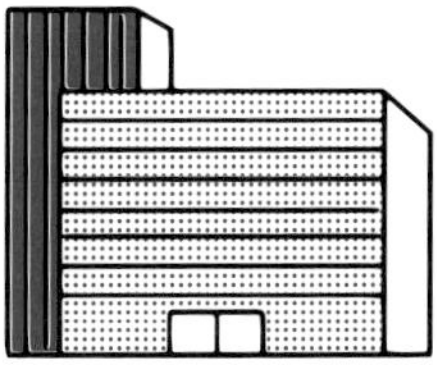

大手ならではの資材力とシステム化されたプランニングが特徴。グループ会社との提携で中古購入×リフォームに対応できる会社も。

### インテリアショップ

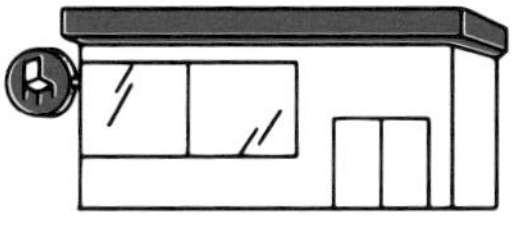

床や壁の内装から建具などの部材、家具までトータルコーディネートが可能。ショップのようなハイセンスな空間を再現できる。

**ココに注意！**

**完成間近の設計変更や追加工事は厳禁**

工事期間が当初の予定より延びると、人件費がかさむことなどから工事費はアップしがち。特に完成間近の設計変更や追加工事は、大幅に工期を遅らせる原因になります。また、気候が不安定な時期の外壁工事や屋根工事、施工業者の年末年始やお盆の休みにかかる時期の工事は、工期を長めにとる必要も。工事費に直接の影響はありませんが、仮住まいをする場合の家賃負担も増えてしまいます。

PART 5
予算内でおさめるコストダウンアイディア

プランニング

# 予算のかけどころを知る

今の暮らしの不便さをどう変えるか。リフォームを計画するときは、その見極めが重要。限られた予算で満足度の高いリフォームをするには？

耐震性や断熱性など住まいの基本性能にかかわる部分は、適切にコストをかけるべき。リフォームしても、安全性や快適性が損なわれては元も子もありません。プロが見れば、その物件の基本性能の改善にどれくらいコストがかかるのか、おおよそわかるもの。先に業者を決め、物件選びのアドバイスを受けるのもおすすめです。

予算が限られている場合は、やるべきことの優先順位をつけます。たとえば水回りなど暮らしの快適性にかかわる部分は、リフォームした甲斐を感じやすいところ。また、段階的に行うリフォームは、予算の範囲内で無理なくできるメリットが。ただし、そのつど解体や養生などの費用がかかり、トータルで見ると割高になります。

## 最終形をイメージしながら優先順位をつける

毎日の暮らしにかかわる部分は優先順位を下げない

**アドバイス**

**やりたいことは、とりあえずすべて伝える**

打ち合わせでは、どういう住まいにしたいか、リフォームで実現したいことをすべて話しましょう。理由も伝えられるとベストです。できるできないは、プロと一緒に優先順位を決めていけばOK。最終的に到達したいところがわかれば、プロはプランニングの方向性を決められます。理想形のイメージを共有できればプランニングがスムーズに進み、お金のかけどころもしぼり込めます。

## 基本性能にはコストをしっかりかける

\Point/

断熱性は住んでからの冷暖房のランニングコストにもかかわる。

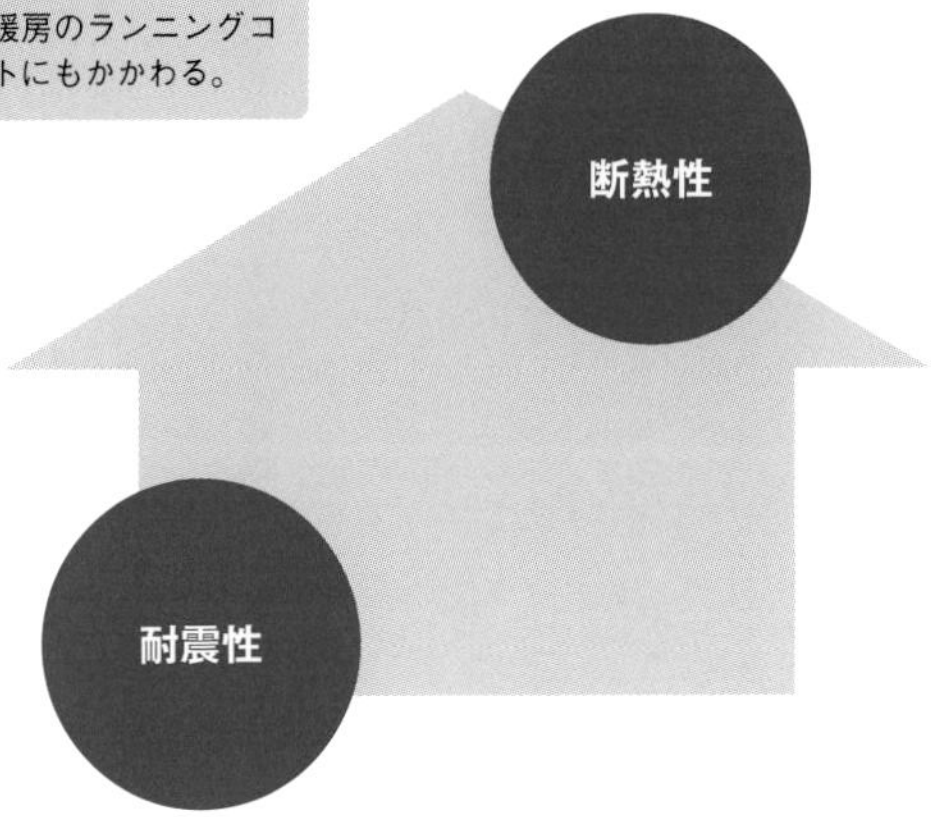
断熱性
耐震性

**ココに注意！**

**リフォーム工事費は予算をオーバーしがち**

想定外のことが起こりがちなのがリフォーム工事。たとえば床や壁をとり壊してみたら、表からは見えなかった傷みがあって補修工事が増えたり、リフォームしない予定だった部分が見劣りして追加工事が発生するなど。当初の計画より工事が増えると、コスト増となるのは必至。リフォームの予算は多少なりとも余裕をもたせておくのが安心です。

## 段階的より一気にリフォームが安上がり

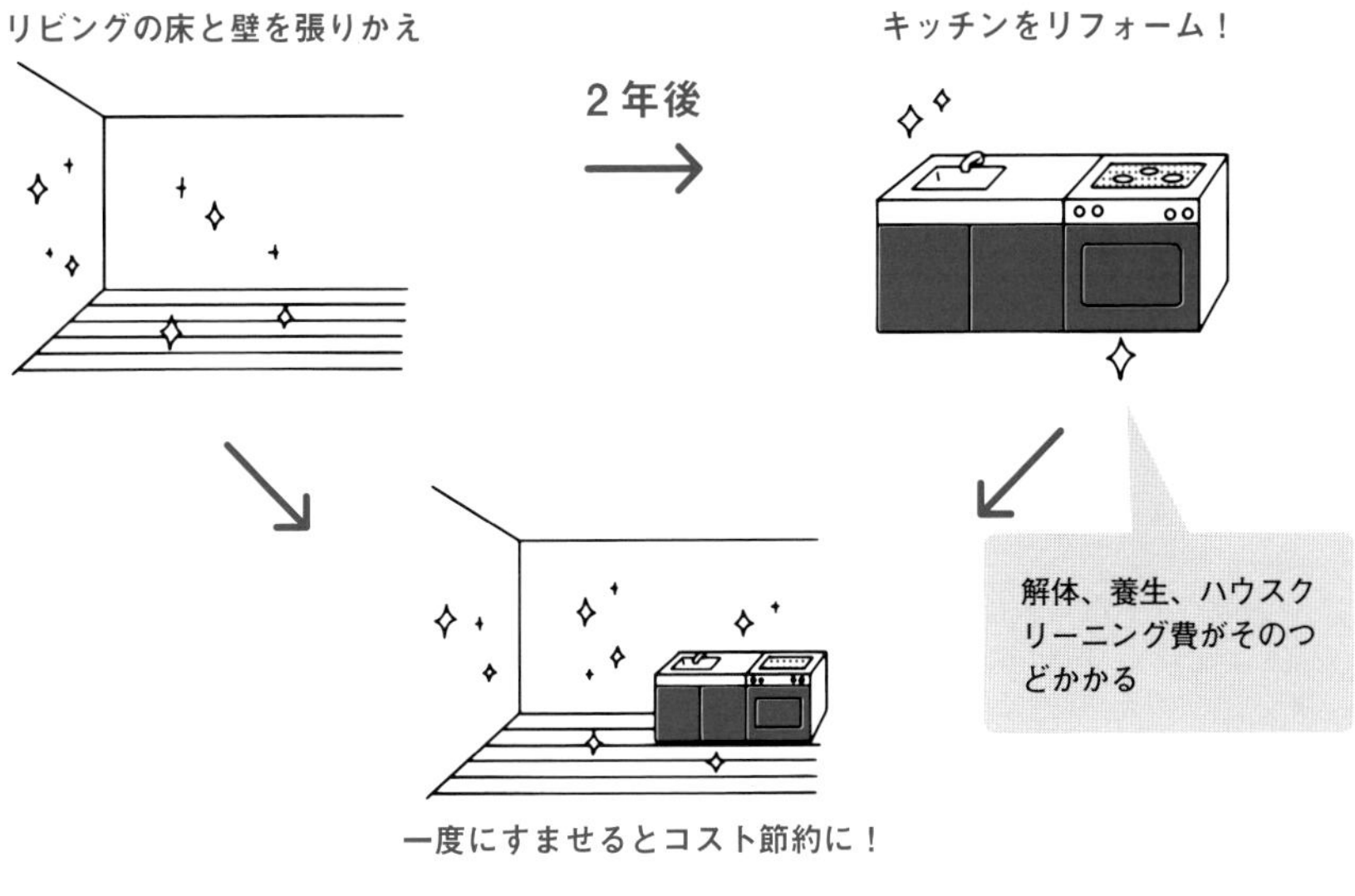
リビングの床と壁を張りかえ
2年後
キッチンをリフォーム！
解体、養生、ハウスクリーニング費がそのつどかかる
一度にすませるとコスト節約に！

プランニング

# 物件選びの心構え

今住んでいる家をリフォームするほかに、中古物件を買ってリノベーションするケースも。改築を前提にした物件を手頃に入手するには？

リフォームでいちばんコストがかかるのは、断熱工事や耐震補強工事など建物の基本性能にかかわる部分。物件を選ぶ段階で注意したいのは、安いと思って買った中古物件にリフォーム費用が想像以上にかかる可能性があるということ。北側の部屋の壁がカビで真っ黒だったら、断熱性が低いゆえに結露が起こった証拠。玄関の段差が少ないマンションは、床がじか張りで水回りの移動が難しい可能性も。物件の価格には理由があり、ある程度高くても、状態がよくて基本性能もしっかりした物件なら、設備機器もそのまま使えてリフォーム費用が少なくてすむかもしれません。希望エリアの不動産情報をチェックして、相場観を身につけておくことも大切です。

## 物件の状態を見極める

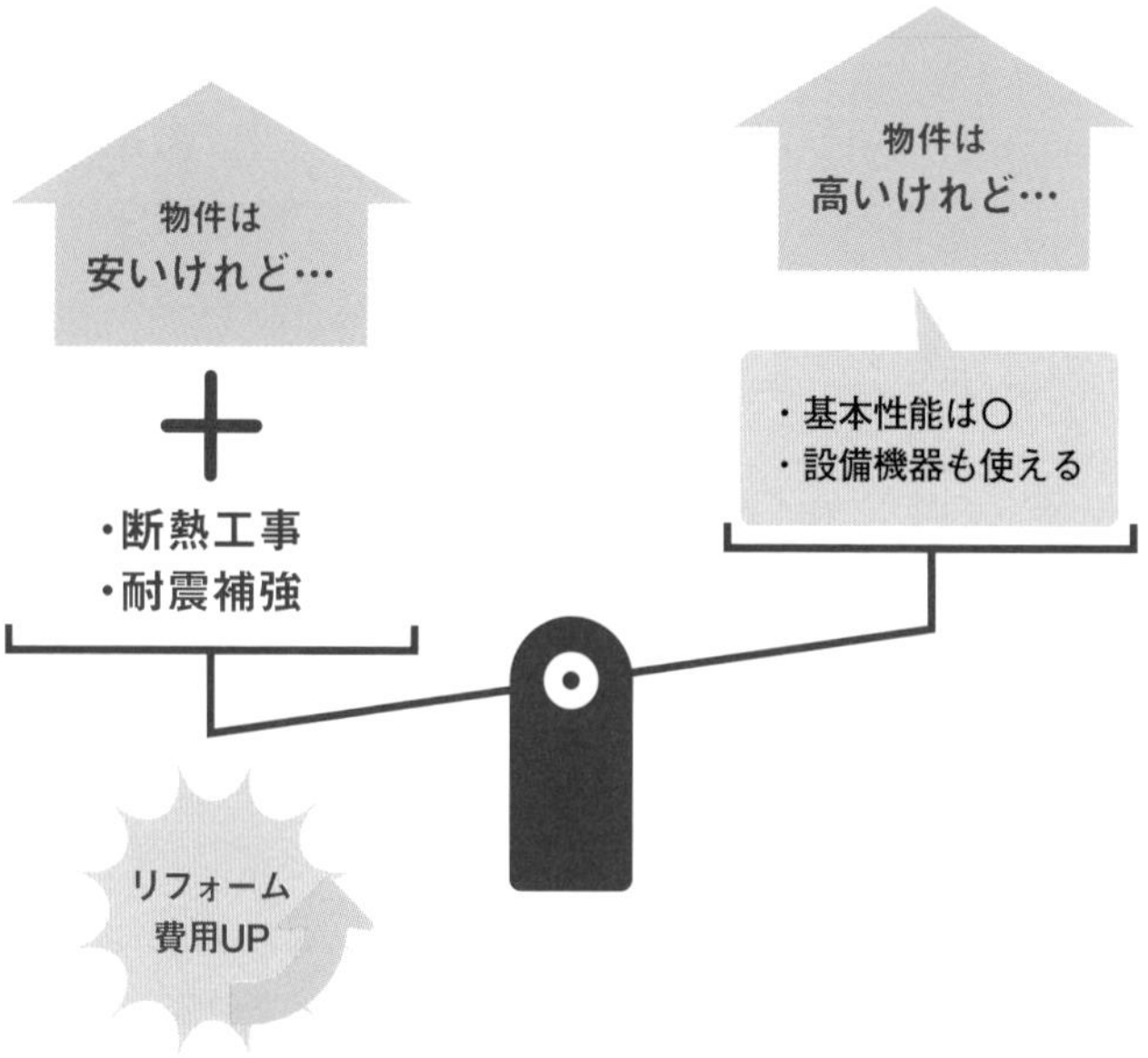


**知らないと損！**

**リフォーム費用は物件購入との一括ローンがおトク**

中古住宅を買ってリフォームする場合、２つのローンを組むことに。ただし、金融機関によっては物件購入とリフォーム費用の合計額を住宅ローンで借りられる商品も。ローンを一本化できるので諸費用を抑えられるうえ金利が低く、借り入れ期間を長くできるのがメリットです。ローンを組むときはプランや見積書の提出なども必要なので、リフォーム業者を早めに決めましょう（P24参照）。

# 物件価格とリフォーム費用のバランスを考える

## リフォーム費用がかからない物件を選ぶには？

### 中古マンションは資産価値にかかわる部分もチェック

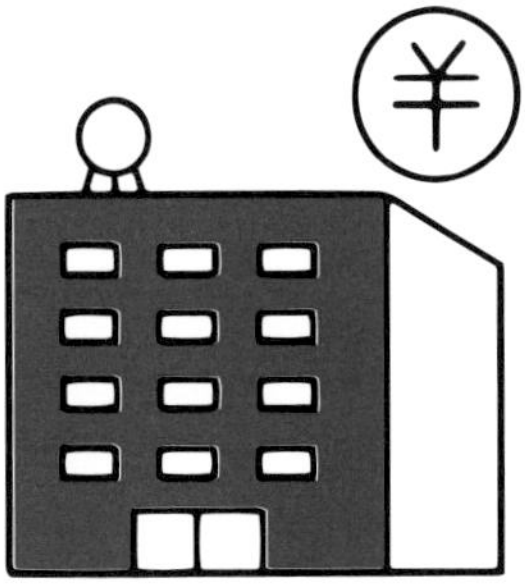

修繕の履歴、管理費や修繕積立金など共益費の積み立て、共用部分のメンテナンス状況もチェック。これらは物件の資産価値にもかかわり、メンテナンス時のコストにも関係する。

### 中古物件は見えない部分ほどチェック。保険も検討を

構造や給排水の管路など表から見えない部分も不動産会社に確認を。「既存住宅売買瑕疵（かし）保険」に加入すると、売買後に欠陥が見つかった場合、補修費などに保険が支払われる。

### 中古戸建ては管理状態を確認

管理状態が悪いと内部構造が傷んでいる可能性が高く、思わぬコストが発生することも。外壁のひびなど外まわりの手入れ状況のほか、ドアや引き戸を開閉して、きしみなどを確認。

### 1981年以前の物件は耐震工事の予算を準備

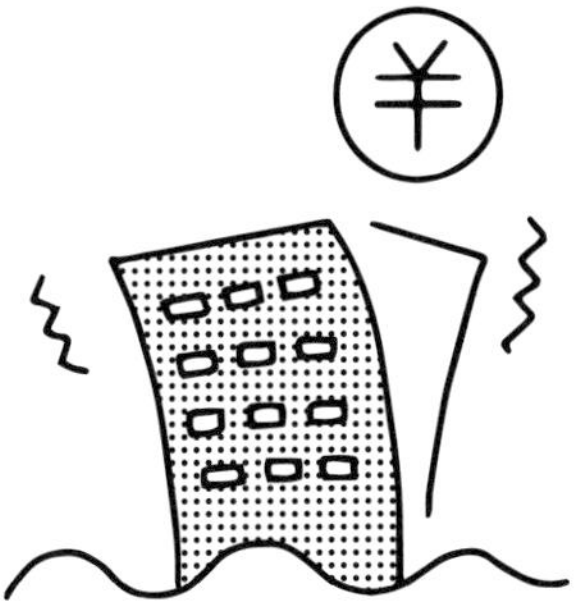

戸建ての場合、現在の耐震基準ができた1981（昭和56）年以前の物件は、耐震補強工事が必要なケースも。その費用に100万円（坪3万円）ほど予算の計上を。

PART
5
予算内でおさめるコストダウンアイディア

プランニング

# 間取りをどこまで変える？

水回りだけを変えるのか、ライフスタイルに合わせて大幅に間取りを変更するのか。どんな規模のリフォームかでコストは大きく変わります。

間取りがライフスタイルに合わなかったり、設備や内装をすべて一新したい場合はスケルトンリフォームがおすすめ。内部を構造体だけ残した状態までとり壊すので、同時に給排水管や電気配線の安全性、断熱性の見直しなどができるメリットもあります。

一方で、壁のクロスやフローリング、設備機器を新しくしたいけれど間取りはほとんど変えないのであれば、スケルトンにするメリットはあまりなく、かえって割高に。間仕切り壁をとり払うことで床や壁を施工し直したり、建具をつくり直したり、照明器具やコンセントの位置を変えるなどの工事も発生してしまいます。できるだけ既存の間取りを生かすのが、コストを抑えるいちばんのポイントです。

## 既存の間取りを生かせば大幅にコストダウン

### 間取りはそのままで…

| | | |
|---|---|---|
| 合板フローリング | → | 無垢材 |
| クロス | → | 張りかえ |
| 設備機器 | → | 交換 |
| 建具 | → | とりかえ |

＼リフレッシュ／

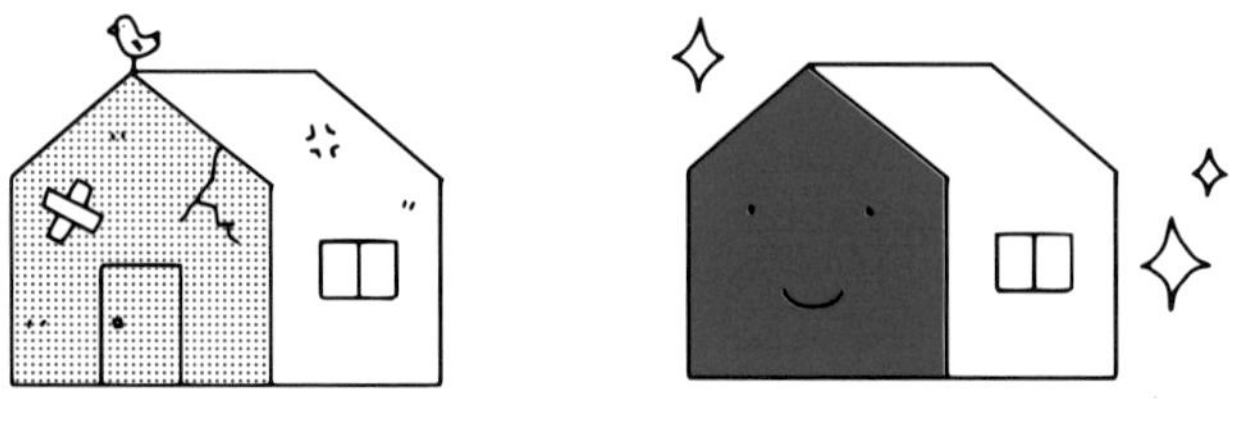

# 大幅に間取りを変えるなら スケルトンリフォームがおトク

## スケルトンリフォームとは…

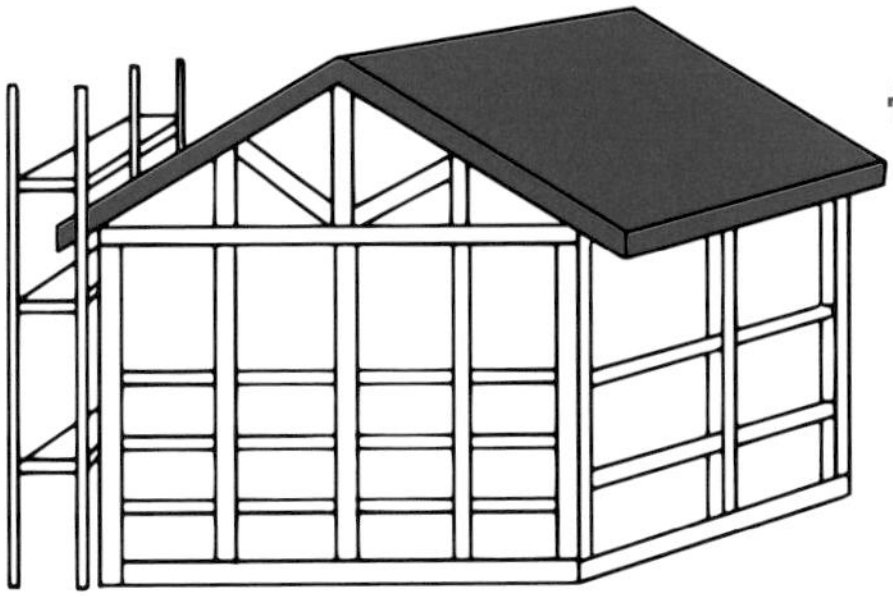

骨組みだけにする

間仕切り壁も含めて内部をすべてとり壊し、建物の躯体だけの状態にしてつくり直す工法。

同時にココもチェック！

- 給排水管
- 電気配線
- 断熱性能

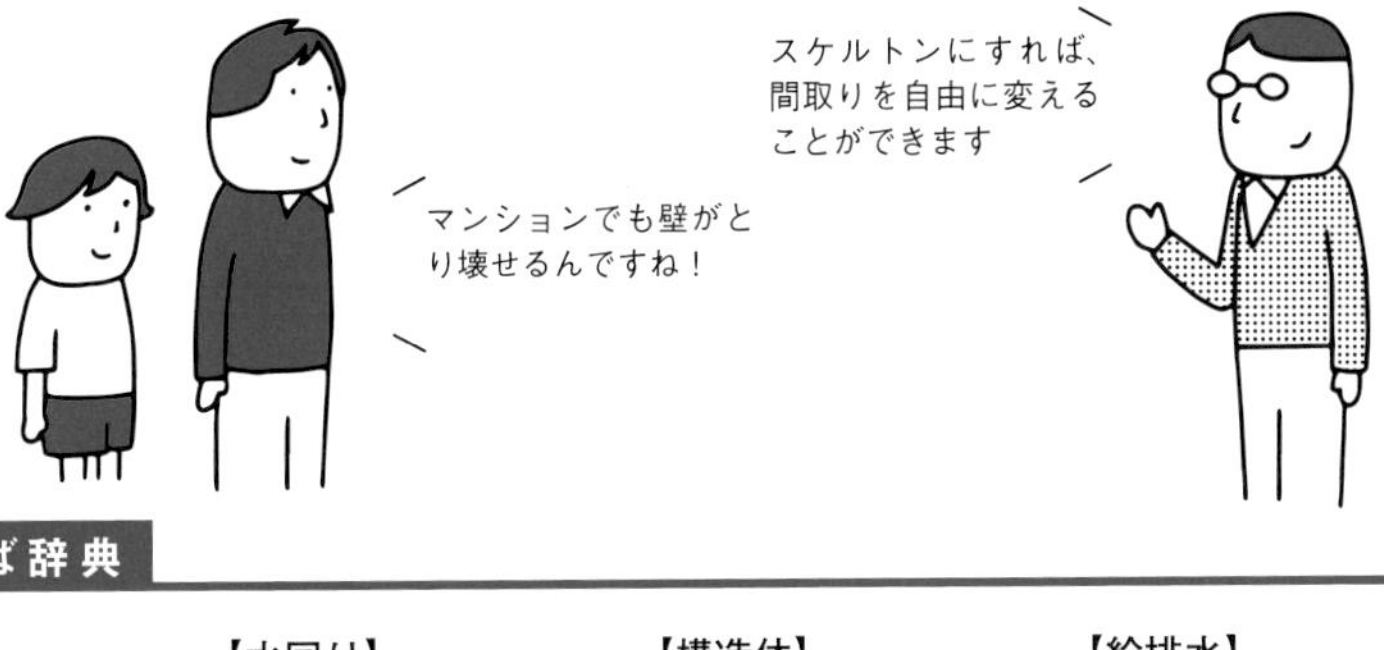
スケルトンにすれば、
間取りを自由に変える
ことができます
マンションでも壁がと
り壊せるんですね！

### ことば辞典

**【間取り】**
建物内の部屋の配置。リビングをL、ダイニングをD、キッチンをKとアルファベットで表し、それ以外の部屋数を頭につけて3LDKなどと表現する。

**【水回り】**
家の中で水を使う場所。具体的にはキッチン、浴室、トイレ、洗面室。家事にかかわる場所でもあり、配置しだいで家事効率は大きく変わる。

**【構造体】**
建物の構造を支える骨組みにあたる部分。土台、基礎、壁、柱、小屋組み、すじかい、梁などがその構成部材。内装・外装、設備を除いたものをさす。

**【給排水】**
住宅内に水を供給する給水と、雑排水や雨水、汚水を排出する排水のこと。給排水設備は水道管、排水管、給水・貯水タンク、トイレ設備、雨どいなど。

PART 5
予算内でおさめるコストダウンアイディア

プランニング

# プランニングでコストを抑えるコツ

リフォームで直す箇所が増えれば増えるほど、その分、費用はかさみます。コストを抑えながら理想をかなえるためのヒントを探りましょう。

木造軸組み工法の場合、意外なことに部屋数を増やす工事より、減らす工事のほうがコストアップに。間仕切り壁をとり払って広い空間にする場合、耐震性を損なわないために梁を補強したり、構造体のバランスをくずさない位置に耐力壁を移動させるなど大がかりな工事が必要になるからです。一方、既存の耐力壁や柱を撤去せずに間仕切り壁を増やして新たに部屋をつくるリフォームは、壁の量が増えるだけなので工事自体は難しくなく、減らすより割安です。

　また、軸組み工法に限られますが、耐力壁の壁厚を利用して柱とすじかいのない部分にニッチ風の収納を設けるなど、コストをかけずに耐力壁をデザインに生かす手もあります。

## はずせない耐力壁を活用する

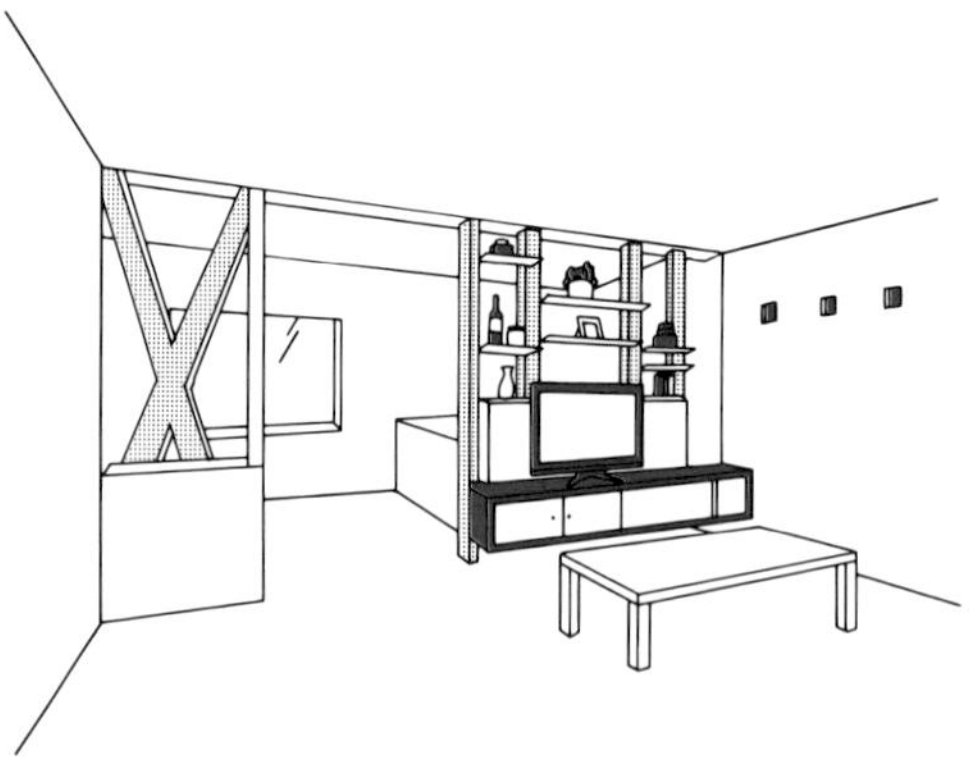

**インテリアに上手にとり込む**
構造上はずせないため、間仕切り壁のすじかいと柱を残した例。空間になじむよう、ゆるやかな仕切り＆飾り棚に活用。
（設計／エム・アンド・オー）

### ことば辞典

**【耐力壁】**
建物の重さなど垂直方向の荷重と、地震の横揺れや台風など建物に対して横から加わる力に対抗し、建物を支えるように設計された壁。

**【すじかい】**
建物の強度を上げるため、柱と柱の間に斜めに交差させてとりつける部材。耐震性を高める効果があり、一定の割合での使用が義務づけられている。

**【下地】**
仕上げ材を設置するための部材。下地を施して耐久・断熱・透湿・遮音性を得る。天井や壁には耐火性、水回りには耐水性の高い下地が使われる。

# 部屋数を減らすより増やすほうが割安に

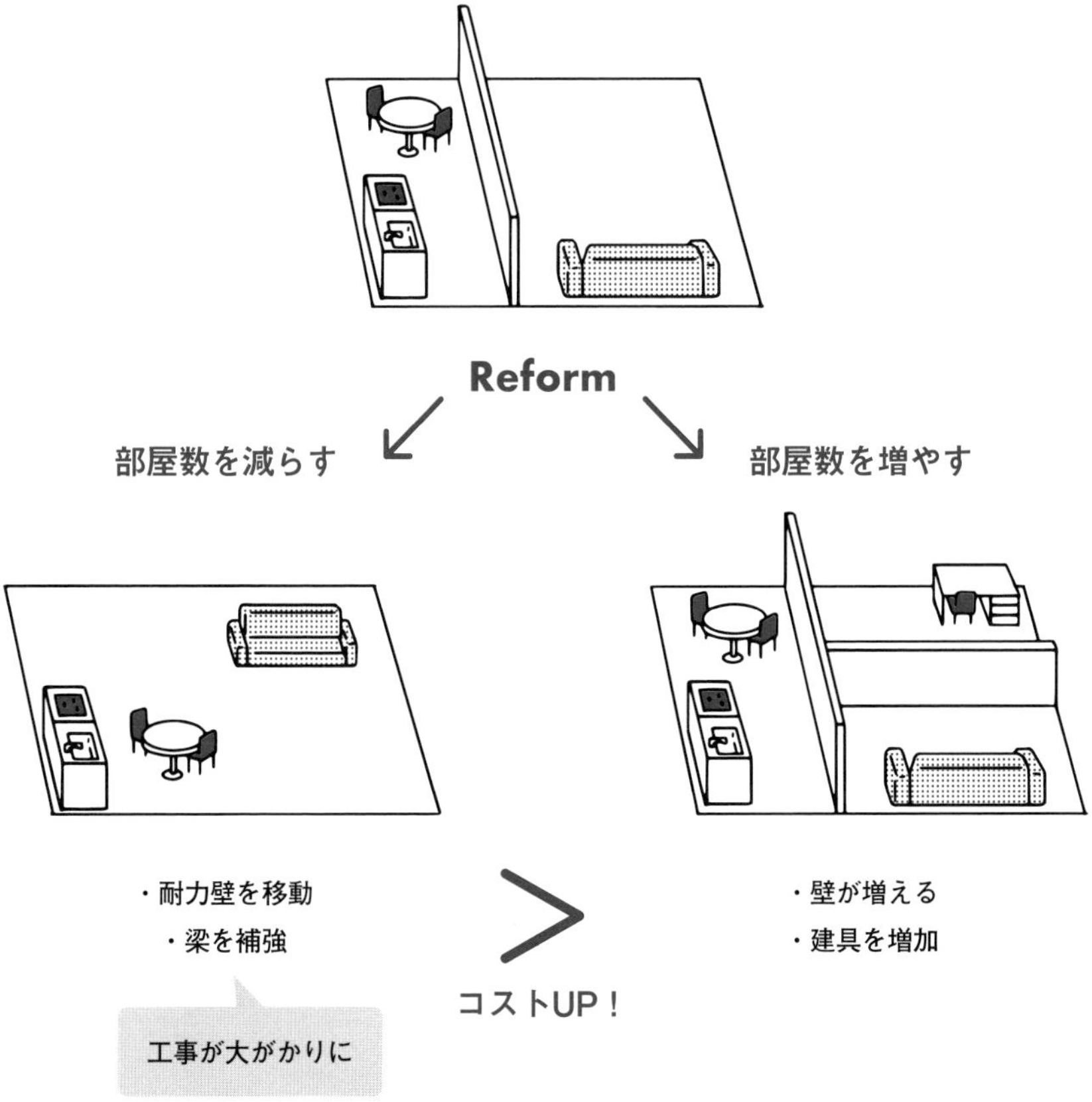

**アドバイス**

### 将来に備えて下地だけは準備を

初期費用を抑えるために今はオープンでも、将来はドアをつけたい、ワンルームを２つの子ども部屋にしたいと考えている場合、そのための下地だけでも準備しておくのがおすすめ。下地を入れることのコストアップはそれほど大きいものではありません。ゆくゆくは収納や飾り棚などをつけたいという場合も同様。下地の準備をしておくと次の工事が簡単になり、トータルコストが抑えられます。

PART 5 予算内でおさめるコストダウンアイディア

プランニング

# 水回りリフォームの注意点は？

キッチンや洗面室・浴室といった水回りは、その古さや使い勝手の悪さからリフォームの要望が多いスペース。改築の際のポイントをチェック！

給排水管やガス管、排気ダクトなどさまざまな設備がからむ水回りは、間取り変更で大きく移動させると費用もかかります。マンションの場合、PS（パイプスペース）につながる排水管には勾配がついていますが、キッチンや洗面室などの位置を変えるとPSまでの距離が長くなるケースがあり、その場合、床を上げるなどの工事が増え、排気ダクトも延ばす必要があります。一方、水回り同士の位置交換なら既存の給排水管を利用できるので、コストを最小限に抑えられます。

築20年以上の古いマンションは給排水管の劣化も心配。リフォーム時は状態が悪くなくても、いつかは交換が必要になるので、同じタイミングで点検や交換工事をすませましょう。

## 給排水管の交換工事はリフォーム時に行う

### マンションの給排水管

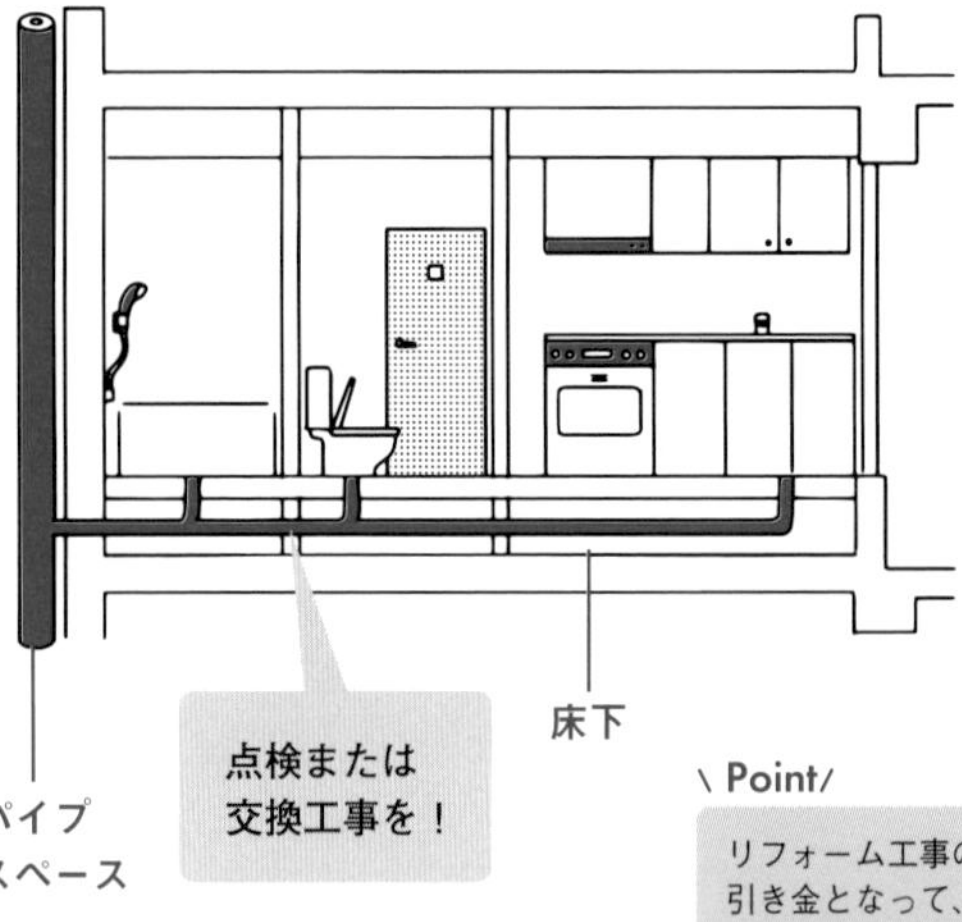
床下
点検または交換工事を！
パイプスペース

＼Point／

リフォーム工事の振動が引き金となって、古い給排水管が破裂したり水もれを起こすこともあるので要注意。

水回りが新しくなると気持ちがいいね！
見えない部分のリフォームもじつは大切です

# 水回りの移動は位置交換で費用削減

Before

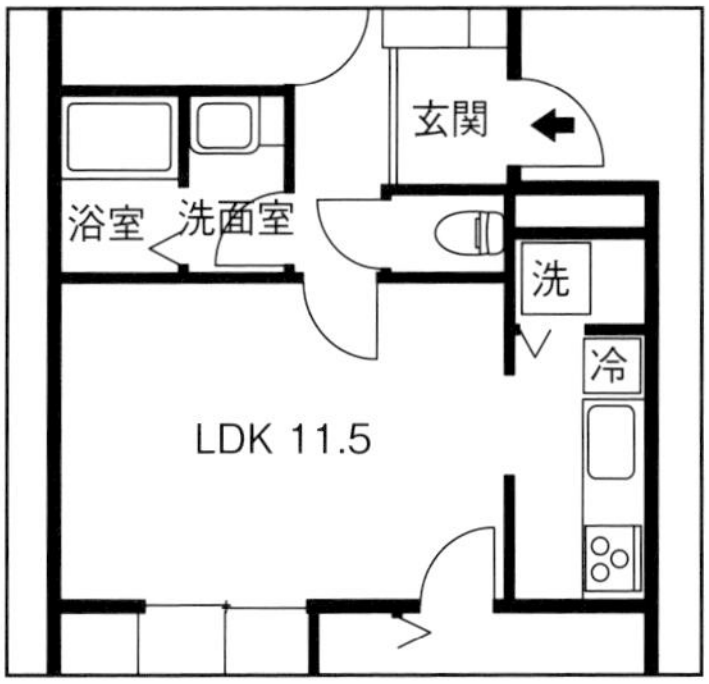


After

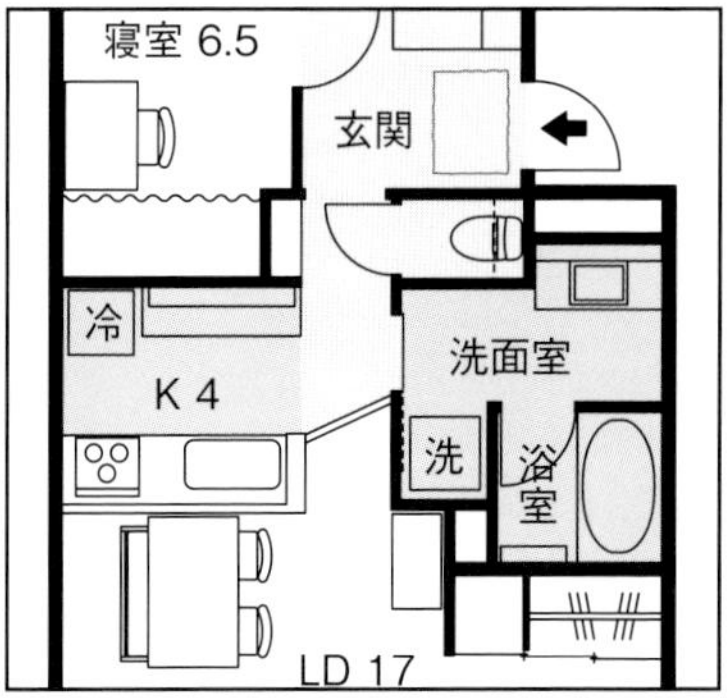


**キッチンと洗面室・浴室の位置を交換**

キッチンのあった場所に洗面室・浴室を移動。キッチンはもとの洗面室・浴室の近くに。給排水管を大きく動かさず、工事費を抑えた。

（U邸　設計／ KURASU）

**ココに注意！**

**住みながらのリフォームは費用がかさむ**

今の住まいをリフォームする場合、水回り設備の交換やクロスの張りかえだけなら１～２日ですみます。一方、全面リフォームの場合、生活スペースを確保しながらの工事は、頻繁に物の移動があり、工期を長めにとる必要からリフォーム費用もアップしがち。さらに、水回りが使えない期間の外食代や銭湯代なども考えると、仮住まい費用がかからないとはいえ、意外と出費がかさみます。

## ことば辞典

**【パイプスペース】**
マンションにある給水管や排水管、ガス管などの配管スペース。トイレの汚水は別に排水するため、１つの住戸に２カ所以上設置されるのが一般的。

**【排水勾配】**
汚水を排水するためにつけるゆるい傾斜のこと。床面や雨どい、下水道管などに用いられる。排水管の径や勾配は基準によって決められている。

**【排気ダクト】**
ダクトは建物内に設置する空気の通り道。キッチンの換気扇と屋外の排気口を結び、室内の汚れた空気を外部に排出するものを排気ダクトという。

**【仮住まい】**
自宅のリフォームや建てかえの間、一時的に住む家のこと。短期間とはいえ、家賃のほかに敷金、礼金、仲介手数料などが必要。

PART 5 予算内でおさめる コストダウン アイディア

部材・内装材

# 材料費を安く抑えるには？

材料を安く手に入れられれば、リフォーム費用自体も抑えられます。仕上がりの満足度は落とさずにコストを上手に削るコツは？

たとえばクロスの場合、量産品なら安く入手でき、施工会社から提案されることも。施工会社は、つきあいのあるメーカーからまとめて仕入れるルートをもっているので、そこから選ぶと割安で購入できます。特にこだわりがなければ、まかせてみては。また半端に残った内装材や発注ミスによる設備機器を抱えていることも。「安価な処分品は？」と聞くのも手です。

　使用する素材をできるだけ統一してロスを減らすのも節約になります。ただし、それではもの足りなかったり、インテリアを楽しみたい場合は、色柄やテクスチャーが豊富にそろうデザインクロスや輸入クロスを採用して。少し高めですが、部分的に使えば大幅なコストアップにはなりません。

## こだわりがなければ安価な素材を使う

### たとえばこんな使い方

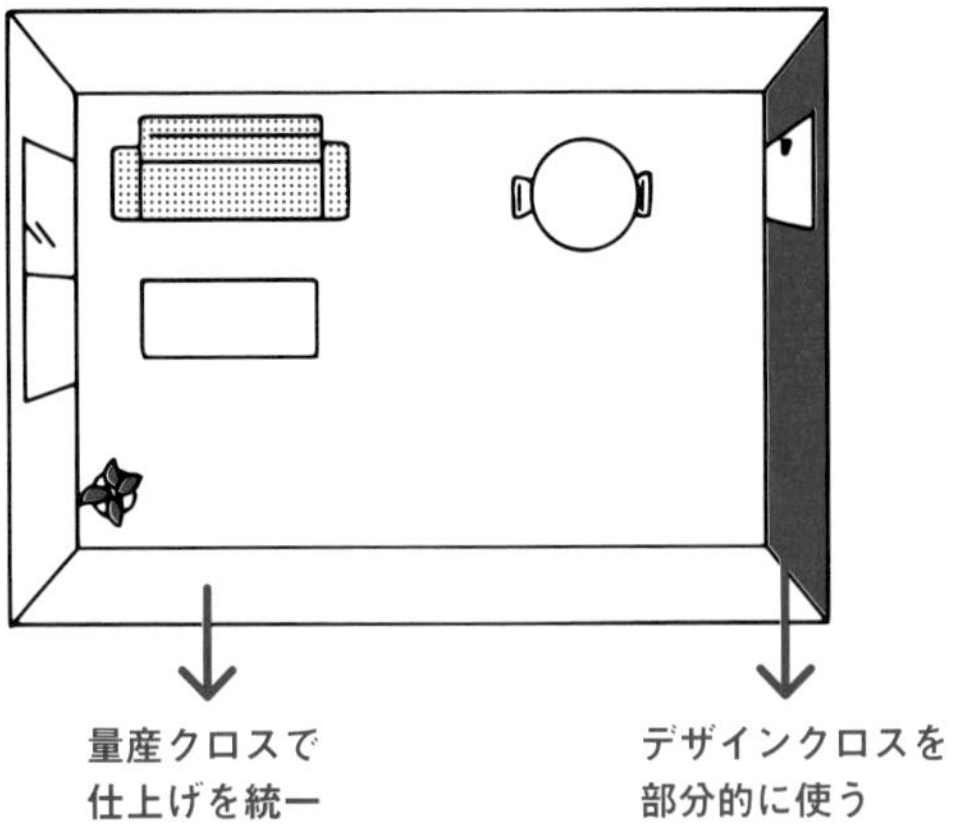

量産クロスで
仕上げを統一
デザインクロスを
部分的に使う

おもなクロスの価格の目安　（1㎡あたり）

| | |
|---|---|
| 量産クロス | 600 ～ 800 円 |
| 1000番クロス | 1000 ～ 1200 円 |
| デザインクロス | 2000 ～ 3000 円 |
| 輸入クロス | 3000 ～ 5000 円 |

# 使用範囲が狭ければ在庫品も狙いめ

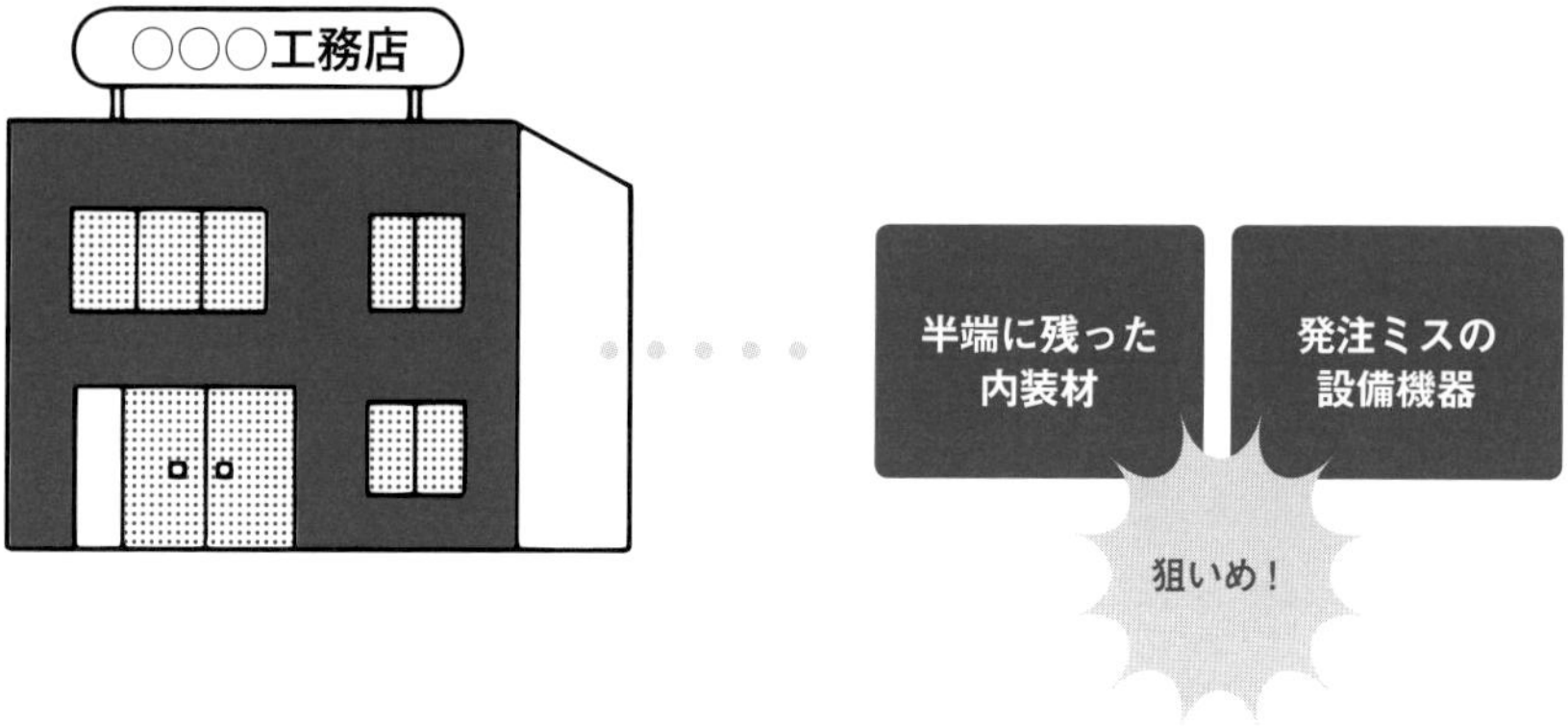


**アドバイス**

### 建具にこだわるなら…

無垢の質感やデザインにこだわりたいならオーダーがいちばん。でも、素材からサイズまでフルオーダーすると価格は高めに。安く抑えたいなら、無垢材でできた既製品から選べば2/3程度の費用ですみます。サイズや材質も豊富で、スペースに合わせて調整も可能。さらにフラッシュ建具なら安く手に入ります。リビングドアにはコストをかけて、あとは既製品にするなどメリハリをつけてもいいでしょう。

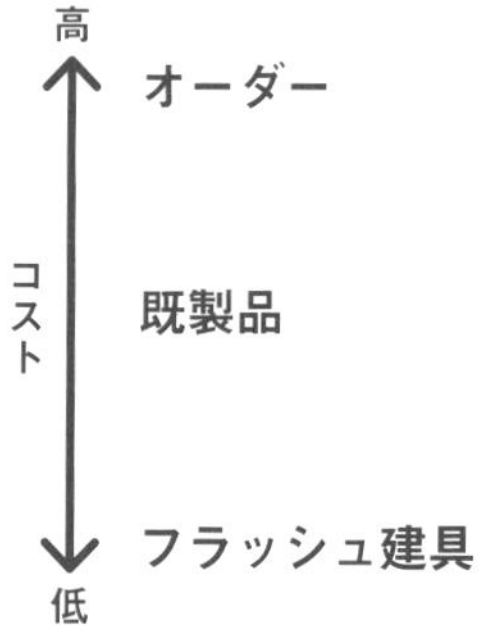


## ことば辞典

**【量産クロス】**

建売住宅やアパート用に大量生産することでコストを下げたクロス。1㎡あたり600～800円。種類は少なめだが品質は安定している。


**【1000番クロス】**

リーズナブルなシリーズを、メーカーが自社の製品番号の1000番台に設定していることから、手頃な価格のクロスの呼称に。色柄も豊富。


**【テクスチャー】**

織物の織り方や織地、生地。または木材や石材などの手ざわり、感触、質感などの意。住宅の場合は、材料の質感、感触、表面の色や模様などをさす。


**【フラッシュ建具】**

安価な角材を井桁のように組んでつくったものを芯材として、その両面に突き板合板や化粧合板などを張り、表面を平らに仕上げた建具。

部材・内装材

# 無垢材を使うなら手頃な価格のものを

見た目や肌ざわりにこだわるなら、やはり天然の木材がいちばんですが、その分、価格も高め…。できるだけ安く手に入れる方法は？

足ざわりがよく、使い込むほどに味わいも増す無垢材のフローリングは、リフォームでとり入れたい人気素材。ただし、一枚板の無垢材は価格も高め。コストを抑えたいならUNI（ユニ）タイプの木材を選びましょう。「UNI」とは、「UNITED」の略で、短いサイズの無垢材を１８２㎝長さに縦方向につないだもの。一枚板に比べて2～3割安くなります。

ほかにも、節の多い木材は見た目にクセがあることや、節が抜けて穴があく可能性があるため、比較的安価。壁や床の下地に用いる構造材は外から見えない部分に使うので、表面仕上げは粗削りですが、価格も安め。ざらっとした質感が気にならないのであれば、仕上げ材として使うのもありです。

## UNIタイプや節ありなら低価格

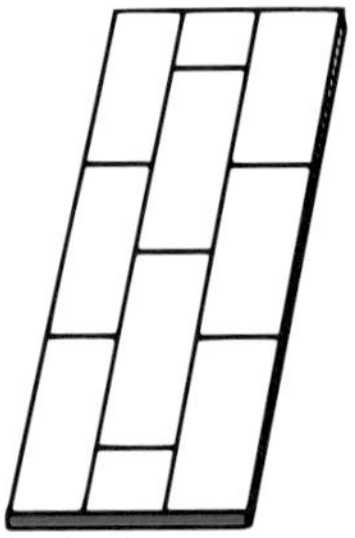

**UNI材**

短いサイズの無垢材を182㎝長さに縦方向につないだもの。一枚板に比べて２～３割安くなる。

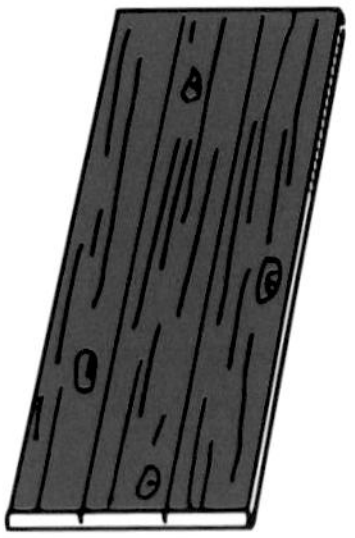

**節あり**

節の多い無垢材は見た目にクセがあり、節が抜けて穴があく可能性があることから人気が低く、安価で流通している。

**アドバイス**

### 針葉樹系は手頃で手に入りやすい

無垢材にもいろいろな種類があり、コストもまちまち。大きくは広葉樹系と針葉樹系に分けられ、特徴もそれぞれです。広葉樹系はオーク（ナラ）、メイプル、ウォールナットなどで、材質はかたくて反りや縮みが少なく、価格は高め。針葉樹系にはパイン、スギなどがあり、やわらかくて肌ざわりがいいことから人気。価格も手頃です。好みの質感や色みに加え、コストも考えながら選びましょう。

# 構造用木材を仕上げに使う

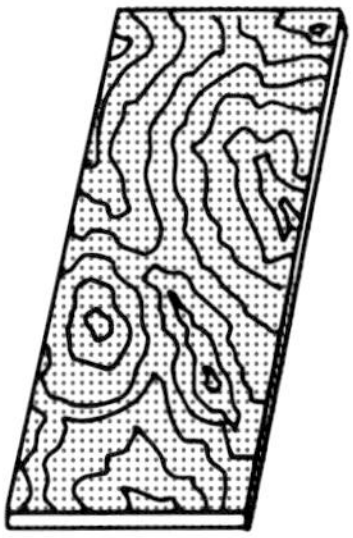

**構造材**

壁や床の下地に使う構造材は表面が粗削りで価格も安め。ざらっとした質感を気にしなければ、仕上げ材に使うのもあり。

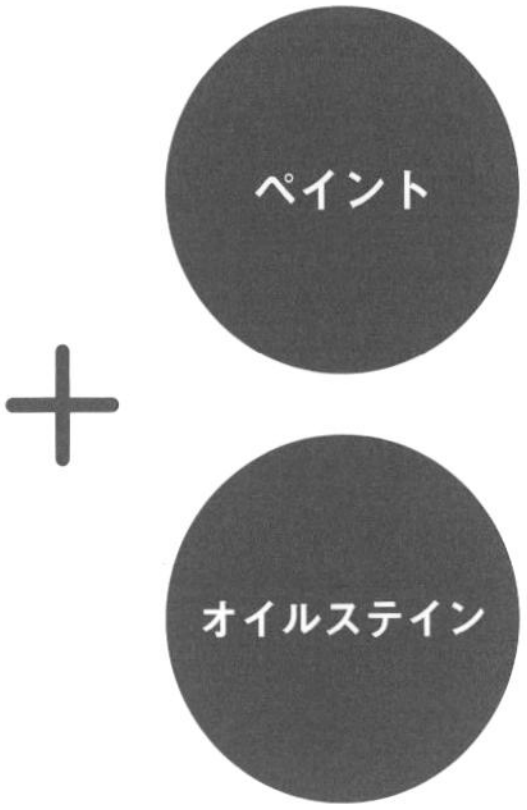

２×４用の構造材は丈夫でねじれが少なく、安いので狙いめです

**ココに注意！**

**床材のやり直しは極力避けたい**

面積の広い床はインテリアの印象を大きく左右します。そして、床を張りかえるにはドアの交換も必要になるなど、工事が大がかりに。壁材はあとから自分たちで塗ったりすることもできますが、床はやり直しがしにくいので、こだわるなら最初のタイミングで設計者に相談しましょう。

## ことば辞典

**【節】**
木の幹が太くなっていく間に枝が幹に巻き込まれてできる部分。枝があった部分に存在する。丸太をスライスすると黒い点のような形で現れる。

**【仕上げ材】**
建物の内装・外装に使用される、目にふれる部分の板材。内装は床や壁、天井を覆う材料で、自然素材系が人気。外装は屋根材や外壁材のこと。

**【一枚板】**
巨大な木から切り出される１枚の大きな板。大木の幹を１～２ｍの輪切りにし、木目に沿って４～５㎝にスライスした板材。一点物のため価格も高い。

**【オイルステイン】**
浸透性の塗料。木目を生かして着色できる。オイルをベースにつくられ、油性ならではのツヤ感が出る。防水保護力は４～５年で、塗りかえが必要。

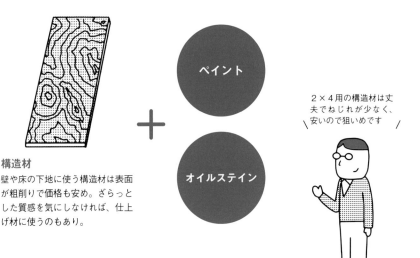

PART 5
予算内でおさめるコストダウンアイディア

部材・内装材

# 〇〇風の材料を活用する

古材や梁で味わい深いインテリアを演出するのも素敵。ですが、その分コストもかかります。こだわりのインテリアを安く実現させるには？

海外の古い建物や日本の古民家で解体された木材をフローリング材として使うインテリアも人気。でも新材に比べて価格は高めで、工事費用もかかり、施工の難しさも加わります。そこで注目したいのが、人工的に傷や汚れをつけてエイジング加工したフローリング。アンティークより低価格で、施工も一般のフローリングと同じ手間でできます。

また、飾り梁も古材や本物の太い梁材は材料費や設置の手間がかかりますが、板材を組み合わせて加工したものや樹脂製のフェイク梁なら、比較的安価で設置できます。壁の仕上げを塗装や左官壁にしたいけれど予算的に厳しいという場合は、塗装風または左官風クロスを使うのも手です。

## 好みのインテリアを〇〇風床材で

ヴィンテージ風のリビング

エイジング加工を施し、天然オイル塗装で仕上げたパイン材のフローリング。
古材風フローリング

ナチュラルテイストのトイレ

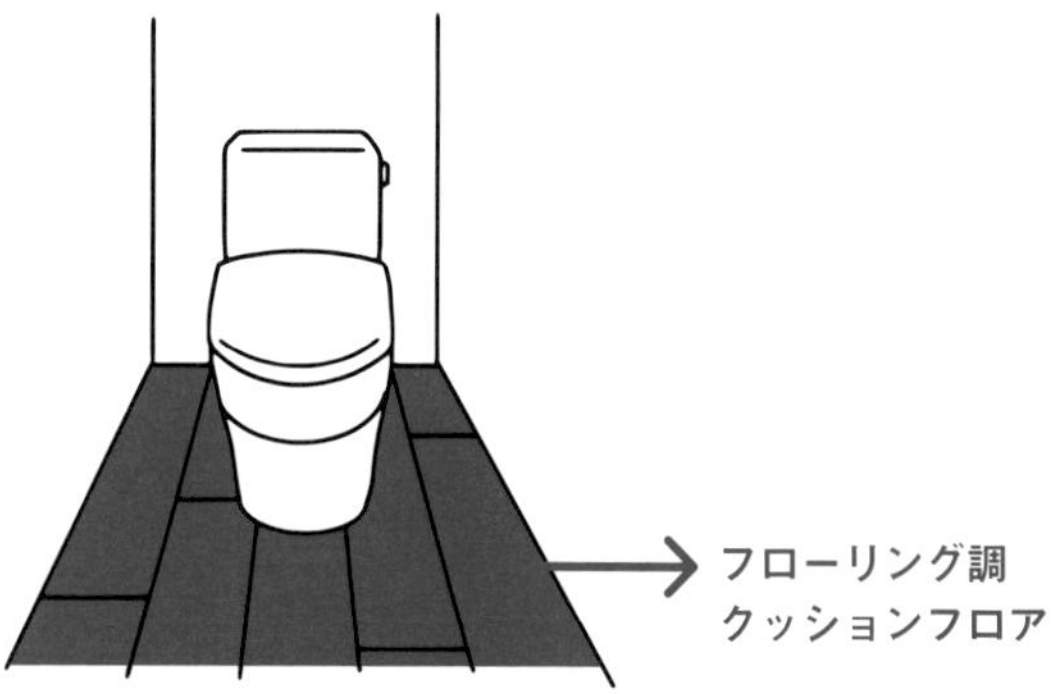
フローリング調クッションフロア

# 雰囲気を楽しめるうえ低価格で施工もラク

## コストがかかる塗り壁のかわりに…

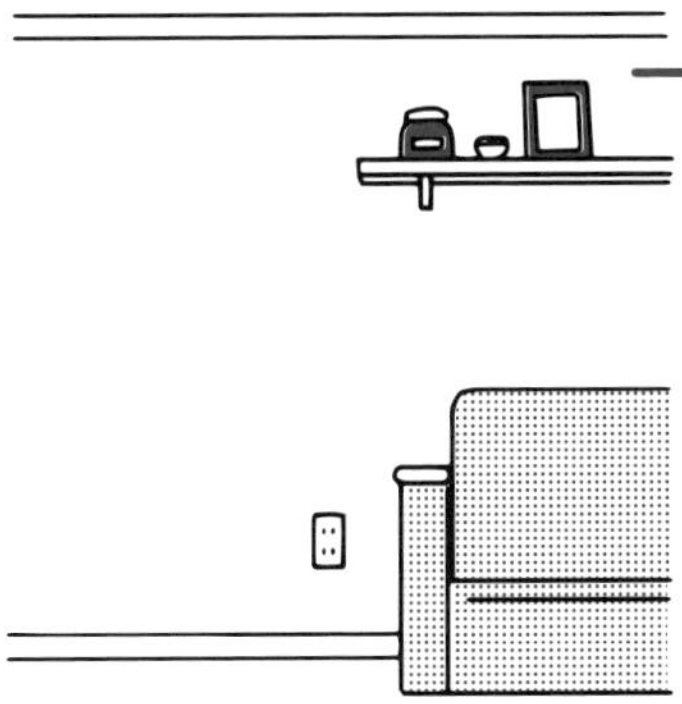

・塗装風クロス

・左官風クロス

壁の仕上げのコストは…

1㎡あたりのコスト

安

クロス張り

塗装

左官仕上げ

高

## 飾り梁を安くつけるなら…

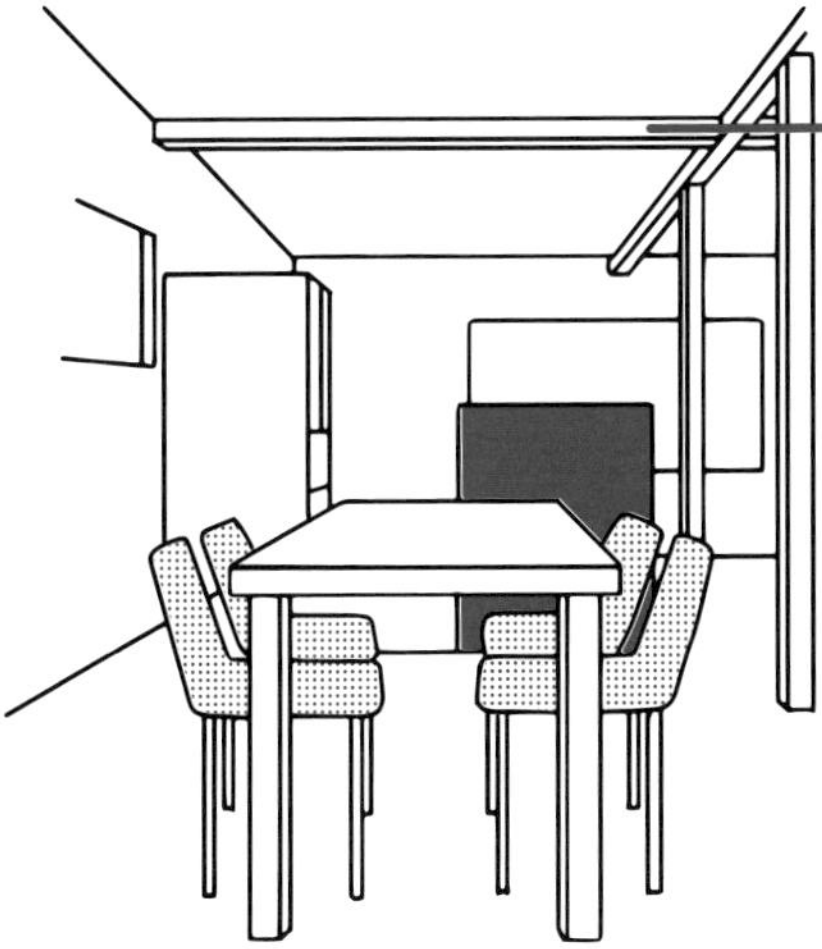

・板材を加工したもの

・樹脂製のフェイク

中が空洞なので軽量。設置もビスどめするだけで短時間で完了。建物にも負担をかけない。

・構造用角材

見た目はラフでも表面を削ったりペイントすれば、木材独特の雰囲気を楽しめる。

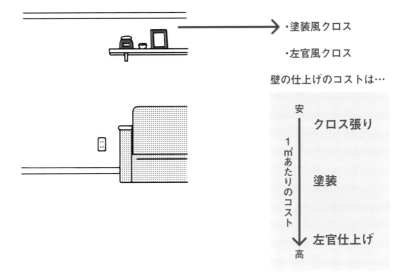

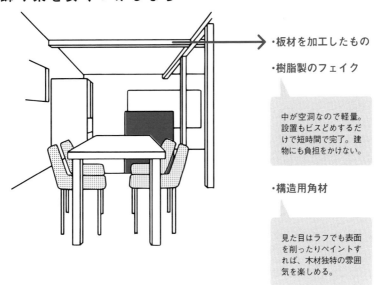

# 壁の仕上げにこだわるなら

しっくいやタイル、板張りなど壁材にこだわると、それ相応の費用が必要に。できるだけ安く抑える方法を探ってみましょう。

ぬくもり感が心地よいしっくいや珪藻土の壁は、ほかの仕上げに比べてコストがかかるといわれています。塗り壁を安く仕上げたい場合は、コテ塗りではなく吹きつけ仕上げがおすすめ。原料をゆるめに溶いて吹きつけるため、コテ塗りより使用量が少なく、短時間で広範囲の施工ができます。

人気のモザイクタイルをとり入れるなら単色使いに。複数の色を組み合わせると歩留まりが悪く、コストがアップ。大理石タイルなど高価なモザイクタイルは、狭い範囲に施工すればコストの節約が可能です。壁の一部や腰壁に木材をあしらいたい場合は、意匠用の無垢の羽目板を使うのが一般的ですが、節が多く、色ムラのあるものなら比較的安く手に入ります。

## 塗り壁は仕上げ方法でコストに差が出る

コテ塗り

吹きつけ仕上げ

・材料費が安い
・施工時間が短い

↓

約3/4コストダウン

## ことば辞典

**【羽目板】**
壁や天井に板を連続して張ったもの。板を張る方向によって横羽目と縦羽目に分類。横板張りで板を少しずつ重ねて張るものを下見板という。

**【腰壁】**
壁の下部分、腰の高さ（約90㎝）に板材などを張ったもの。傷や汚れから壁を保護し、室内のアクセントにも。間仕切りなど腰高の壁をさすことも。

**【ラーチ合板】**
ラーチ材をスライスし、繊維方向を交互に張り重ねた構造用の合板。表面にざらつきや凹凸、節があり、下地材として使われる。耐久性があって安価。

# 施工方法や使い方でコストを抑える

## タイル貼りは単色使いでコストダウン

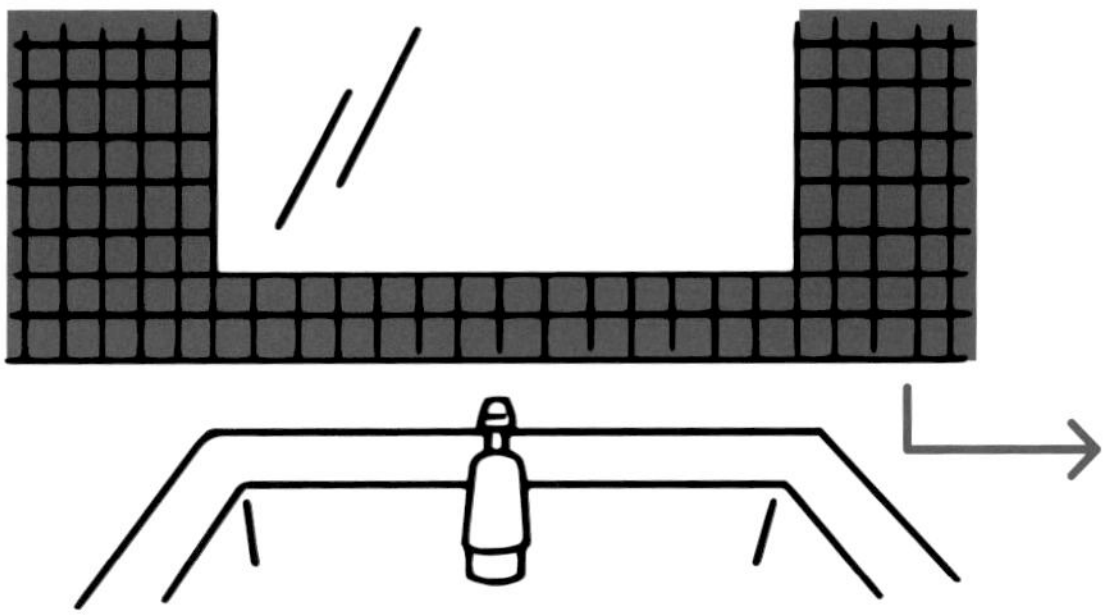
狭い範囲なら
高価なタイルでも
コストを節約できる


\ Point/

100角タイルといわれる10㎝角のタイルは比較的安価。手頃な大きさでDIYにも向く。

## 板張りは節ありの羽目板がベスト

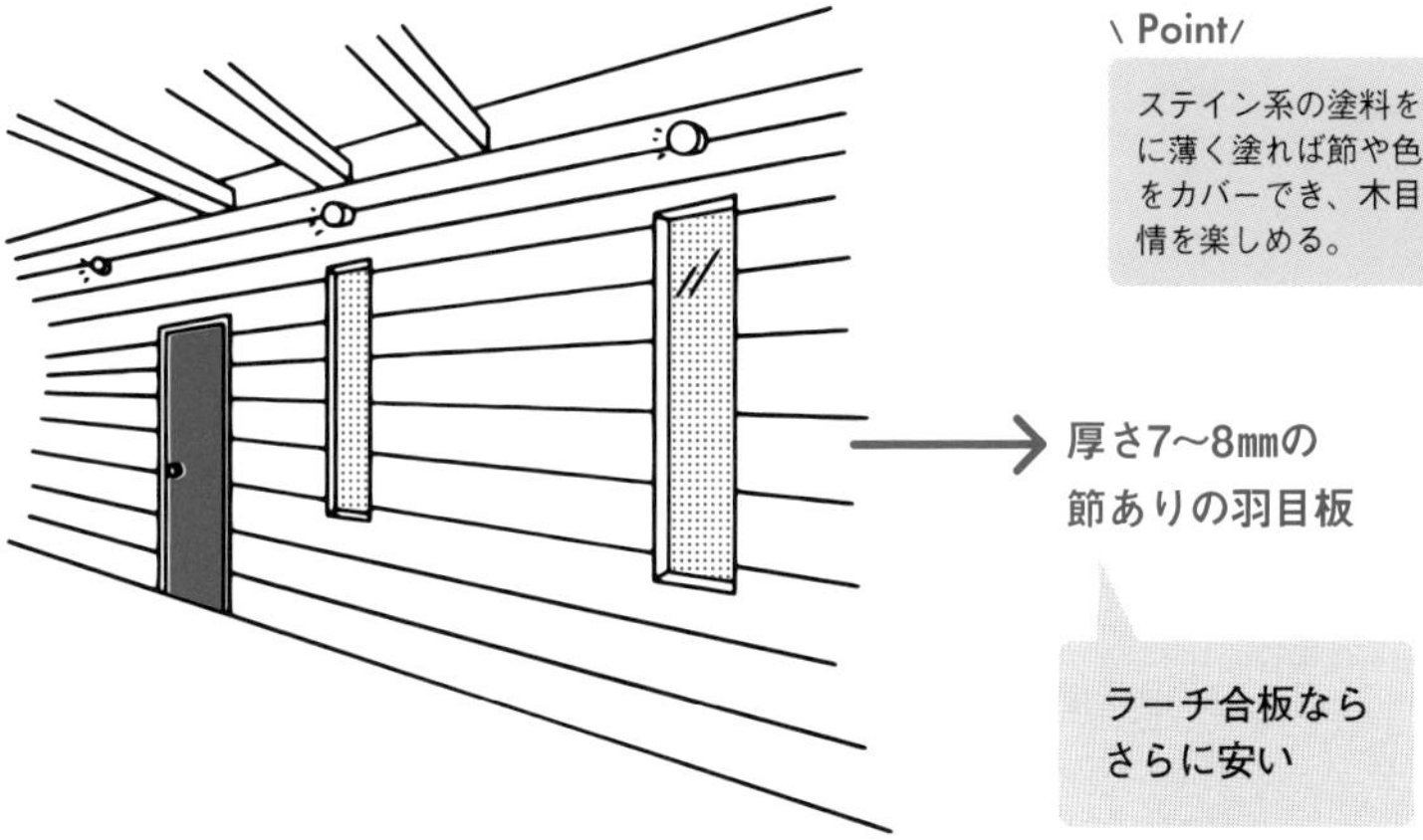


さらに安い

\ Point/

ステイン系の塗料を表面に薄く塗れば節や色ムラをカバーでき、木目の表情を楽しめる。

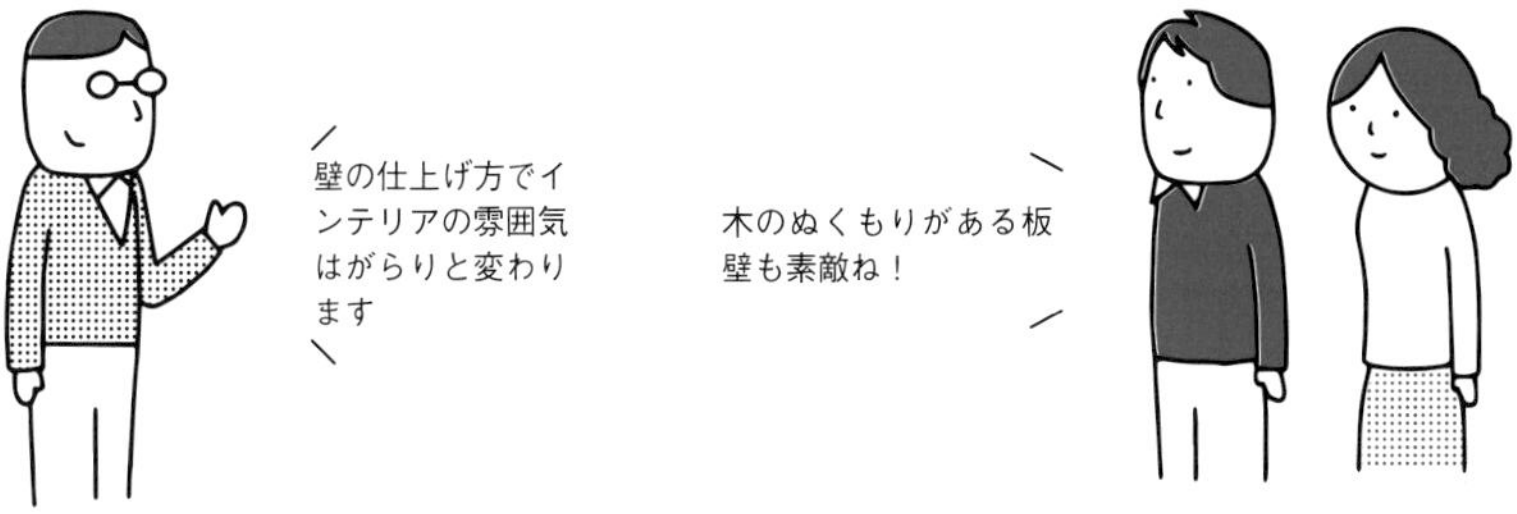

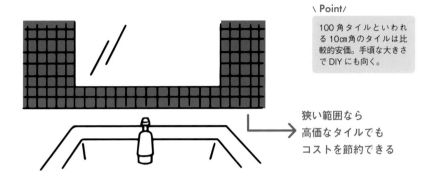

木のぬくもりがある板壁も素敵ね！

PART 5
予算内でおさめる
コストダウン
アイディア

部材・内装材

# インテリアを引き算する

室内の細かい造作や入り口のドアなどは、つくればつくるだけ費用も手間賃もかかります。本当に必要かどうかを見極めることも大切です。

インテリアに曲線をとり入れるとやわらかい表情が加わりますが、コストダウンにはなりません。建築業界ではR（アール）は3倍といわれ、屋根、壁、造作に曲線をつくると、平面に比べて費用は3倍に。そこでおすすめなのが見切り材を省く方法。コストを半分に抑えられます。また、幅木や回り縁なども家じゅうに施すとコストがかかります。構造体に影響はなく、おさまりをきれいに見せるためのものなので、仕上がりが気にならないのであれば省くのも手です。

さらに室内ドアは、扉のほかに金物代やとりつけ費、塗装代などもかかります。この扉を1枚減らせば約5万円のコストダウンに。とりつける予定のドアが本当に必要なのかよく検討を。

## 幅木や回り縁を省いてコストダウン

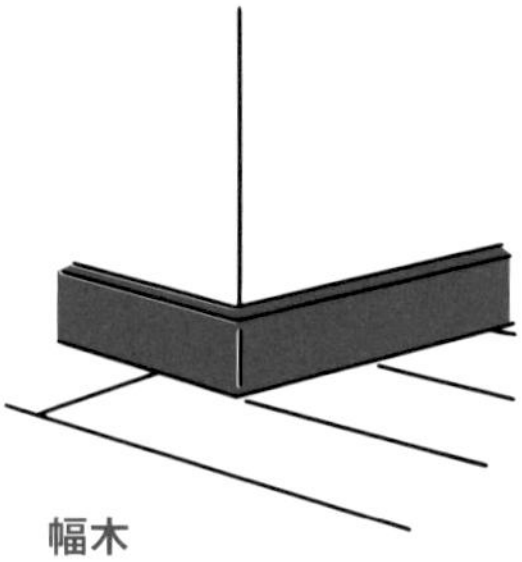

**幅木**
壁と床が接する部分の壁にとりつける横板。

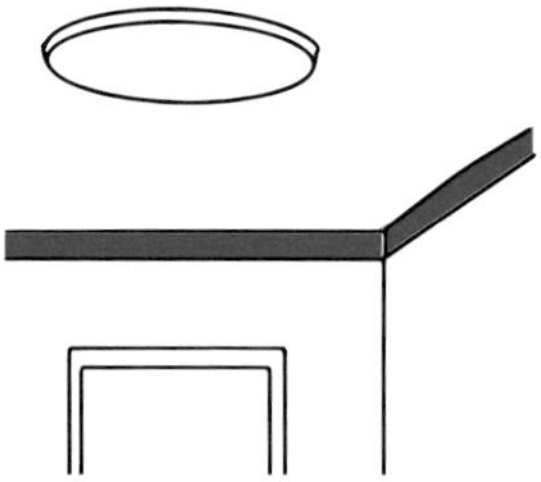

**回り縁**
壁と天井の境につけ、おさまりをきれいにする。

＼ココも省く／

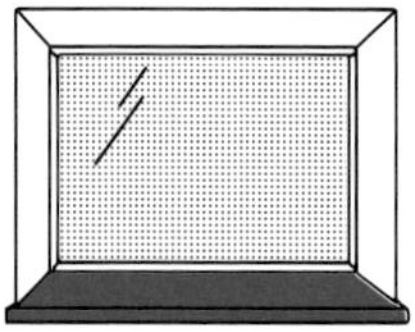

**窓枠**
窓まわりは下台のみ。左右の側板と天板の3方を省く。

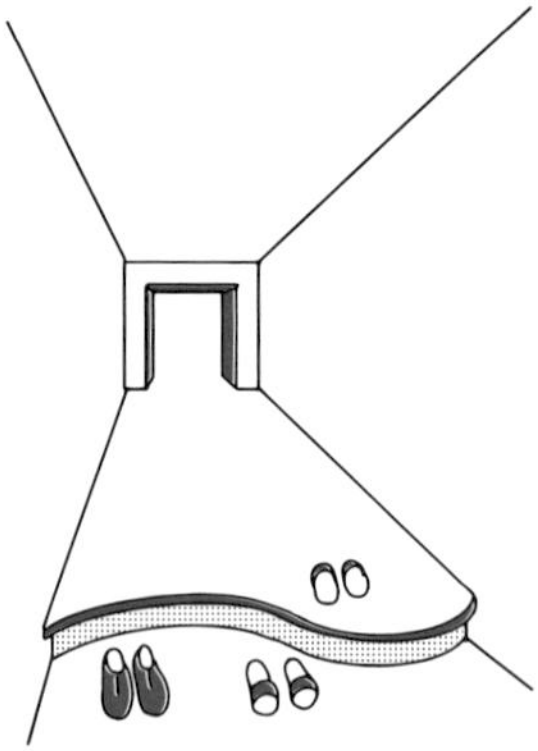

**上がりがまちの見切り材**
床の端は曲線に加工した見切り材を入れて処理するが、切り放しのまま仕上げれば節約に。

# 出入り口のドアを省く

### 子ども部屋
子どもが小さいうちはドアをつけずオープンに。部屋で過ごす子どもの様子が伝わって安心。

\ココも省く/

### LDK
玄関からLDKに続く部分の仕切りをなくしてオープンに。圧迫感のないレースのカーテンで仕切れば、プライバシーも確保できる。

### 水回り
あえてドアをつくらずにおくと、手がふさがっているときも移動がラクな家事動線に。風通しがよく湿気がこもらないのもメリット。

アイディア＆テクニック

## 石やタイルを安く使うには？

大きな岩板を建築用に薄くスライスした天然石は、壁や床に使うと重厚感がプラスされます。見た目にもゴージャスですが、石材は特注になることが多く、大判サイズなら1枚何万円にも。コストを抑えるなら30～40㎝角のタイル状に成形加工した既製品がおすすめです。タイルも同様に、大判のものほど貼りたい面に合わせてカットするケースが多く、歩留まりが悪くなります。タイルを使うなら5～30㎝角の普及品を。

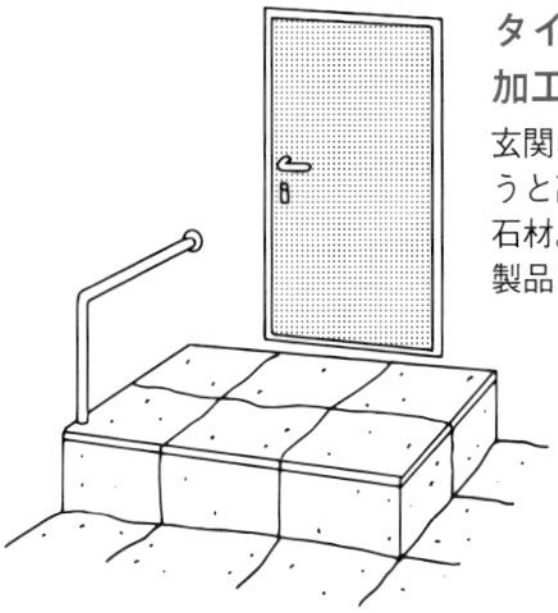

### タイル形状に加工した石
玄関ポーチやたたきに使うと高級感をかもし出す石材。30～40㎝角の既製品なら比較的安い。

### 歩留まりのいい小さめタイル
キッチンや浴室などの水回りにタイルを使うなら、5～30㎝角の普及品が歩留まりもよくておすすめ。

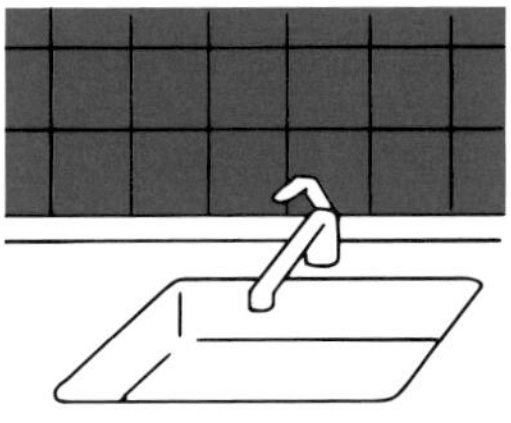

PART 5
予算内でおさめるコストダウンアイディア

部材・内装材

# 施工方法を工夫する

内装をどんなふうにしつらえるかは、室内の居心地のよさにも直結します。そして、つくり方しだいで予算を大幅に抑えることもできます。

クロス張りの壁をペイント仕上げにする場合、クロスをはがして裏打ち紙が残らないように処理するのが一般的で、手間もコストもかかります。そこで、クロスの上から施せる塗料を採用すれば工事費を節約できます。

既存の床の上に新規のフローリングを張る方法も。はがす手間賃も節約でき、工事期間も短く、防音効果も期待できます。中古マンションのリフォームなら、天井をはがして躯体のコンクリートをむき出しにする方法も。材料や手間賃の節約になります。

本格的な和室は造作材に高価な白木を使うことが多く、材料費は洋室に比べて最低3割アップにも。床の間などのつくり込みをやめて仕上げをシンプルにすれば、ローコストにできます。

## 既存の内装材の上に施工してコストダウン

クロス張り

↓ Reform!

上にペイント

・塗料
・珪藻土
・しっくい

＼ 工事費の節約 ／

床のフローリングにも応用できる！

## 天井を張らないショップ風内装でコストを下げる

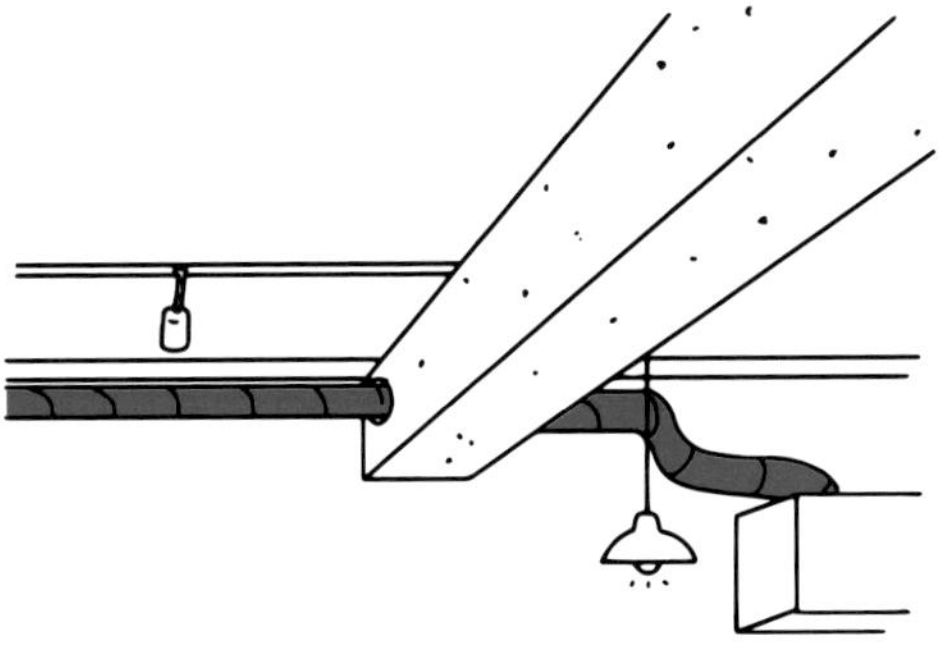

**躯体のコンクリートを
あえて見せる**
電気配線や換気ダクトもむき出しになるが、躯体と一緒にペイントで仕上げればすっきりした印象に。

## 和室を安くつくるには？

**本格的な和室はコストアップ！**

**柱、天井板、長押、鴨居、床の間…**

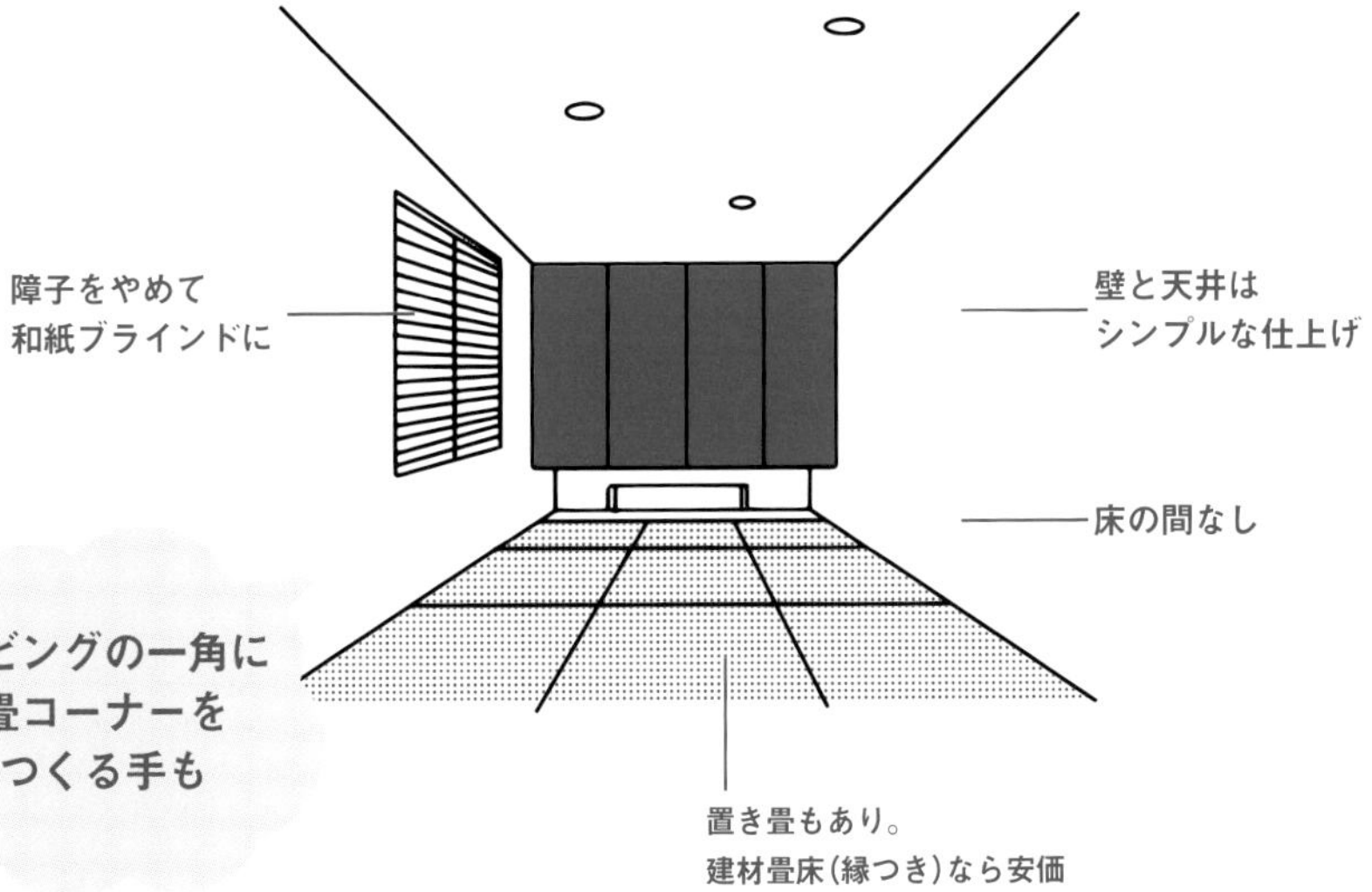


**リビングの一角に
畳コーナーを
つくる手も**

PART 5 予算内でおさめるコストダウンアイディア

設備・収納

# 設備機器をできるだけ安くするには？

キッチンや洗面台などの設備は、毎日の暮らし心地を左右する大事なポイント。使いやすくて見た目もいいのにお手頃…そんな機器を選ぶには？

システムキッチン、ユニットバス、トイレ、サッシなどは、卸業者を通して施工会社に届くのが一般的な流れ。仕入れ価格はそれぞれ違い、会社は独自に安いルートをもっていることが多いので、こだわりがなければ指定しないほうが安く入手できます。設備メーカーは国産、輸入品を含めると何十社とありますが、名の通ったメーカーなら性能の差はほとんどないでしょう。

一方、メーカーの普及品は安価だけれど味けないと感じる人も。かといって、オーダーで一からつくると高額に。その場合は、周辺部材にひと手間かけてオリジナリティのある仕上がりにするのがおすすめ。鏡や棚をつけるだけならDIYでもできるので、挑戦してみるのもありです。

## こだわりがなければメーカーを指定しない

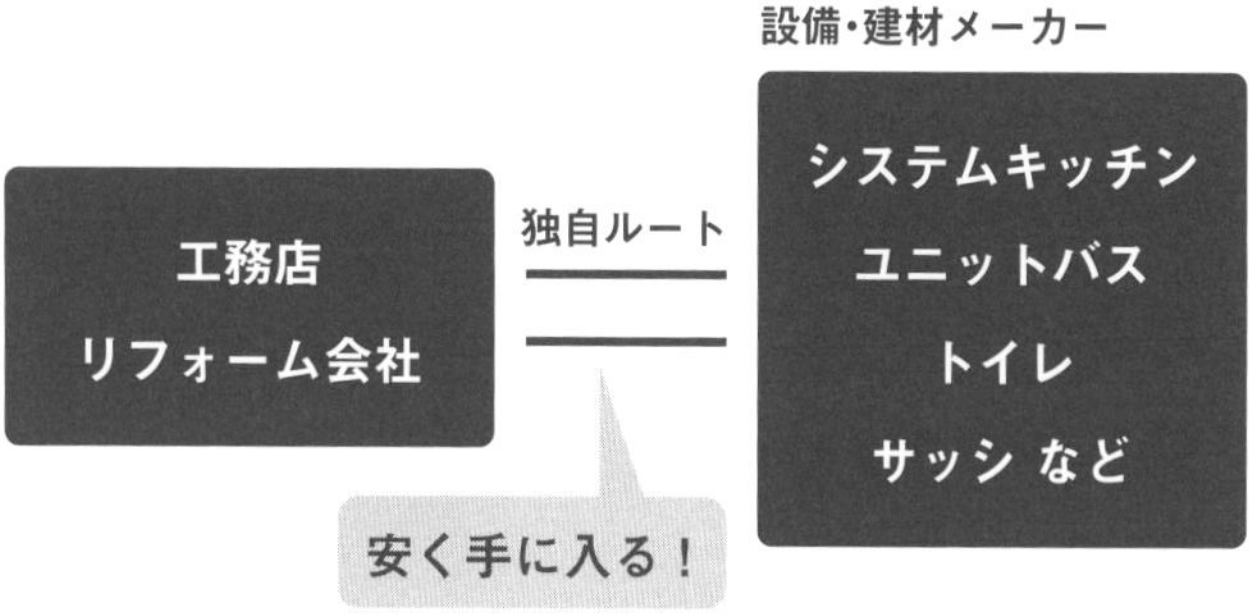


### ことば辞典

**【ユニットバス】**
床、壁、天井、浴槽などを工場であらかじめ成形し、現場に搬入して組み立てる浴室。システムバスともいう。間取り図では「UB」と記載される。

**【モザイクタイル】**
装飾用の小さなタイル。表面積が50㎠以下のものをさす。キッチンや洗面室など水回りの壁の一部やカウンターなどにアクセントとして用いる。

**【ブラケット】**
壁面にとりつける照明器具。手元をスポット的に明るくする。ベッドヘッド側につければ読書灯になる。ひさしや棚を支える受け材の役目もある。

# 既製品＋ひと手間でおしゃれに節約する

## たとえばこんなアイディア

### 既製品　キッチンカウンター＋カフェ風オープン棚

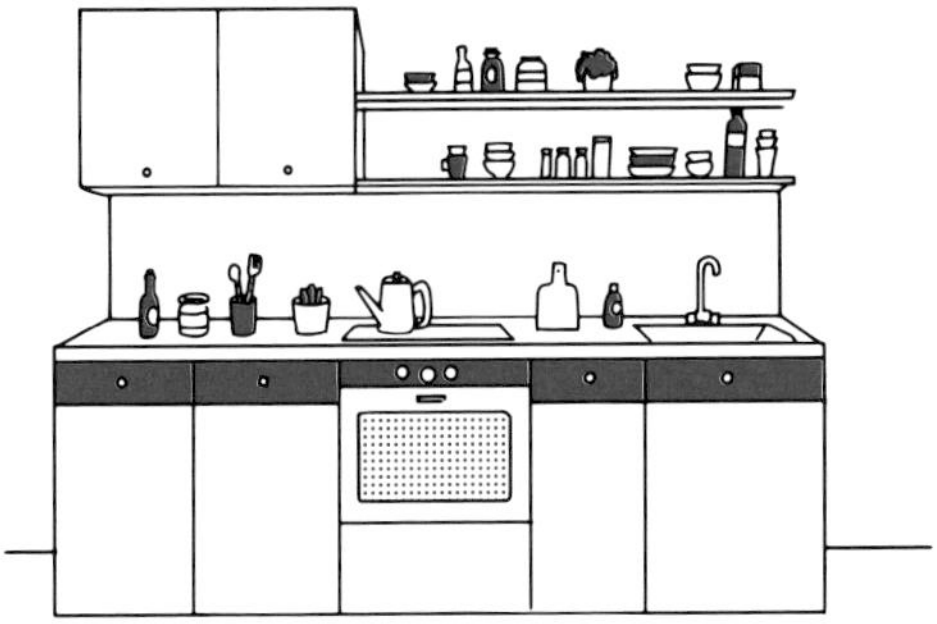

カウンターはシンプルなものを選び、上部にオープン棚を設けてカフェ風キッチンに。

### 既製品　洗面台＋アンティークミラー

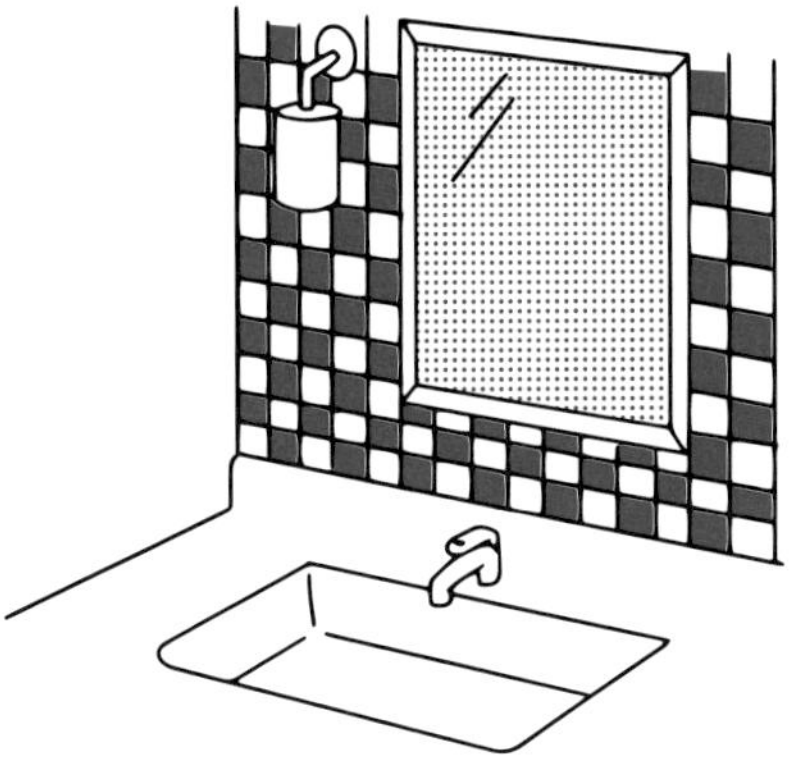

既製品の洗面台にモザイクタイル、鏡、ブラケットを組み合わせて雰囲気をアップ。

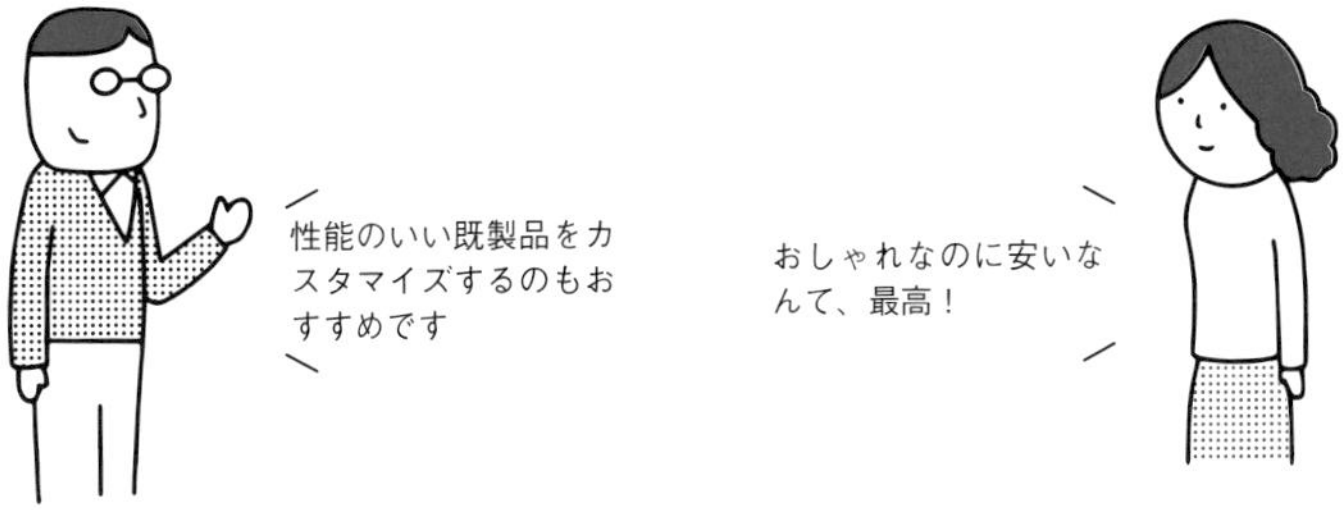
性能のいい既製品をカスタマイズするのもおすすめです
おしゃれなのに安いなんて、最高！

PART 5 予算内でおさめるコストダウンアイディア

設備・収納

# キッチンをコストダウン

キッチンは機能的で動きやすいのはもちろん、好みのスタイルにもこだわりたいもの。コストダウンのアイディアを見ていきましょう。

メーカーのシステムキッチンは、ほしい機能をオプションで追加していくと、あっという間に高額に。デザインや設備にはこだわりつつコストは抑えたいなら、すべてのパーツを予算との兼ね合いで組み合わせられる「イケア」などのキッチンがおすすめです。

構造がシンプルな業務用キッチンも比較的安く購入可能。ただし、60㎝、90㎝などモジュールに合わせた調理台やガス台を複数並べて設置するため、すき間に汚れがたまりやすく、収納力も弱点です。メリットとデメリットを知ったうえで採用しましょう。

キッチンをオリジナルでつくるなら、ワークトップは手入れがラクなステンレスがおすすめ。コストを抑えながら使いやすい工夫を考えましょう。

## 家具ショップのキッチンをカスタマイズ

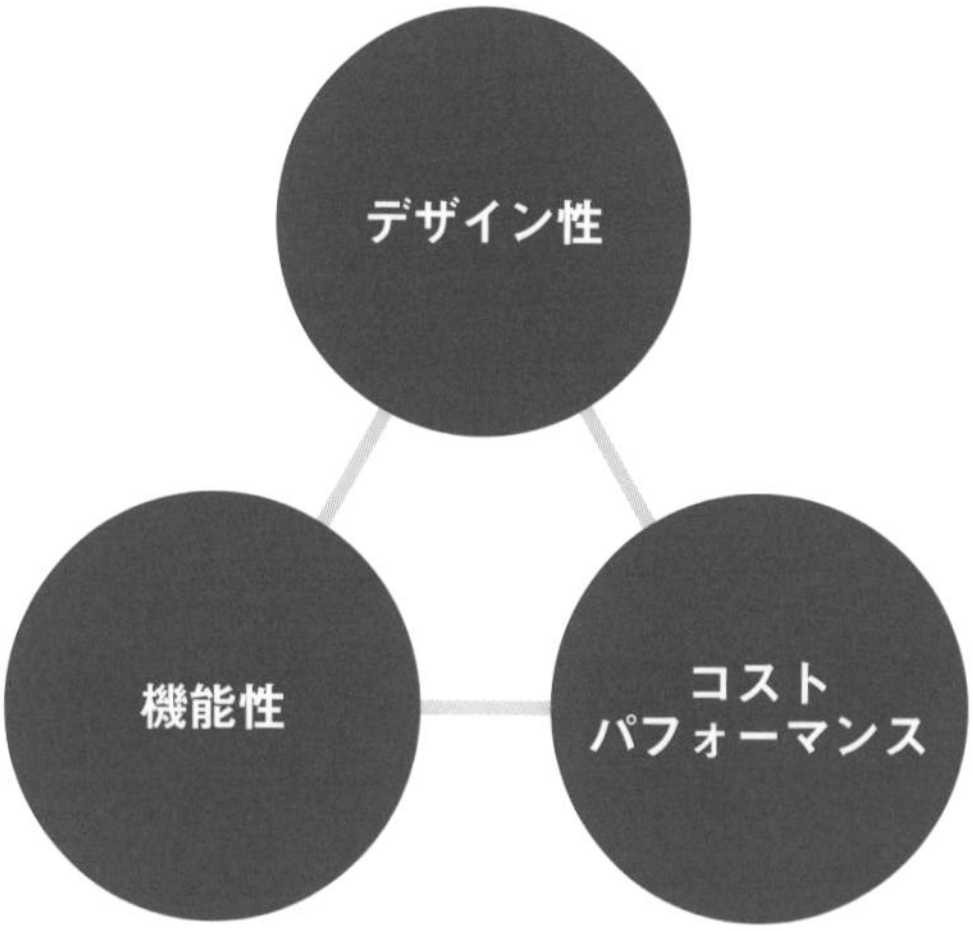


自分好みに
カスタマイズできる！

### ことば辞典

**【システムキッチン】**
シンク、コンロ、収納、調理台などキッチン作業に必要なパーツを1枚の天板でつないだもの。空間の有効活用、統一感、手入れのしやすさなどが特徴。

**【業務用キッチン】**
飲食店などで使われるキッチン。無駄のないシンプルなデザインと、家庭用にはない強い火力や機能性、丈夫さが特徴。組み合わせの自由度も高い。

**【モジュール】**
設計上の基準となる基本寸法。日本の住宅建築では「尺（しゃく）」や「間（けん）」などがあり、3尺＝910㎜を基本とした尺モジュールが一般的。

## 業務用キッチンも安くて狙いめ

**メリット**

構造がシンプル

中古品も豊富

無機質な素材感がクール

安い！

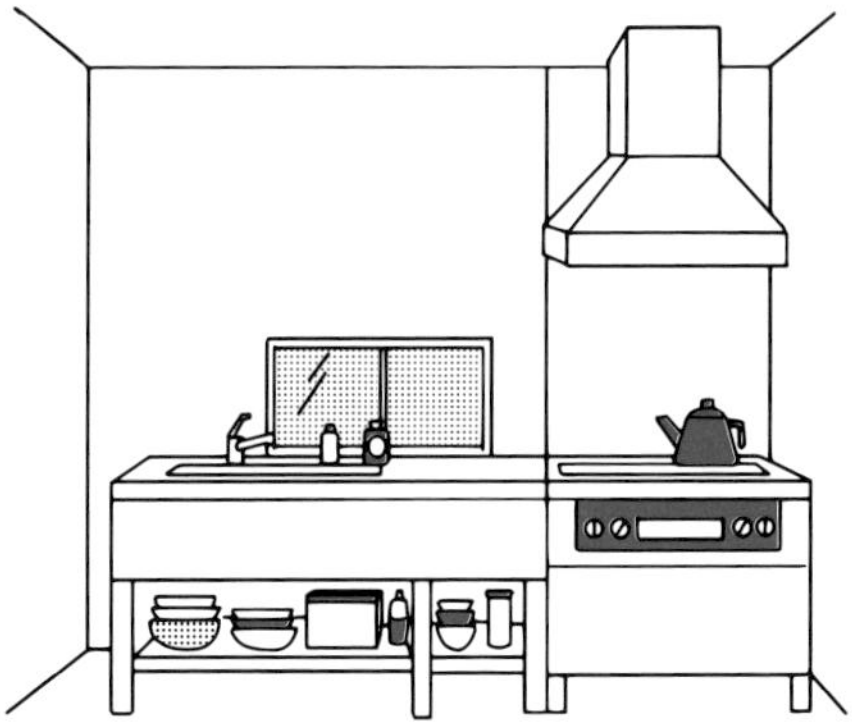

**デメリット**

収納力が弱い

すき間に汚れがたまる

シンクが深くて使いにくい

## キッチンを安くつくるポイントは？

**ワークトップはステンレス**

シンプルでローコスト。熱や傷に強い。汚れがつきにくく手入れもしやすい

**ステンレスパイプのツールかけ**

レンジやシンクまわりにあれば調理中にすぐ手が届いて、片づけるのもラク。便利でローコスト

**カウンター下はオープン**

出し入れしやすく、湿気もこもらないので清潔に保ちやすい。扉分の費用がカットできる

PART 5
予算内でおさめるコストダウンアイディア

設備・収納

# 浴室をコストダウン

一日の疲れをゆったりほぐす浴室は、特に快適性を追求したい場所。コストを抑えながらも心地よいスペースに仕上げるコツは？

床や壁、浴槽などを好みの部材でコーディネートする在来工法の浴室は、メーカーのユニットバスに比べて高くつく印象。でも、床や壁を安価な100角タイルで仕上げて据え置きタイプの浴槽を選べば、ユニットバスに近いコストで施工できます。100角タイルは扱いやすいサイズで作業性がよく、特殊な素材を使うより施工時間を短縮できて工事費を節約できます。据え置きタイプの浴槽はエプロン部分の造作がない分、コストダウンに。

メーカーによっては、マンション・アパート用の製品を販売しているところもあり、一般的に戸建て用より安価。ショールームで見てサイズに問題がなく、戸建て用と比べて遜色がなければ、採用するのもありです。

## 浴槽とタイルの選び方でコストを抑える

### 在来工法の浴室を安くつくるには…

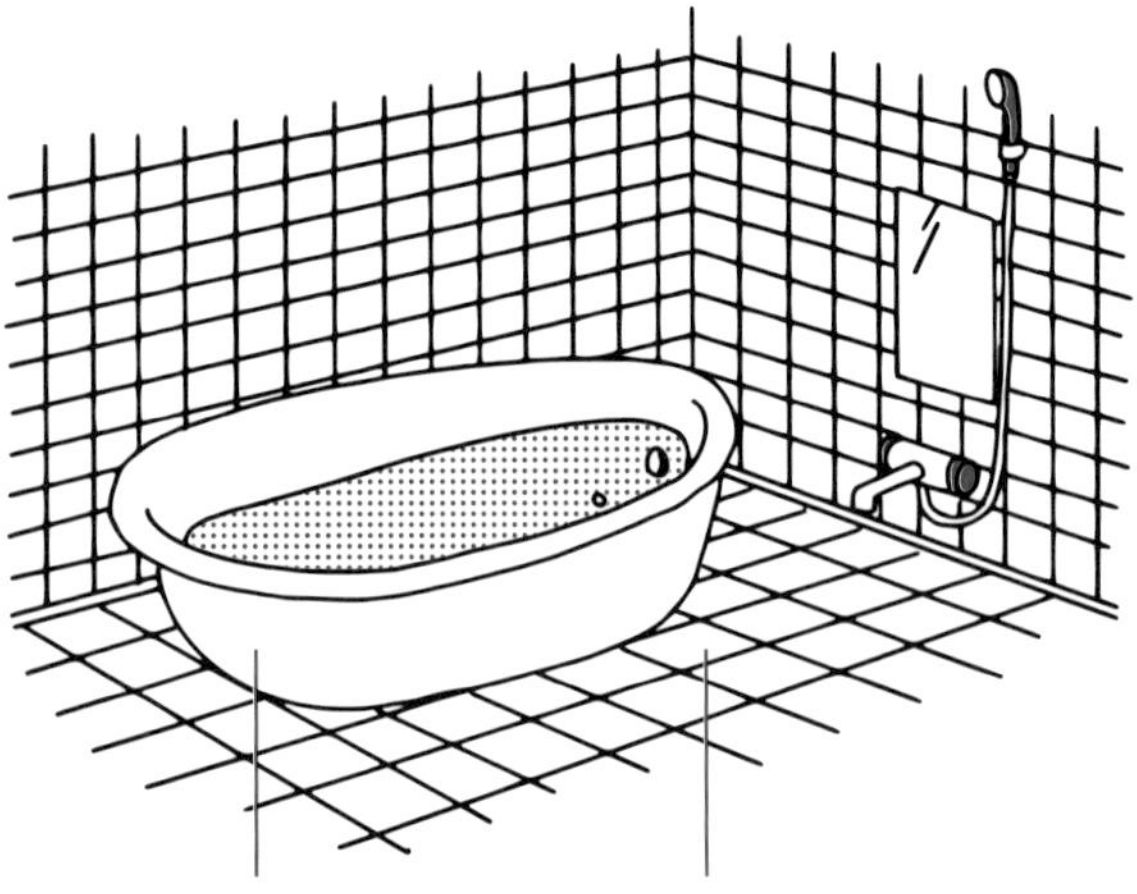

**据え置き浴槽**
・エプロン部分の造作が省ける

**100角タイル**
・量産品なので低価格
・扱いやすいサイズで施工時間を短縮

在来工法はスペースに合わせてつくれるのでリフォーム向きです

# アパート・マンション用の製品を採用する

## 浴室に求めるものは…？

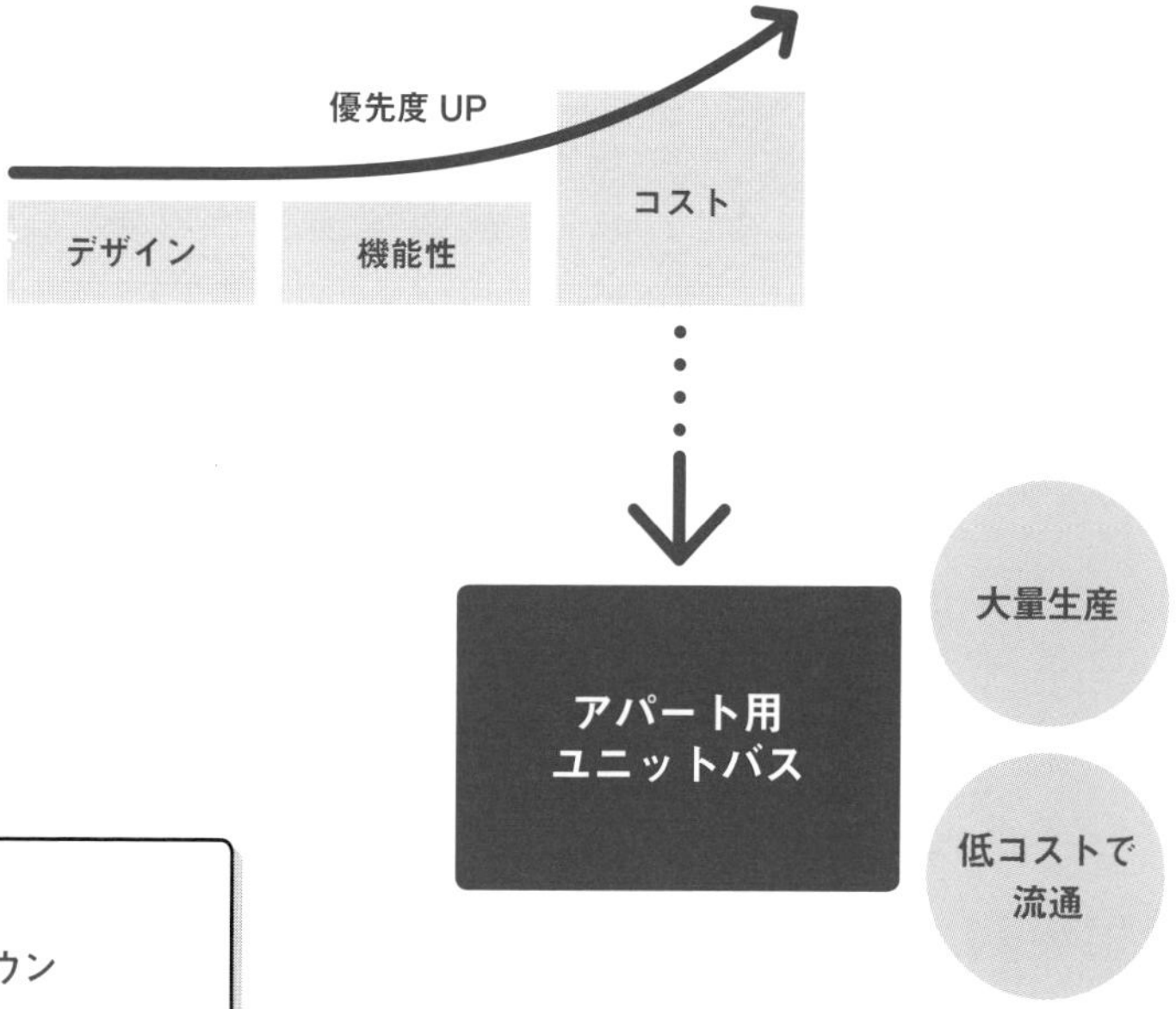


**アドバイス**

### 照明をコストダウンするには？

照明を安くつくりたいなら配線ダクトがおすすめ。通電できるレールを天井に埋め込んだり、じかづけにしてアダプターつき照明器具を装着する配線ダクトは、ダウンライトより工事が簡単。器具そのものも安価なので、費用が抑えられます。さらに、天井に引っかけシーリング用ローゼットがあれば、簡易とりつけ式のダクトレールが設置可能。工事が不要なので、コストは器具代のみですみます（P111 参照）。

PART

5

予算内でおさめる
コストダウン
アイディア

設備・収納

# 収納を安くつくるには誰に頼む？

すっきり片づいた部屋で暮らしたいなら収納のつくり方が重要。使いやすい収納を安くつくるには？　頼む職人によってもコストは違います。

リフォームを機に造りつけ収納を設けるケースも多いもの。施工場所のサイズに合わせてつくれるためスペースを有効利用でき、インテリアの統一もはかれるのが人気の理由。ただし、家具専門の職人による家具工事にするか、大工工事の一環としてつくるかで、コストは大幅に変わってきます。

一般に「細部のつくりはラフだけれど、大工工事のほうが工事単価は安い」といわれます。凝った造作を希望しないなら大工工事にしたほうがコストダウンに。一方、引き出しをたくさん設けたり、複雑なデザインを要求した場合、家具づくりを本業としていない大工さんでは製作に時間がかかり、かえって高くつく場合も。設計者とよく相談して決めましょう。

## 家具工事より大工工事にすると割安

### 大工工事

こんな人向き

- コストを下げたい
- ラフなつくりでOK

### 家具工事

こんな人向き

- 引き出しが
たくさんほしい
- デザインに凝りたい

# W.I.C.は大工工事でとことん安くつくる

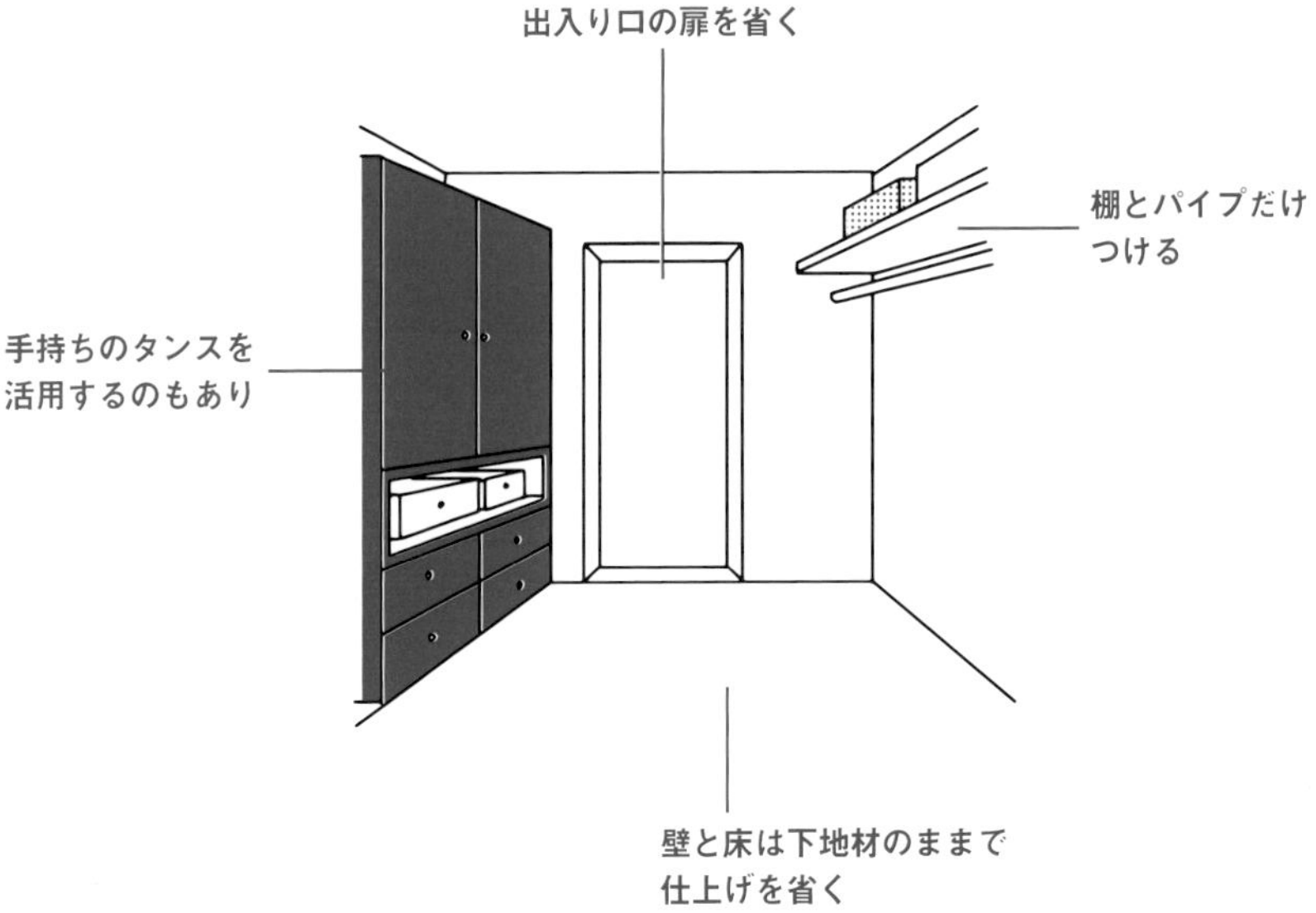
出入り口の扉を省く
棚とパイプだけつける
手持ちのタンスを活用するのもあり
壁と床は下地材のままで仕上げを省く

### アイディア&テクニック

**市販のラックを活用してコストダウン**

「無印良品」の組み立てシェルフなど市販の収納ラックのサイズに合わせてスペースをつくり、その場所にラックをおさめると、造作したような仕上がりに。コストダウンにもつながります。

クローゼットは目につく場所ではないので、仕上げを省くのもありです

## ことば辞典

**【造りつけ収納】**

工事の過程で建物と一体化してつくる収納家具。造作収納とも。物や空間に合わせてぴったりの収納がつくれる半面、部屋の模様替えがしにくい。


**【家具工事】**

家具工場や木工所などでパネルやパーツをつくり、現場に搬入して組み立て・設置を行う。仕上げ材などの種類が豊富で、精度の高い家具ができる。


**【大工工事】**

木材の加工やとりつけによって工作物をつくる、または工作物に木製設備をとりつける工事。木工事として扱う。型枠工事、造作工事も含まれる。


**【W.I.C.】**

ウォークインクローゼットの頭文字をとって表記したもの。人が中に入って歩ける広さを確保した、衣類などをしまうための収納スペース。

PART 5
予算内でおさめる
コストダウン
アイディア

設備・収納

# 既存の収納を生かす

リフォームでもすべてを新品にする必要はありません。使えるものは上手に活用し、味のある、そして便利な収納をつくる方法があります。

もともと設置されていた壁面収納などを活用するのもコストダウンのひとつ。そのまま使うのは味けないので、ペイントやインテリアの表層用シートを貼ってリメイクすれば、印象ががらりと変わります。撤去する予定の収納の扉だけを使う手も。表は傷や汚れがあって古びた印象でも、裏は意外にきれいなこともあり、サイズが合えば扉を裏返して再利用できます。

予算がオーバーした場合、収納スペースや造作家具そのものをプランから削ってしまうのはNG。数年後に新たにつくるとなると、養生や解体などの費用が同様にかかって割高に。扉と内部のパーツを省略してスペースだけは確保しておきましょう。将来、収納が不足したときすぐに対応できます。

## 扉を変えるだけでも新品同様に

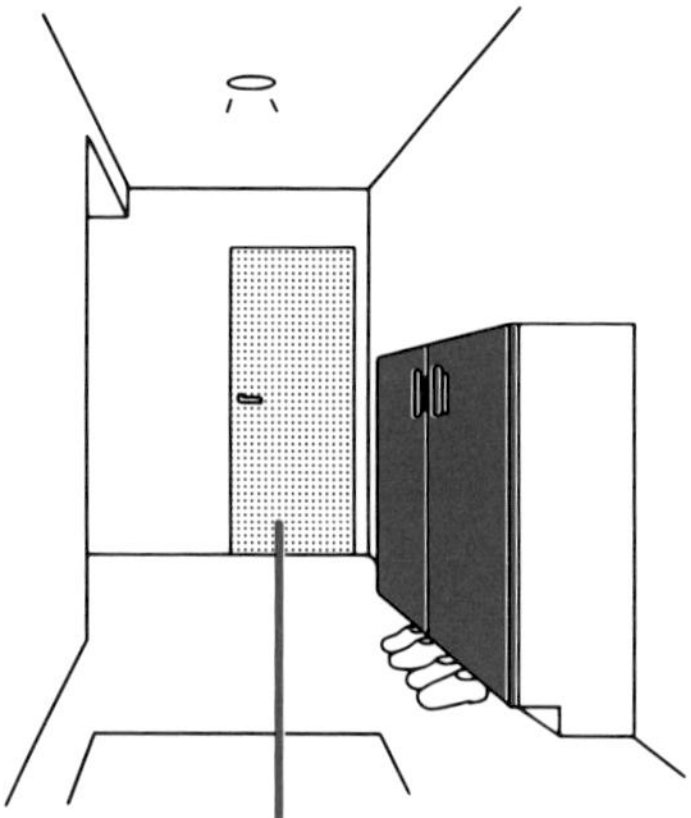

**シートでイメージチェンジ**
中古マンションに設置されていた木製靴箱に、グレーの表層用シートを貼ってリメイク。
（設計／KURASU）

\Point/
材料費の節約のほか、ゴミが出ないというメリットも。

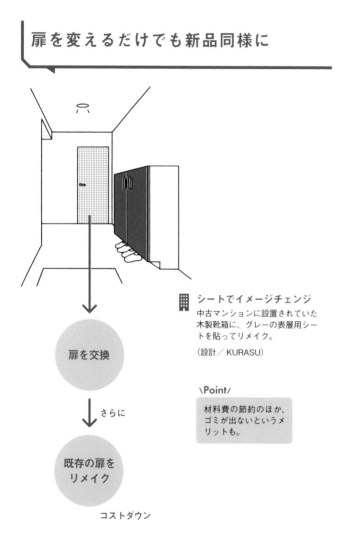

# スペースだけ用意しておく手も

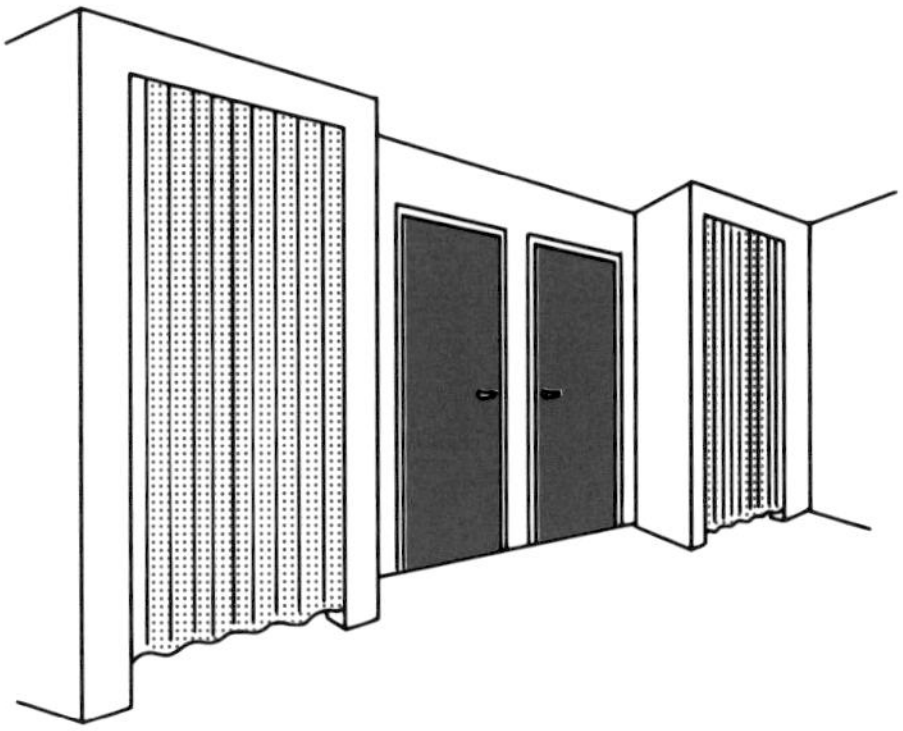

\Point/

扉1枚、金具1つでも削ればコストダウンに。

### 仕切ったあとも考えてスペースを準備

将来2部屋にできるようにつくった子ども部屋。2つ並んだドアの横に、それぞれ収納スペースを確保。コスト削減のため扉なしに。

（設計／ FILE）

**アイディア＆テクニック**

### 置き家具でリーズナブルに

スペースに無駄のない造りつけ収納は便利な半面、移動ができないことや簡単につくりかえられないデメリットも。そこで、収納がほしい場所にスペースだけとり、気に入った家具を配置するアイディアが。手頃なものを選べば、造りつけ収納よりローコストに。インテリアをチェンジしたくなったときなど、暮らしに合わせて配置を変えることも自由にできます。

## ことば辞典

**【壁面収納】**
床から天井までの空間を利用して造りつけた収納。家具などを置けなくなるが、収納量は確保できる。居室のほか廊下やサニタリーにつくるケースも。

**【表層用シート】**
家具のリメイクや壁面の装飾、傷隠しなどに貼って使うシート。粘着剤つきのものや、水回り用、屋外で使用できる耐候性タイプなども。

**【養生】**
リフォームや建築の際、すでに完成している部分を汚れや傷から保護するためビニールシートや布で覆うこと。工事現場で施す災害防止処理もさす。

**【置き家具】**
ソファやダイニングテーブル、チェストなど室内に置くタイプの家具。対して、建物と一体化してとりつけるものを造作（据えつけ）家具という。

PART 5
予算内でおさめるコストダウンアイディア

設備・収納

# 造りつけ収納を安くつくる方法

収納をつくるときコストアップになるのが意外にも扉。つけるかどうか迷うところですが、思いきって省いてしまうと意外な使いやすさも。

収納につける扉は、同じ間口なら4枚扉より2枚扉のほうが3～4割安くできます。扉は大きさに関係なく、扉の数が減るほど金具などのパーツが減り、表面や小口部分の仕上げの手間なども少なくなります。また、W・I・C・の出入り口など、なくてもそれほど不便のない場所はドアを省くのも手。あとでつけられるように枠だけつくっておけば、とりつけ時は簡単な工事ですみます。

また、扉がたくさんある造作家具や、カウンターに組み込む引き出しやワゴンなどは、思った以上に材料や手間がかかりコストアップに。扉や引き出しのないシンプルなオープン棚だけにすれば、材料費や工事費をぐんと節約できるうえに出し入れもラクです。

## 収納扉の枚数を抑える

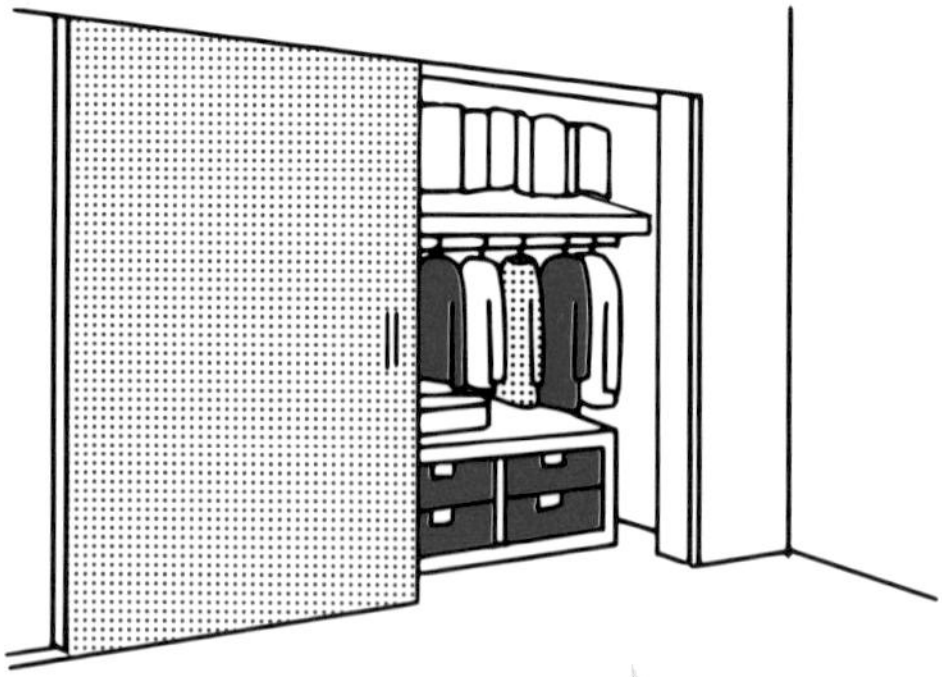

**扉のサイズを大きくする**
大きさに関係なく、扉の枚数分の金具代やとりつけ費がかかる。扉のサイズを大きくして、少なくつけるとローコストに。

**扉のかわりにカーテンで目隠し**
リビング・ダイニングなどオープン収納で生活感が出るのが気になる場合は、カーテンをとりつけて目隠しできるようにするのも手。

# 扉をつけずオープンにする

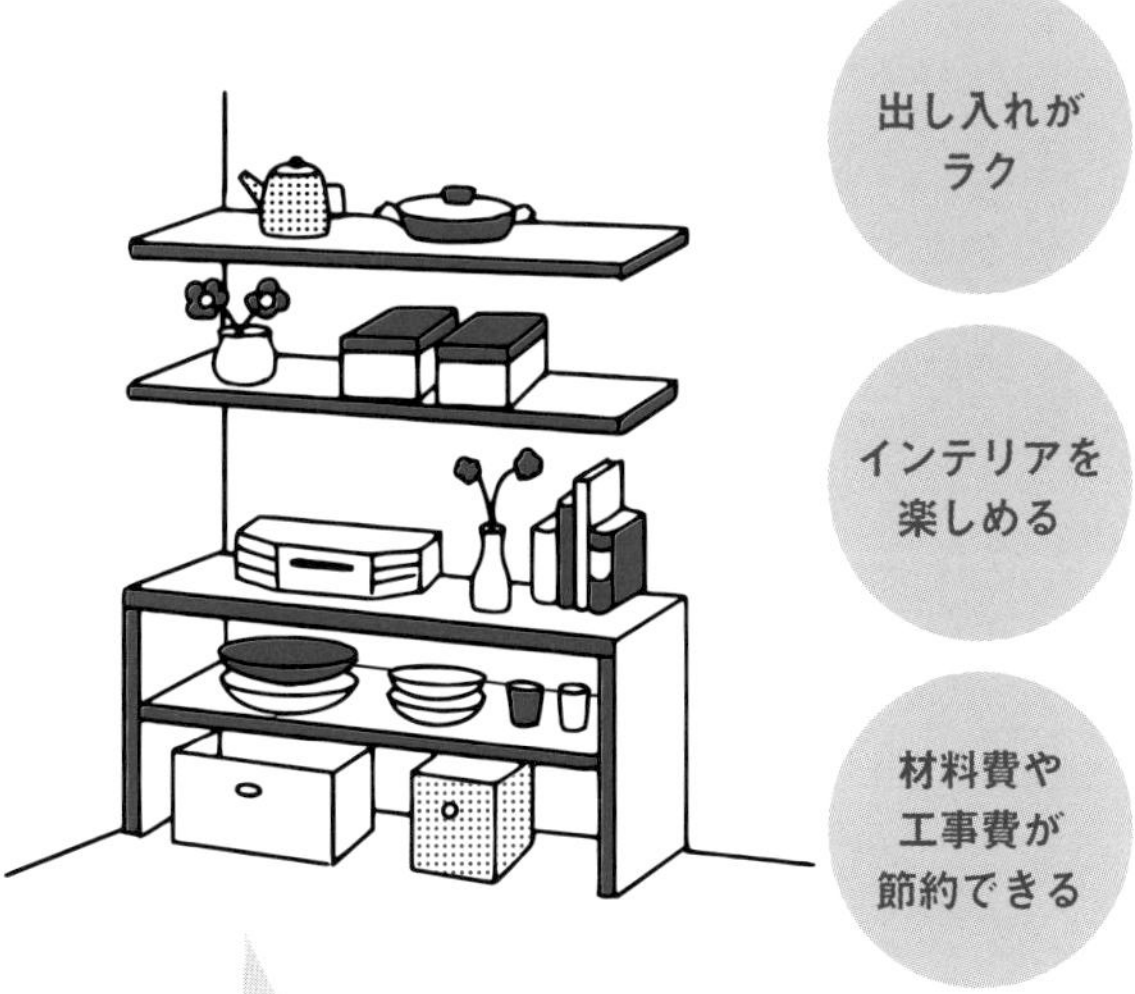
出し入れがラク
インテリアを楽しめる
材料費や工事費が節約できる

**引き出しは市販品で**
引き出しや細かい仕切りをつけると、材料費と手間賃でコストアップに。シンプルな棚だけつくって市販のかごやボックスを。

使う場所に必要な収納をつくることが、片づく家の基本です

## ことば辞典

**【間口】**
土地や建物を正面から見たときの幅のこと。道路と接している面を間口というのが一般的。間口に対して長さを表すのが奥行き。1間は約1.82 m。

**【小口】**
製材された木材の切断面、切り口のこと。木の繊維に対して垂直に切ったときの断面で、年輪の一部が表れる。小口は乾燥するためひびが入りやすい。

**【ドア枠】**
ドアをとりつけるための枠。木やアルミなどドアの素材と合わせた材料で仕上げる。上枠、下枠、縦枠がある。段差をなくすため下枠を省くことも。

**【カウンター】**
飲食店や商店、銀行などで客との応対や会計などに使う仕切りを兼ねた細長い台。住宅ではダイニング＆キッチンの仕切りに設けることが多い。

そのほか

# ランニングコストを抑える工夫

予算内で最適なリフォームをしようとすると、つい工事費のことばかり考えてしまいますが、住んでからかかるコストも同様に大切です。

光熱費など暮らしを維持・運転するための費用をランニングコストといいます。リフォームのプランを考えるときは、はじめにかかるイニシャルコストだけに気をとられがちですが、ここを安く抑えても、冷暖房費がかさむ家では、住んでからの家計を圧迫することに。メンテナンスコストも含めて建てるときと住んでからの費用をバランスよく考えることが、結果、トータルコストの削減につながります。

　省エネ住宅の設計は、建物の構造やプランに大きくかかわります。光熱費をできるだけ抑えたい、メンテナンス費がかからない素材を使いたいなどと希望するなら、最初にきちんとリクエストしましょう。あとからプランや素材を考え直すとロスが生じます。

## ランニングコストとは…

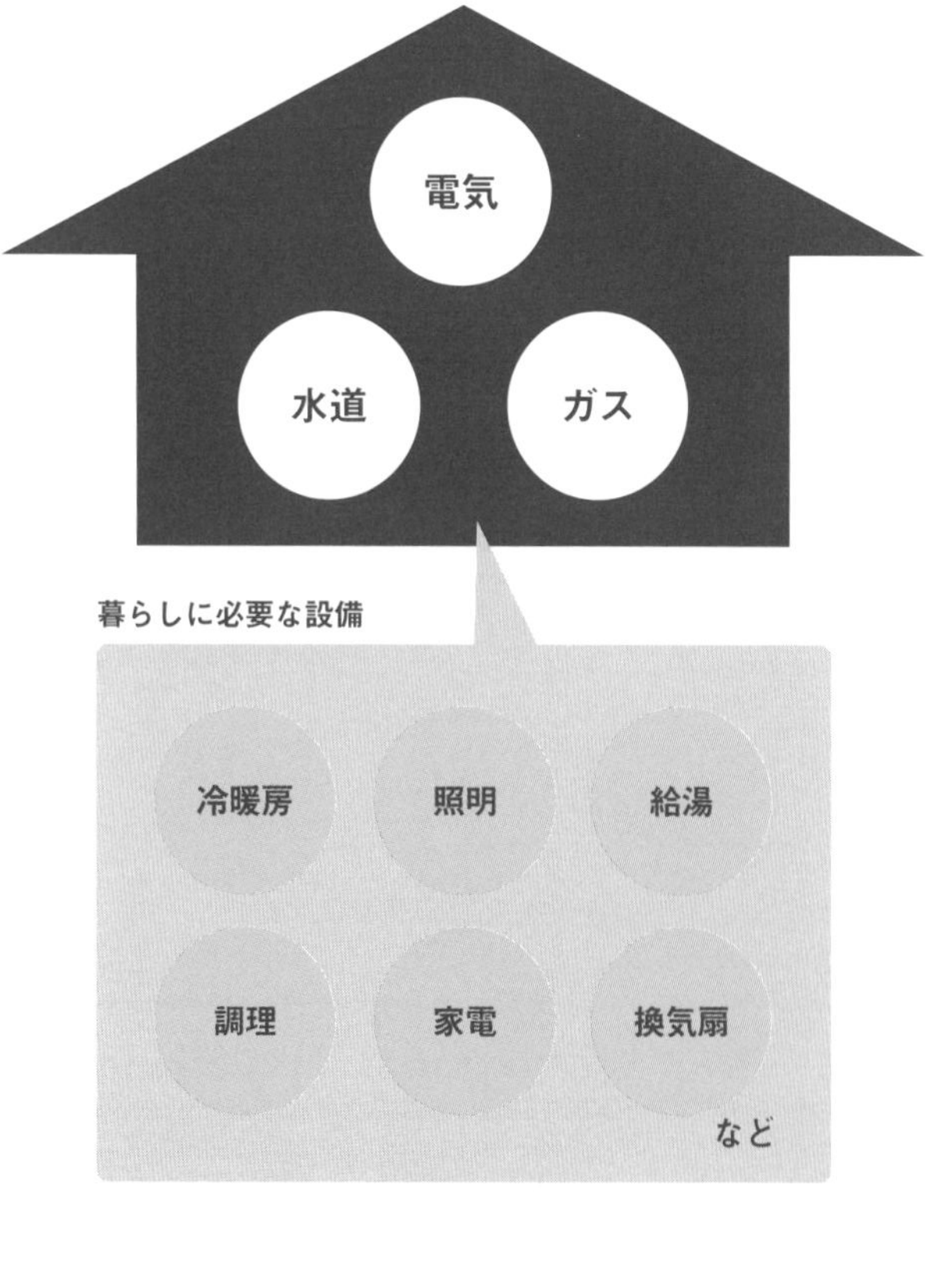

# 快適さが上がる初期投資は長い目で見てコストダウンに

## 入居後の家計の負担も考える

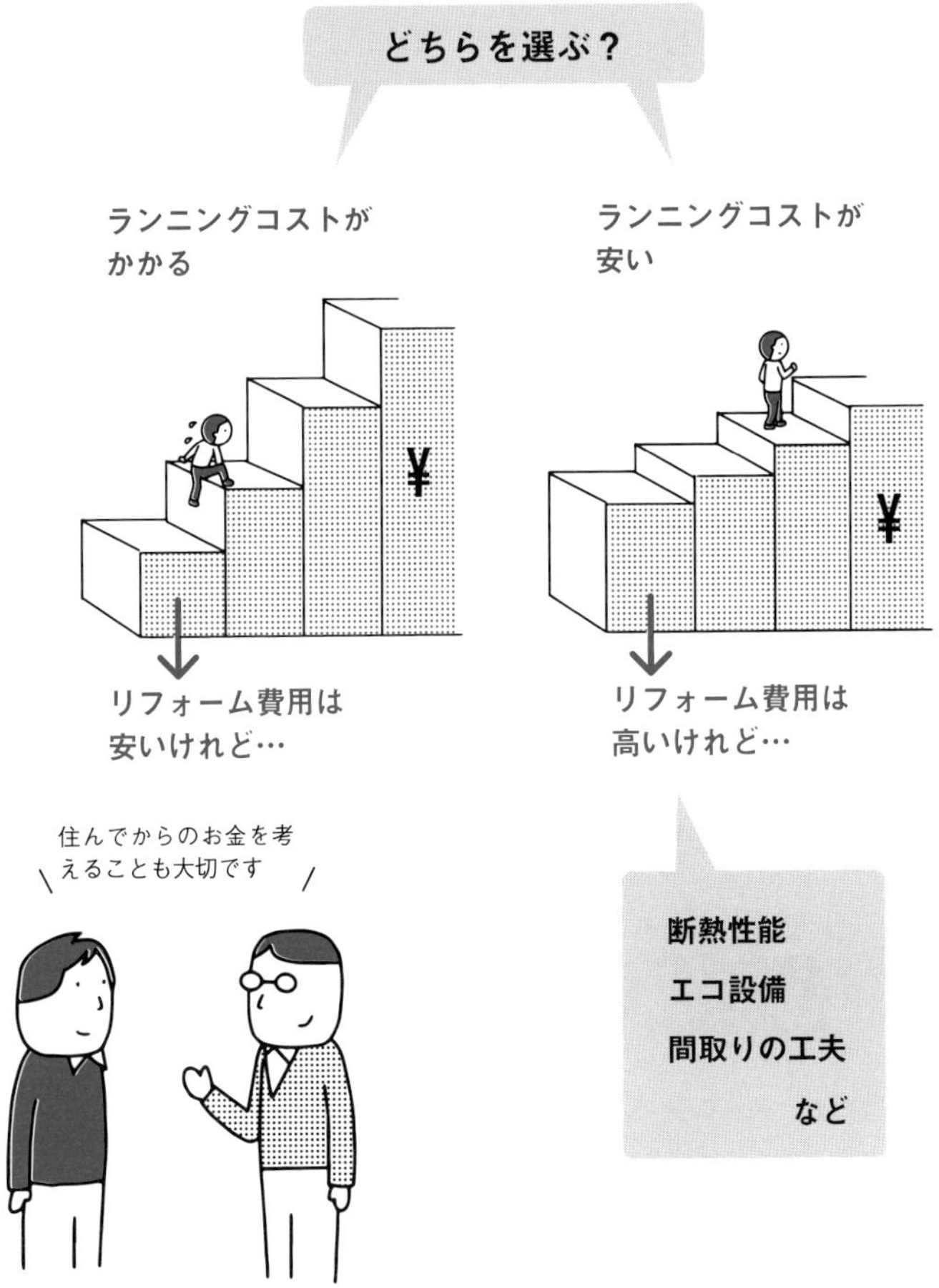
どちらを選ぶ？
ランニングコストがかかる
¥
リフォーム費用は安いけれど…
ランニングコストが安い
¥
リフォーム費用は高いけれど…
断熱性能
エコ設備
間取りの工夫
など
住んでからのお金を考えることも大切です

### ことば辞典

**【ランニングコスト】**

設備や建物を維持するために必要なコスト。電気・水道・ガス代など光熱費をさす。住宅ローンや税金、メンテナンス費まで含める場合も。


**【イニシャルコスト】**

新しく事業を始めたり、機械や設備を導入したり、稼働するまでの間に必要な費用。初期費用とも。住宅の場合は、その購入や建築にかかる費用をさす。


**【メンテナンスコスト】**

快適な家を維持するために行う点検、管理、修繕にかかる費用。日々の掃除や手入れと定期的なメンテナンスが、住宅の耐用年数に大きく差をつける。


**【省エネ住宅】**

少ないエネルギーで暮らせるようにプランや構造、設備を工夫した家。断熱材で家全体をくるんで室内の温度を均一にするのが基本。光熱費の節約に。

PART
5
予算内でおさめる
コストダウン
アイディア

そのほか

# 省エネに暮らせる家に変えるには？

少ないエネルギーで快適に暮らせる家に注目が集まっています。家計にも地球にもやさしい家にするためには、どんなリフォームをしたらいい？

最新の冷暖房設備を採用しても、建物の断熱をしないと効果は十分に得られません。外気に接する外壁、屋根、床など家全体が断熱材でくるまれるようにしっかり施工します。築20年以上の戸建てでは、これらの箇所に断熱材が入っていないケースも。マンションでも断熱工事は可能ですから、まずはリフォームする物件の断熱性をプロに見てもらいましょう。断熱材が足りない箇所は補い、家全体をバランスよく断熱することで、室内温度のバラつきが少なくなり、結露も起こりにくくなります。

熱が出入りする開口部の断熱性を高めるのも必須。サッシごととりかえる以外に、サッシはそのままでガラスのみ交換することもできます。

## マンションの場合

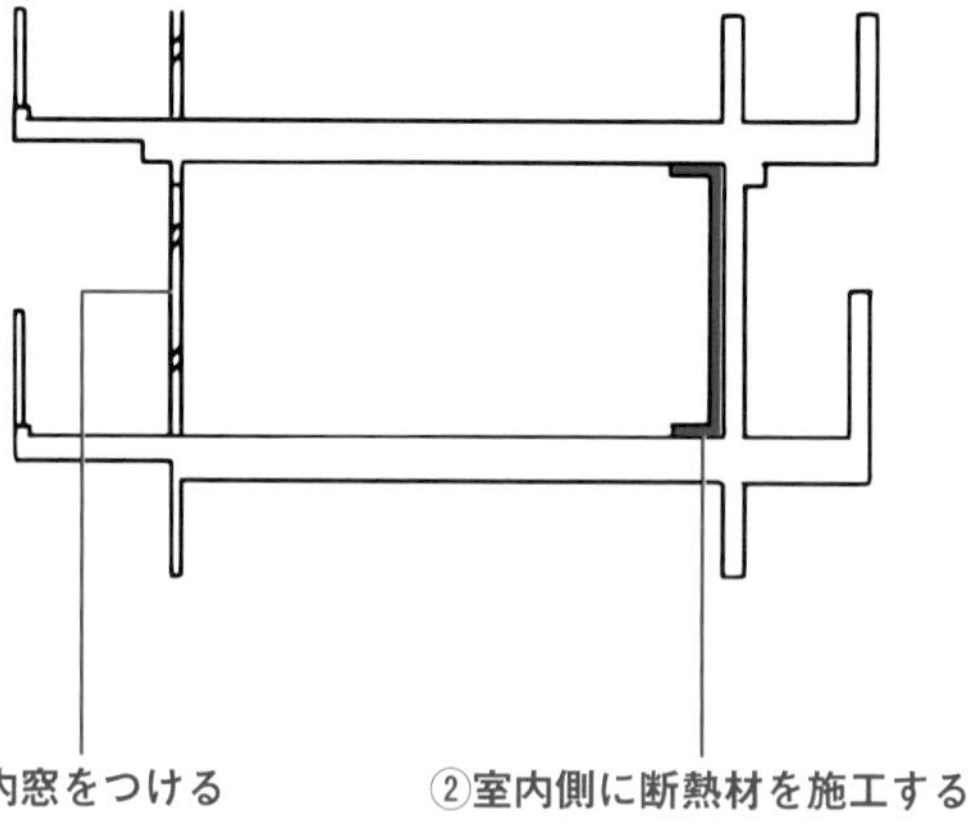


## ことば辞典

**【複層ガラス】**
板ガラスの間に乾燥空気などを密閉して断熱性を高めた窓ガラス。ペアガラスともいう。1枚のサッシにガラスを複数はめ込み、二重サッシとは異なる。

**【Low-Eガラス】**
ガラスの表面を特殊な金属膜でコーティングしたもの。断熱・遮熱性が高く、紫外線を遮る効果もある。Low-Eとは低放射の意。

**【二重窓】**
1つの窓に外窓と内窓の二重のサッシをとりつけたもの。二重サッシともいう。2枚のサッシの間に空気層ができ、断熱効果と結露防止効果が得られる。

# 断熱リフォームで家計の負担を減らす

## 戸建ての場合

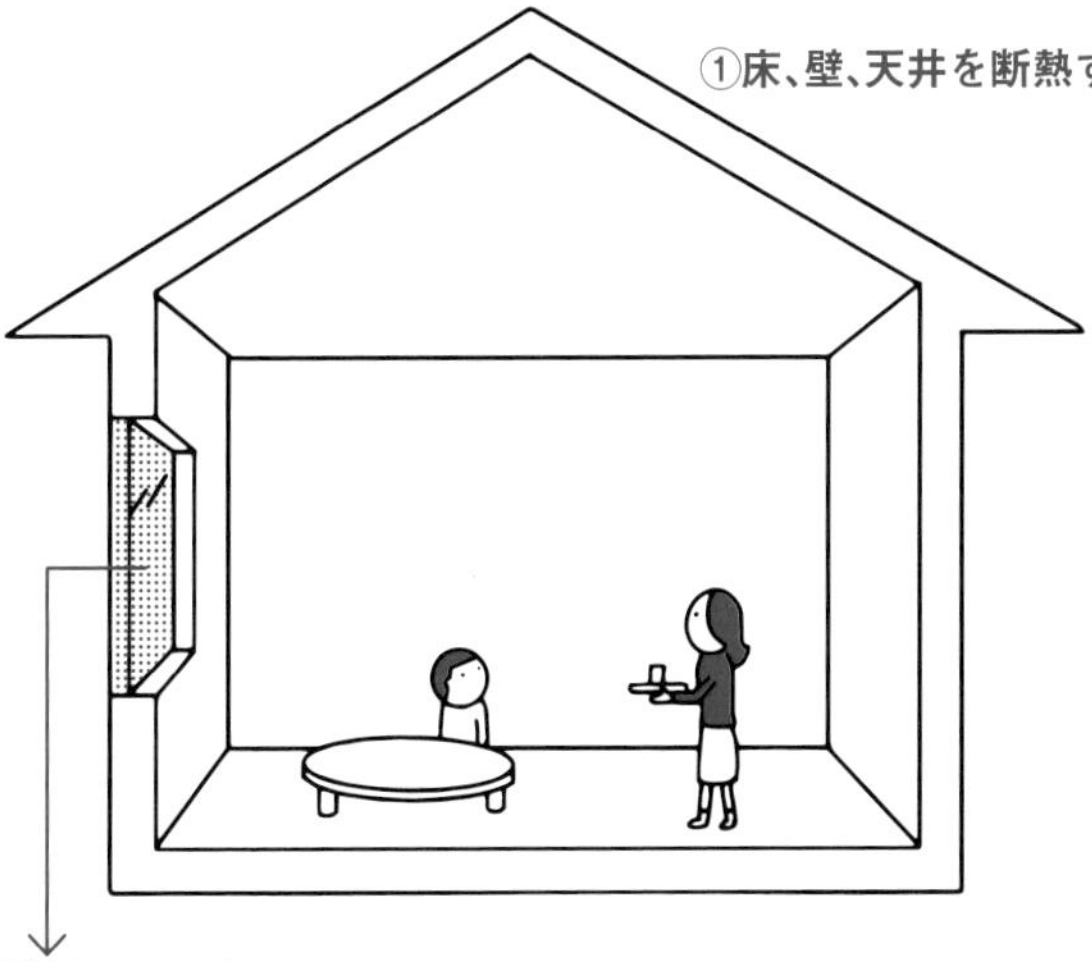


\ Point/

断熱材は部分的に入れても効果は期待できない。床下や外壁内、屋根裏など建物全体をくるむように入れる。また密度の高いものほど効果がある。

### ガラスのみ交換

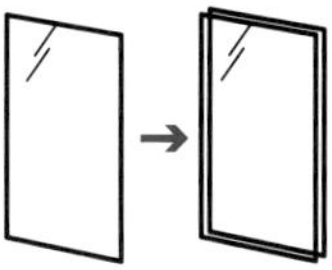

単板ガラスから複層ガラスに交換すると、断熱性は格段に上がる。断熱・遮熱性能が高いLow-Eガラスを採用した複層ガラスもある。

### 内窓をつけて二重窓に

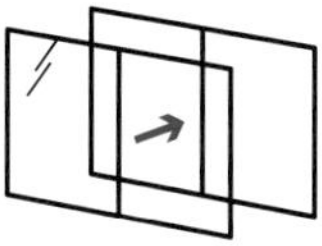

内窓自体の断熱・遮熱効果に加え、既存の窓との間に空気層が生まれ、断熱効果が高まる。防音・防犯対策としても効果的。

### 窓枠ごと交換

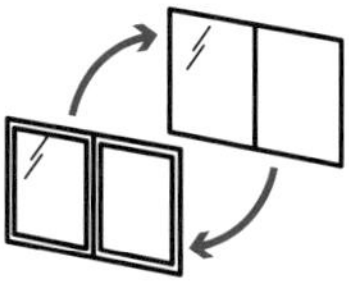

窓枠（サッシ）の素材も重要で、木製サッシや樹脂製サッシはアルミ製に比べて高価だが、断熱性能は高く、結露もしにくいのが特徴。

**アドバイス**

**外づけスクリーンで日ざしを効率よく遮断**

夏の強い日ざしを効率よくカットできる外づけスクリーンをとりつけると、遮熱・断熱効果が上がります。快適に過ごせるうえ、冷房の使いすぎを抑えられるので節電にもつながります。

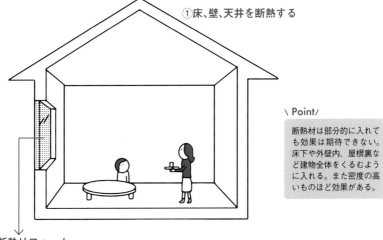

PART 5 予算内でおさめるコストダウンアイディア

そのほか

# エコ住宅にリフォームする方法

快適なうえに光熱費も抑えられると注目のエコ住宅。リフォームを機に導入を検討するケースも多いようです。最新のエコ設備も要チェック！

電気を自給自足できる太陽光発電をはじめ、蓄電池や高効率給湯システムなど家庭用のエコ設備も充実してきました。

特に注目したいのがZEH《ゼッチ》住宅。ネット・ゼロ・エネルギー・ハウスの略で、家で使う1年間の電気やガスなどのエネルギーが、太陽光発電システムなどでつくるエネルギーより少ない、またはその差がゼロになる家です。具体的には、断熱性能を上げて室内外の熱の出入りを抑え、冷暖房効率を上げる。さらに、換気や給湯、照明など省エネ性の高い設備を導入して使うエネルギーを減らす。同時に、太陽光発電などエネルギーをつくる設備を設置します。ZEH住宅にリフォームすると60万円の補助金が受けられます。

## エコ住宅にとり入れたい設備は…

**太陽光発電システム**

屋根に太陽電池パネルを設置し、太陽の光エネルギーを家庭で使える電力に変換。発電の際に$CO_2$を排出しないクリーンエネルギー。晴れた日は家庭で使う電気をほぼまかなえる。

**高効率給湯システム**

少ないエネルギーで効率よくお湯をつくるシステム。初期費用はかかるがランニングコストは抑えられる。熱源によりエコキュート（電気）、エコジョーズ（ガス）などがある。

**家庭用燃料電池（エネファーム）**

ガスからとり出した水素と空気中の酸素を化学反応させ、$CO_2$の排出を抑えながら電気とお湯を同時につくる。季節や時間帯にかかわらず、いつでも電力が供給できる。

**家庭用蓄電池**

太陽光発電システムと合わせて設置すれば、つくった電気をためておけるので電力自給率が上がる。停電時にも当面の電力がまかなえる。

省エネ性の高い家にリフォームすると公的機関から助成金が出ます

# 補助金制度も利用できるZEHリフォームに注目

## ZEH住宅とは…

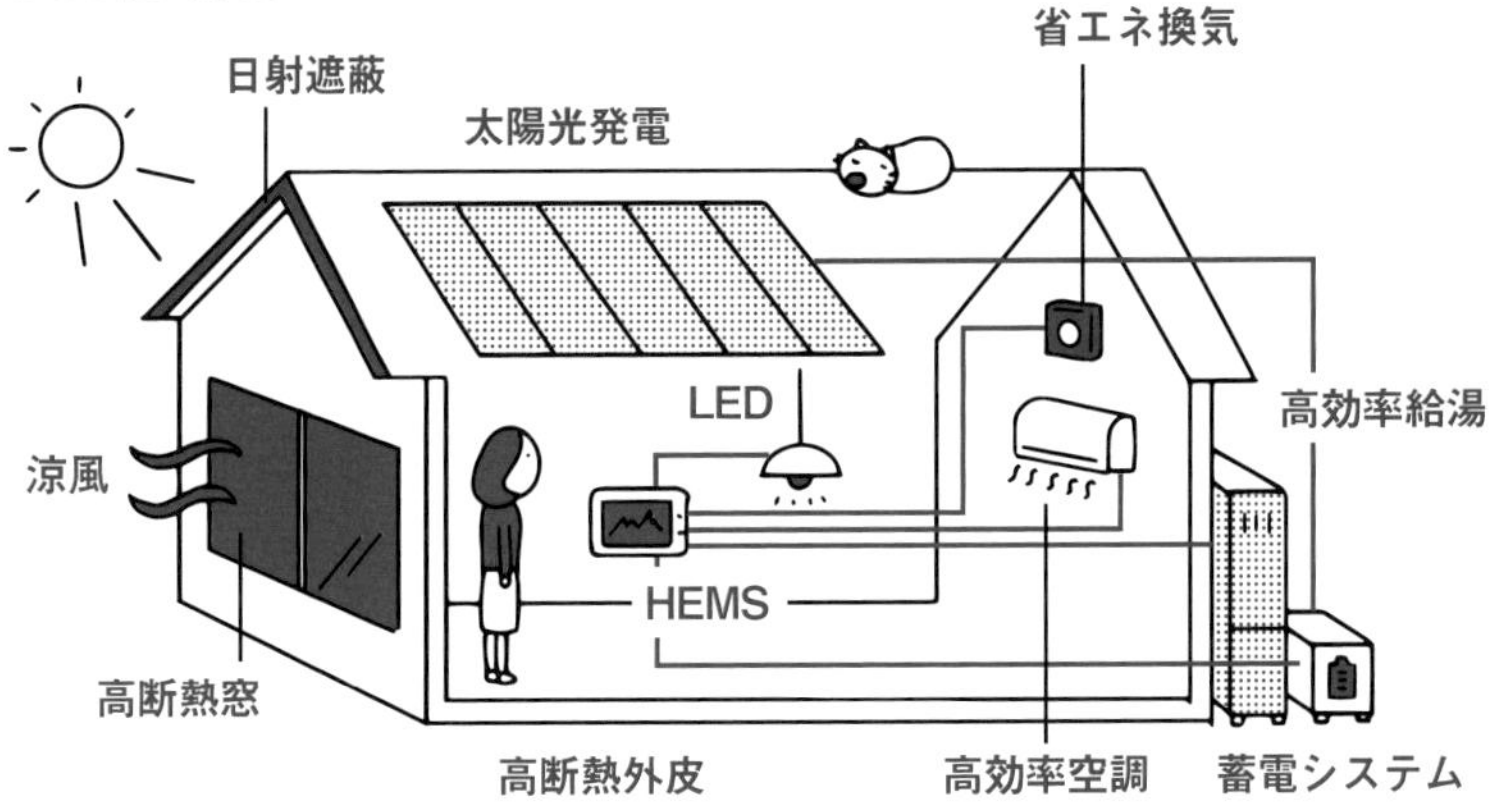


使うエネルギー

**断熱** ＋ **省エネ** − **創エネ** ≦ **0**

1年間の一次エネルギー消費量※

＼Point1／

断熱材や窓の性能を高めて家全体の断熱性能を上げる。夏は涼しく、冬は暖かく過ごせる、エネルギーロスが最小限の住宅を建てる。

＼Point2／

エネルギーの使用量などが確認できるHEMSや、省エネ性の高い設備機器や照明、給湯システムなどを設置して、消費する電力量を減らす。

＼Point3／

太陽光発電システムや家庭用燃料電池などを備えつけて、家で消費するより多くのエネルギーをつくり出す。

**＋蓄エネ**

創エネした電力を家庭用蓄電池などにためて、くもりや雨の日など発電時間以外にも使えるようにする。

※冷暖房、換気、照明、給湯などのエネルギー消費量をそれぞれ計算し、合計して算出。

### ZEH住宅にリフォームした場合の補助金は…

**ZEH：60万円　ZEH＋：105万円　ZEH＋R：115万円**

・ZEH住宅の仕様をさらに進めたのがZEH＋、ZEH＋R。それぞれに満たすべき条件が定められている。

・蓄電システム（定置型）を設置する場合は、2万円/kWh（上限20万円、または補助対象経費の1/3のいずれか低いほうの額）が加算される。そのほか、燃料電池、V2H充電設備の設置（ZEH＋）、太陽熱利用温水システム、停電自立型燃料電池（ZEH＋R）での加算も。ZEH、ZEH＋は、先進的再エネ熱等導入支援事業として最大90万円の補助金が併願できる。

※記載の内容はすべて2021年1月現在のもの。2020年度の実績です。
2021年度以降については最新の情報を確認してください。

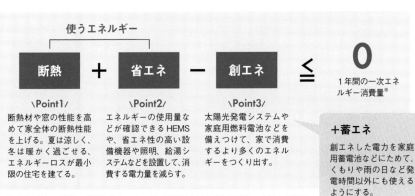

そのほか

# ローテクの知恵をプランに盛り込む

昔ながらの日本の家に見られる意匠や工夫は、それぞれの地域の気候風土に合った暮らしやすさの知恵。そして省エネ効果も期待できます。

太陽光や風など自然の恵みを上手にとり入れたパッシブデザインの家にすることも、エアコンなどの機器に頼らず快適に暮らせるエコな家につながります。夏場の熱気が自然に外に抜けるような間取りを工夫したり、冬に太陽の光が部屋の奥までさし込む開口部をつくったり。そんな配慮があると、冷暖房や照明などのランニングコストを節約できます。

深い軒をつけると、夏の直射日光を遮ってくれるほか、開口部や外壁の劣化も防げます。軒がつけられない場合は、日ざしをカットするオーニングをとりつけるのも冷房の節約に。室内側にブラインドやカーテンをつけた場合に比べて約9倍の日よけ効果があるといわれます。

## 風通しのいい間取りを工夫する

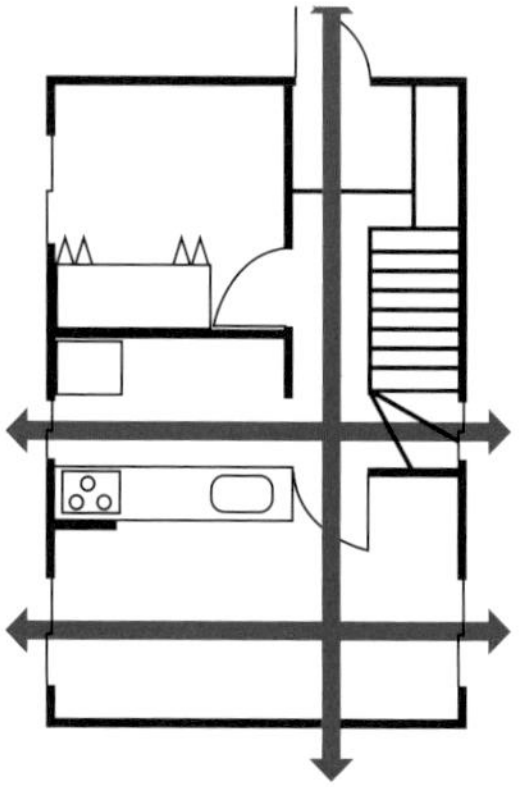

### 家の中に風の通り道をつくる

空気の流れをつくる窓のプランのほか、出入り口のドアを省いたり、開けたままにできる引き戸を採用するなど、風が抜ける工夫を。

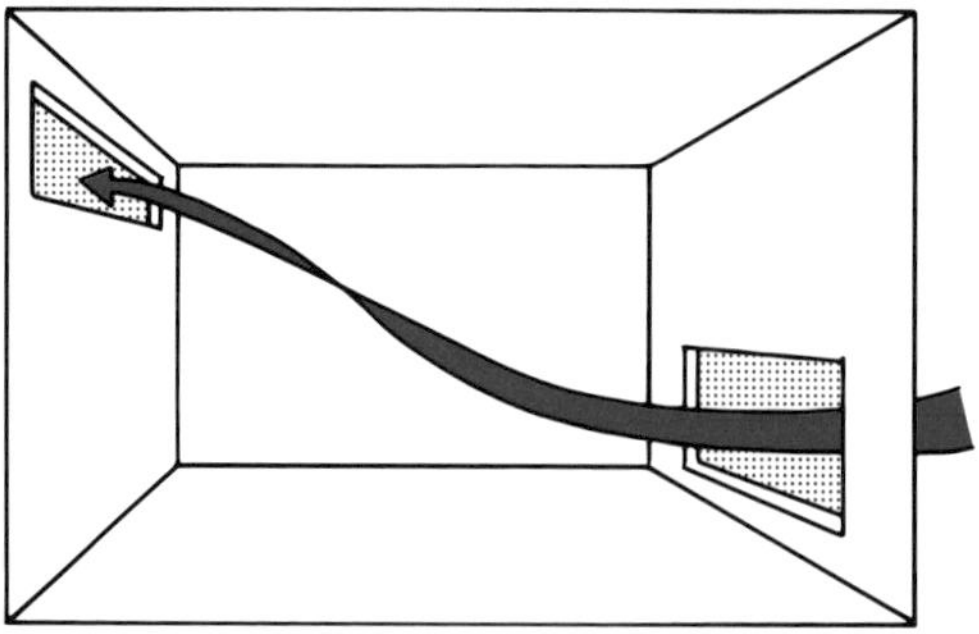

### 窓は対面にセットで設ける

窓は風の入り口と出口にセットで設けるのが基本。対角に、さらに上下に離すと、涼風が地窓から高窓に抜けて部屋全体を涼しくできる。

# 光と風をコントロールしながら暮らす

## 軒の出で日ざしを調節する

**夏**

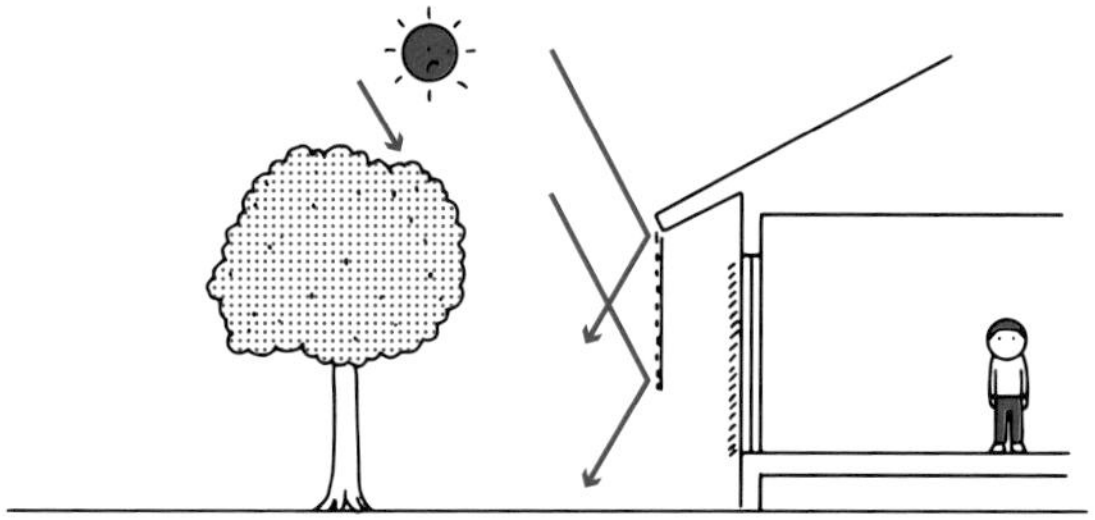

南面の軒を出して、夏の高い位置からの日ざしをカット。デザイン上、軒を出さない場合は南側の窓の上に小ひさしをとりつける。

**冬**

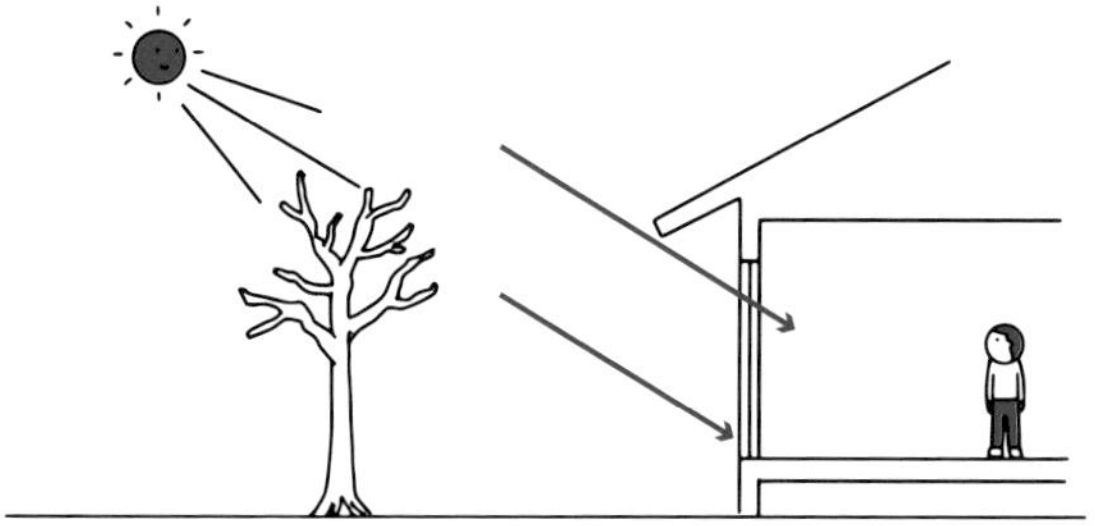

逆に、太陽高度が低くなる冬場の日ざしは室内に届くよう、軒の出を計算する。

### コレもオススメ！

**オーニング**

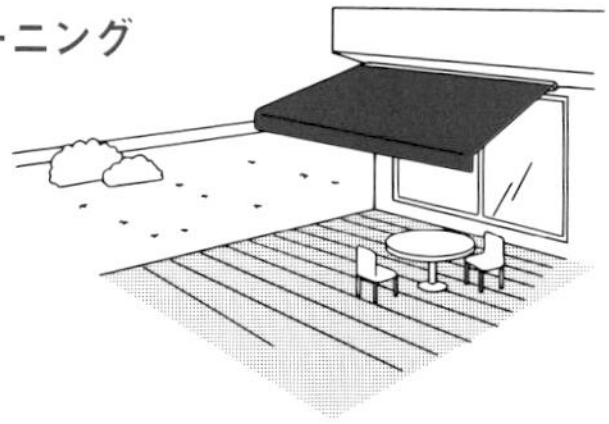

建物の外壁にとりつけるオーニングは、ブラインドやカーテンより日よけ効果が高い。日照に合わせて張り出す量を調節できるメリットも。

**雨水タンク**

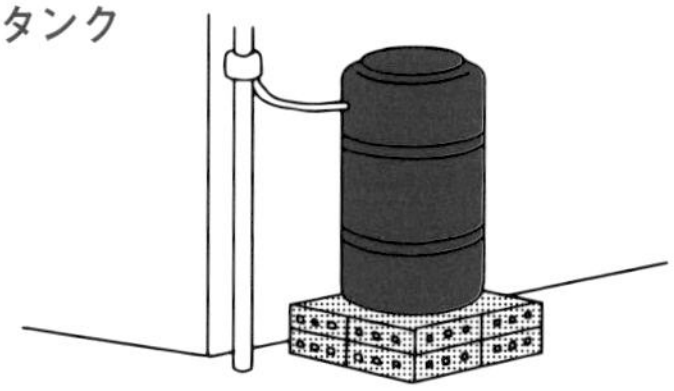

雨どいに流れ落ちる水をタンクにためる。ためた水は庭の植栽への水やりなどに利用。ごく単純な仕組みでも節水効果は大。

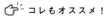

PART
# 5
予算内でおさめる
コストダウン
アイディア

そのほか

# 施主支給で安く上げる

**インテリアパーツや設備機器をネットで手軽に取り寄せられるようになり、普及した施主支給。予想外のトラブルも増えているので注意!**

材料や設備、インテリアパーツを自分で注文して取り寄せることを施主支給といいます。工務店を通して購入する際の手間賃をカットできたり、インターネットで値段を比較できるためコストダウンに効果的です。

スムーズに施主支給するためには、設計者や工務店との綿密な打ち合わせが不可欠。どれだけの数量で注文するのか、いつ誰が受け取って検品するのかなどチェック項目は多岐にわたります。これらが欠けて工事がストップすると、コストダウンにならなくなるので注意。施主支給したものに不具合があったら、工務店ではなく販売店に直接問い合わせを。輸入品を買うときは、国内に代理店があるメーカーを選ぶと安心です。

## 施主支給とは?

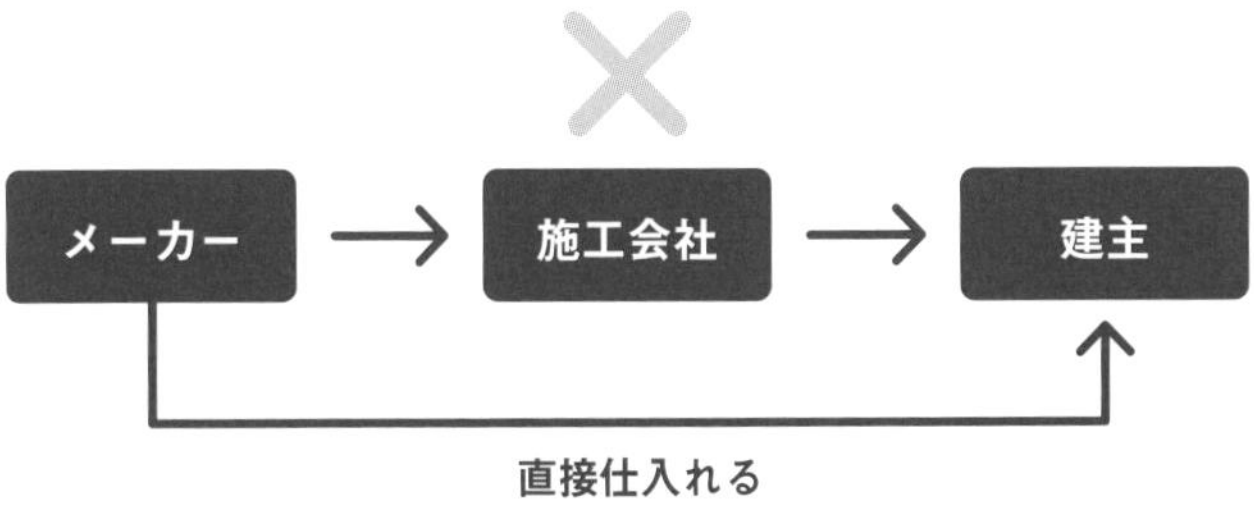


**成功ポイント**

- 納期や工程の管理をしっかりと!
- 必要な部品や発注書の内容を必ず確認、すり合わせを
- 輸入品は国内代理店があるメーカーのものを

## メーカーから直接買いつけて中間マージンをカット

### 置き畳

コストダウン度 ★★★★☆
難易度 ★☆☆☆☆

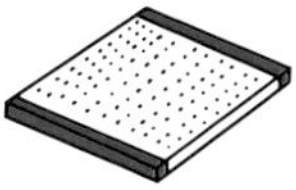

ホームセンターで入手可。1枚3000円ほど。部屋の面積にサイズを合わせる場合、大工さんに周囲を板張りにしてもらうのも手。

### 照明

コストダウン度 ★★☆☆☆
難易度 ★☆☆☆☆

気をつけたいのはコードやソケットなど出火のおそれのあるパーツ。国内の安全基準「PSEマーク」の有無を必ずチェック。

### トイレ、洗面台、水栓金具

コストダウン度 ★★★★☆
難易度 ★★★☆☆

発注や検品が難しいので設計者や工務店によく相談を。部品の不足や重複がないよう、注文書の「一式」に含まれるものを確認。

### 建具

コストダウン度 ★★★☆☆
難易度 ★★★☆☆

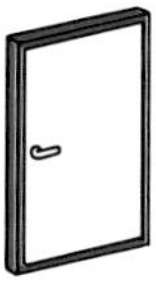

枠、ハンドル、蝶番などパーツに不足がないか、また、輸入建具でホルムアルデヒド等級がない場合、接着剤の有害物質の有無を確認。

### 建材

コストダウン度 ★★★☆☆
難易度 ★★★★★

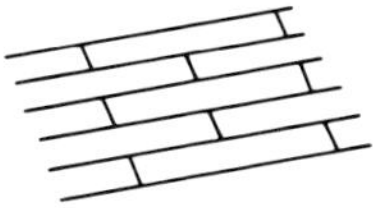

フローリングなどの木材は数量を決めるのがハイレベル。木材の反りや節の入り方など素材の質もプロに見てもらったほうが安心。

### システムキッチン、ユニットバス

コストダウン度 ★★★★☆
難易度 ★★★★★

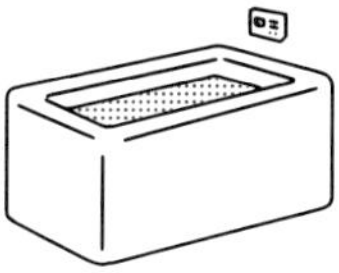

配管などが複雑なため施工者と連携が必要。ショールームで見積書をつくってもらう。品番がわかればネットで安く購入できる。

Column リフォーム体験談 Vol.5

# 部材＆設備

**部材＆設備選びもリフォーム成功の大きなポイント。**

**“予算”と“理想”の折り合いをどのようにつけたのか、みんなの声を参考に！**


水圧の関係で、希望していたトイレが入れられなかった（涙）。

（中国在住・Yさん）


タイルは、実物とサンプルで色みが少し違う場合があるので、しっかり確認を。わが家の場合「白」を選んだはずが、少しブルーグレーがかっていた。

（関東在住・Uさん）


設備機器は特に購入時の価格に気をとられがちですが、住んでからのランニングコストも考えて選びました。

（北海道在住・Eさん）


トイレの温水洗浄便座や浴室の追い焚き機能は、マンションに住んでいたときには当たり前についていたので、追加注文だとは思わなかった。

（中国在住・Iさん）


日本製のドアはデザインバリエーションが少なく、自然素材のものもわずか。輸入品のドアやドアノブを選びたかったが、日本規格の金具に合わず断念。

（関東在住・Uさん）


床をすべて無垢材のフローリングにしたかったのですが、マンションの防音基準が高く、下地材に予算をとられた結果、リビング以外はクッションフロアに。

（関東在住・Sさん）


壁紙などは広範囲に使うものでも20㎝四方くらいのサンプルで決めなければならないので、昼間は太陽光の下、夜間は照明の下など時間と場所を変えて吟味。

（関東在住・Uさん）


業者価格よりネットで探したほうが安いものも結構多い。「価格.com」をよく利用。

（北海道在住・Eさん）


予算上、高価な陶器のスイッチプレートは目につく場所だけに採用。ところがキッチンにもあるのをすっかり忘れていて…。安っぽさが目立ち、いまだに気になります。

（北海道在住・Fさん）


壁の珪藻土は予算的に無理と思っていたが、DIYで挑戦。プロから道具を貸してもらえれば意外ときれいにできるし、コスト削減のためにもおすすめです。

（関東在住・Uさん）

PART

# 6

# 中古物件はどう選ぶ？

PART 6 中古物件はどう選ぶ？

# 土地の状況を見極めるには？

中古住宅を購入してリノベーションする場合、マンションでも戸建てでも、まずは建物が建つ土地に注目。安心して住める土地を見極めるには？

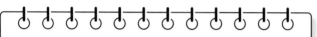

マンションの場合、地盤調査を行ったうえで基礎の設計を行っているので、地盤に関してはそれほど心配ないはず。戸建ての場合、２０００年に建築基準法が改正された以降は地盤調査が義務化されましたが、築年数の古い住宅では行われていないケースがほとんど。内見前でも、公共機関が発表しているデータを調べたり、周辺を歩いて大まかにチェックしてみましょう。

物件が具体的に決まったら、必ず地盤調査をするか、過去の結果を確認。地盤に多少問題があっても、適切な地盤改良を行っていれば安心です。地盤改良には相応の費用がかかるので、中古住宅を購入する場合で地盤が弱い土地を避けられるのであれば、それに越したことはありません。

## チェックリスト

- □ ❶ 地盤調査のデータをチェックする
- □ ❷ 液状化マップやハザードマップをチェックする
- □ ❸ 土地の来歴を調べる

＼戸建てはココもチェック！／

- □ ❹ 埋め立て地、盛り土の造成地は要注意
- □ ❺ 敷地内や周囲を観察してみる

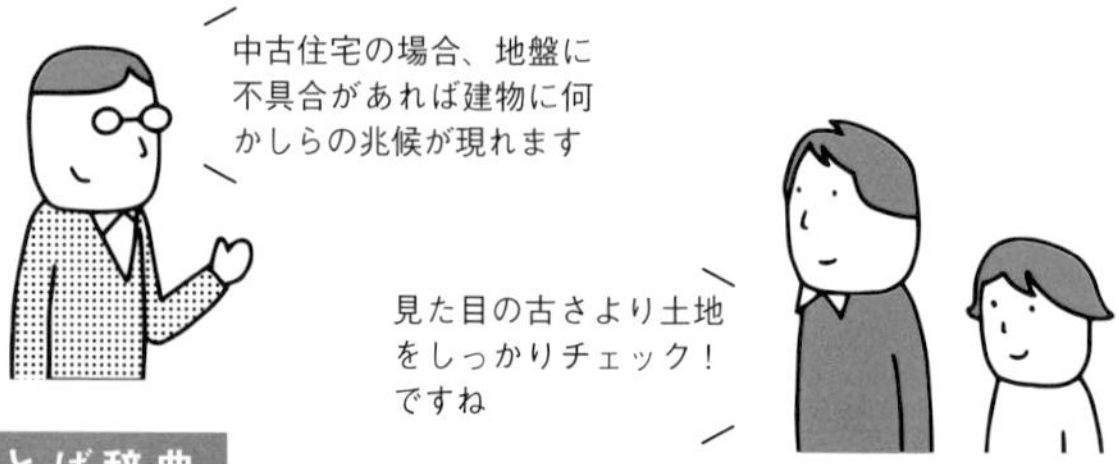
中古住宅の場合、地盤に不具合があれば建物に何かしらの兆候が現れます
見た目の古さより土地をしっかりチェック！ですね

## ことば辞典

**【地盤調査】**
地盤の地耐力や地質を調べて、地盤改良の必要があるかどうかを検討する調査。建物の構造を決めるためにも必要。調査方法によって費用が異なる。

**【地盤改良】**
建物の安定性を保つため地盤に人工的改良を施すこと。地盤の状況により工法と費用が異なり、軟弱地盤が深くて建物の底面が大きいほど費用は上がる。

**【軟弱地盤】**
泥や多量の水を含んだやわらかい土などからなる地盤。地耐力2t未満の土地など。建物の重さを支えきれず沈下するおそれがあるため改良を施す。

## データをチェックしたり、周囲を観察してみる

### ❶ 地盤調査のデータ

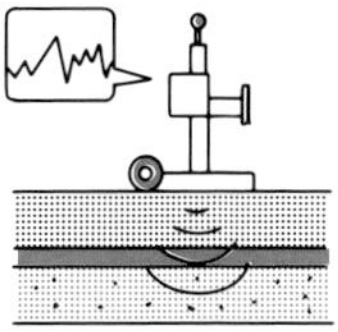

地盤調査会社ジオテックでは、調査データをHPで公開しているので目安に。マンションの地盤の強度は設計図書の構造図にあるボーリングデータで確認。
（www.jiban.co.jp/geodas/）

### ❷ 液状化マップ、ハザードマップ

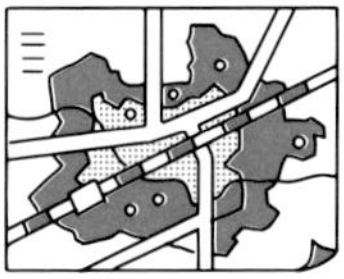

国や市区町村のHPで地震や津波、洪水などの災害リスクを示したハザードマップや液状化マップが公開されている。こうした情報を公開している自治体は防災対策の意識も高い。

### ❸ 古地図、地名

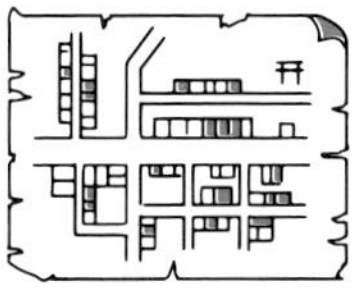

地名に「沼、沢、田」など水に関する漢字がついている場合、かつては水けの多い場所だった可能性も。地元の図書館などで閲覧できる古地図で、昔の土地利用状況を確認する手も。

**ココに注意！**

**周囲より低い土地は浸水の危険が**

標高が高くても、まわりと比べて相対的に低い土地の場合、ゲリラ豪雨などがあると浸水の危険が。過去に浸水したかどうかは、近隣の人に確認するのも有効。また半地下のある建物は一気に水が流れ込むことがあるので注意。雨水を排水するポンプは電動で、停電時には作動しないことも念頭におきましょう。

## 戸建てのチェックリスト

### ❹ 埋め立て地、盛り土の造成地

### ❺ 土地の沈み・くぼみ

建物と地面の間にすき間やくぼみがあると地盤沈下のおそれが。周辺道路の一部が陥没していたり、雨のあとなかなか乾かない水たまりがあるのも、地盤が弱いエリアの可能性が。

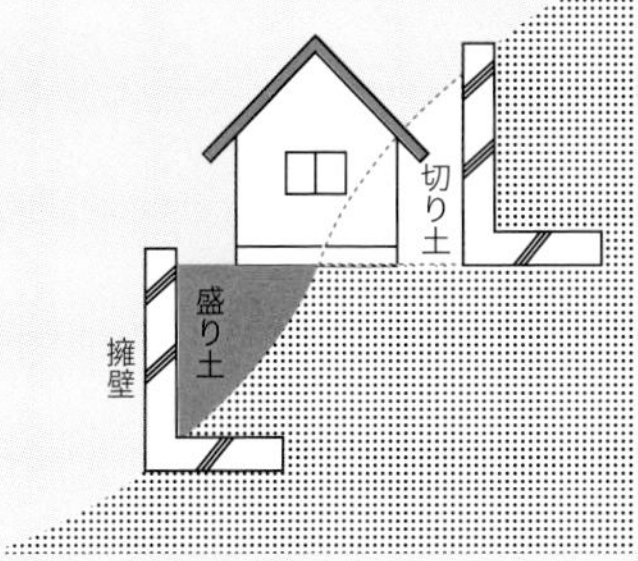


埋め立て地などは地盤が軟弱な可能性が。自治体が公表している地図を調べたり、売主などに造成方法の確認を。雛壇状の造成地の場合、擁壁のひび割れや塀がたわんでいる家が広い範囲に及んでいたり、電柱が曲がっているのを見つけたら要注意。

PART 6 中古物件はどう選ぶ？

マンション

# 不動産会社に確認することは？

物件を買うときにはどんなことに気をつけたらいい？　まずは不動産会社の担当者に聞いておきたいことを確認していきましょう。

暮らしのルールやリフォーム工事について決められた管理規約のほか、マンションの管理会社が定期的に修繕を行っているか、過去の履歴と今後の計画を確認しましょう。近いうちに大がかりな修繕予定がある場合、一時金が発生することもあるので要注意です。

エントランスやゴミ置き場など共用部分の維持・管理にかかる管理費や、将来のメンテナンスに備える修繕積立金は所有者が負担するもの。ほかと比べて安すぎる場合、管理やメンテナンスがきちんと行われていない可能性もあります。また、１９８１年６月１日以降に建築確認を受けていれば「新耐震基準」を満たしており、震度６強〜7程度の地震でも倒壊しない耐震性をもつといわれています。

## チェックリスト

- □ ❶ 管理規約の内容を確認する
- □ ❷ これまでの修繕履歴と今後の修繕計画を調べる
- □ ❸ 管理費、修繕積立金の額
- □ ❹ 建物の耐震基準の目安を確認

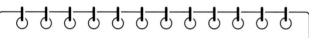

マンションにはいろいろなルールがあるのね
管理状況が悪いと、思わぬ出費が必要になるので要注意です

# 管理規約や修繕計画をチェックする

## ❶ 管理規約

・共用部分の使い方
・ゴミ出しの方法
・床材の制約
・工事を行う時間帯や
日にちの制限
•
•
•
•
•
など

## ❷ 修繕履歴と計画

10〜15年　屋根の防水、
外壁の補修・塗装

20年　給排水管の
とりかえ・補修

**近いうちに大がかりな
修繕予定がある場合、
一時金の発生に注意！**

## ❸ 管理費

エントランスやゴミ置き場など共用部分の維持・管理にかかるお金。

## ❸ 修繕積立金

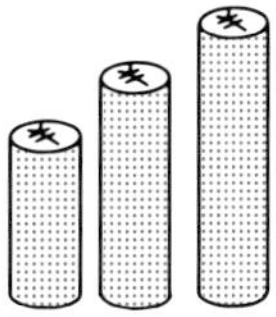

将来のメンテナンスに備えておくお金。

## ❹ 耐震基準の目安

建築確認を受けた日づけをチェック。1981年６月以降の「新耐震基準」を満たしているかどうかを確認。

マンション

# 物件のどこをどうチェックする？

中古物件選びで大切なのは、思い描くプランが実現できるかどうか。見た目の古さに気をとられて肝心なポイントを見落とさないように…。

代表的なマンションの工法にはラーメン構造と壁式構造があり、それぞれにリフォームの自由度が異なります。中高層マンションに多いラーメン構造は柱と梁で建物を支える構造で、間仕切り壁をすべてとり除いたスケルトンリフォームも可能です。一方、低層マンションに多い壁式構造は壁と床などの面で建物を支えるので、住戸内に撤去できない壁があることも。イメージどおりの間取りが実現できるかをチェックしましょう。

　暮らしに必要な設備を不自由なく使えるようにするには、電気やガス給湯器の容量を確保することが必要です。築年数のたったマンションでは容量が小さいケースも多いので、容量アップが可能かを事前に確認して。

## チェックリスト

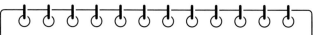

- □ ❶ 建物の構造はラーメン構造か？ 壁式構造か？
- □ ❷ 電気の容量はどれくらいか
- □ ❸ エアコン用の穴はどこにあるか
- □ ❹ ガス給湯器の容量は？ 最新のものに交換できるか？
- □ ❺ 配管や換気扇の状態は？ 水回りの移動はどこまで可能？

### アドバイス

**物件の下見には
リフォームの設計担当者と行く**

不動産としてはおすすめの物件でも、リフォームには適さなかったり、思い描くプランができないことも。特に戸建ての場合、建物の老朽具合を見極めることが重要。表面的にはきれいに見えても構造内部や基礎など隠れた部分が傷んでいると、大がかりな補強・修繕工事が必要で、予想外に費用がかさみます。素人目にはなかなか判断が難しいので、建築家など設計担当者に確認してもらうのが理想です。

# 間取りがどこまで変更できるかを確認

## ❶ 建物の構造

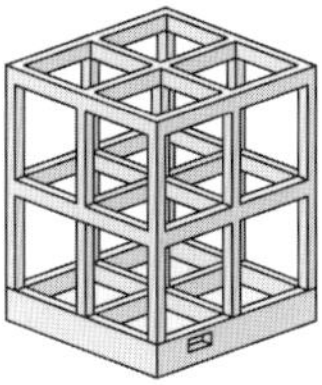

### ラーメン構造

柱と梁を組んで建物を支える。室内の壁はほぼ移動可能で、リフォームの自由度も高い。

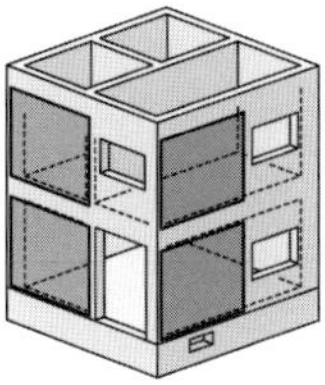

### 壁式構造

壁や床など面で建物を支える。構造上、壁が撤去できず、プラン変更に制約があることも。

## ❷ 電気容量

古い物件では30アンペアというところも。食洗機やIH調理器、パソコンなど電化製品を多く使う場合、50～60アンペアに契約アップを。最大で何アンペアまで契約できるかを確認。

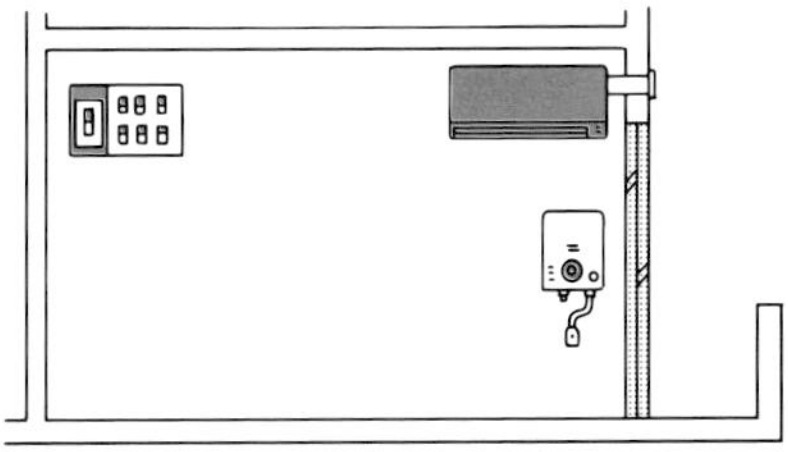

## ❸ エアコン用の穴の位置

エアコン設置には、壁に専用の穴と室外機を置くスペースが必要。外廊下側に新設する場合、構造体に穴をあける工事が許可されるのはまれで、バルコニー側から配管することに。

## ❹ ガス給湯器の容量

キッチンと浴室で同時にお湯を使う場合、最低でも20号以上、ガス給湯式床暖房を設置するなら24号は必要。給湯器の能力アップや、追い焚き機能つきの最新式給湯器に交換できるかを確認。

## ❺ 配管の状態

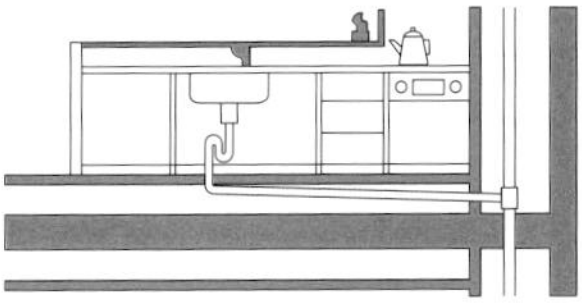

通常、排水管は床下を通っている。このスペースが広いほど移動しやすい。

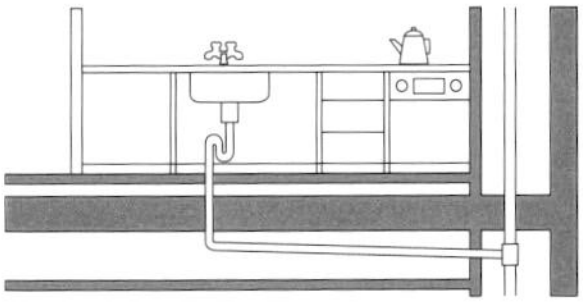

古いマンションでは階下の天井裏に排水管が通っていて、移動が難しいケースも。

排水勾配を確保できる範囲なら水回りの移動は可能。換気扇につながる排気ダクトの移動範囲も確認を。排水音の問題から管理規約で水回りの移動制限をしているマンションも。

マンション

# 生活環境で確認しておくことは？

実際にそこで暮らすことを想定して、住み手の目線でチェックしていくことも大切。こだわりたいことをメモしておくのもよいでしょう。

共用部分の清掃状況などからマンションの管理が行き届いているかがわかります。入居後の満足度に直結する大切なポイントになるので、必ずチェックを。メンテナンスの状況についても修繕履歴を確認するほか、外壁塗装のはげやひび割れなどを見ていきます。補修したあとがあれば安心です。

集合住宅で気になる防音性能については、まずは図面でチェック。基本的に防音性能は床や壁のコンクリートの厚さに比例していて、厚くなるほど音が聞こえにくくなります。古い物件で図面がない場合は、住人に聞いてみるのも手。電車の線路や交通量の多い道路、公共施設や繁華街に近い物件などは、外の音がどれだけ聞こえるか、窓を開け閉めして確認しましょう。

## チェックリスト

- □ ❶ エントランスや駐輪場、通路やエレベーターの状態から管理状況をチェック
- □ ❷ 外壁の塗装やひび割れ具合を見てメンテナンス状況を確認
- □ ❸ 隣や上下階の住戸、外部の音は気になる？
- □ ❹ 日当たりと風通し
- □ ❺ 周辺環境もチェック

近くに子どもが
遊べる公園が
あったらいいなあ

## ことば辞典

**【エントランス】**
建物の出入り口部分。マンションや公共施設など比較的大きな建物の玄関部分をさす。正面玄関に設けられた広い空間をエントランスホールという。

**【遮音等級】**
建物の遮音性能のレベルを表すもの。壁やサッシの遮音性能は「D値」で表し、数値が高いほど遮音性能が高い。床の遮音性能は「L値」で表す。

**【重量床衝撃音】**
子どもが飛び跳ねるドンというような音でLH値で表す。スプーンなどを落とした音は軽量床衝撃音でLL値で表す。数値が低いほど遮音性能が高い。

## 管理状況や音の響き方など 暮らすことを想定してチェック

### ❹ 採光、通風

１日の日照時間や光の入り方、風の抜け方を調べることは、プランニングを考えるうえで最重要ポイント。特に日当たりは午前と午後など時間を変えてチェックできるとベスト。

### ❷ 外壁のひび割れ、塗装

外壁塗装のはげ、目立ったひび割れ、バルコニーの手すりのさびなどを確認。特にひび割れは、外壁内に雨がしみ込んで構造体の鉄筋がさびている可能性があるので要注意。

### ❶ エントランスや駐輪場など 共用スペース

エントランスやエレベーター内の清掃状況や、駐輪場、ゴミ置き場は整然としているかなどを住み手の目線で確認。管理が行き届いているかどうかは入居後の満足度に直結。

### ❸ 隣や上下階の住戸、外部の音

防音性能は床や壁のコンクリートの厚さに比例し、厚いほど音が聞こえにくい。床の遮音等級がLH-50以下（重量床衝撃音）、LL-45以下（軽量床衝撃音）で厚さが20㎝以上、壁は遮音等級D-50以上で厚さ18㎝が理想。

### ❺ 周辺環境

・スーパーやショッピングセンターなどの買い物施設
・銀行、郵便局、病院などの生活に欠かせない施設
・子どもの幼稚園や学校
・保育園の入園状況（共働き夫婦の場合など）
・坂の多さ

⋮

など

PART 6 中古物件はどう選ぶ？

戸建て

# 不動産会社に確認することは？

リフォームを成功させるためには物件選びがカギ。納得がいくまでとことん見極め、わからないことは専門家にどんどん質問しましょう。

まずは土地の法的条件をきちんと確認。土地には用途地域が設定されていて、建築可能な建物の種類や高さ制限のほか、建ぺい率や容積率などから面積にも上限が。特に増築を考えている場合、敷地にあきスペースがあっても増築できないこともあるので要注意です。また、古い住宅では前面道路が幅4mに満たないことも多く、その場合、建てかえの際に道路中心線から敷地を2m後退させる義務があり、この部分には建物を建てられません。これをセットバックといいます。

中古物件の場合は築年数も気になりますが、じつは住み方や手入れしだいで老朽化に大きく差が出ます。これまでにいつどこをメンテナンスしたのか、担当者に確認してみましょう。

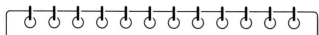

## チェックリスト

- □ ❶ 用途地域、容積率、建ぺい率、高さ制限、斜線制限など法的条件の確認
- □ ❷ 接道状況は？ セットバックの必要はある？
- □ ❸ 図面が保管されているか？ 検査済証の有無も確認
- □ ❹ 水道引き込み管の口径や電気容量
- □ ❺ 増改築やメンテナンスの履歴
- □ ❻ 建物が建てられた年

基準はひとつの目安。実際の建物の状態を確認するのが大切です

条件のいい家が見つかるといいなあ

## ことば辞典

**【用途地域】**
同じような用途の建物を集めて地域の環境を守り、利便性を高める目的で定められたもの。住居系、商業系、工業系に分けられ、さらに12地域に分類。

**【増築】**
今ある建物を壊さずに同じ敷地内で建物の床面積を広くすること。平屋を2階建てにしたり、敷地内に新たな建物をつくるなど。建て増しともいう。

**【斜線制限】**
建物周辺の日照と通風を確保するため、屋根や建物上部の形状に一定の勾配をもたせたり高さの限度を決めた規制。隣地、道路、北側斜線制限などがある。

# 法規制や図面の有無をチェックする

## ❶ 法的条件

$$建ぺい率 = \frac{建築面積}{敷地面積} \times 100\%$$

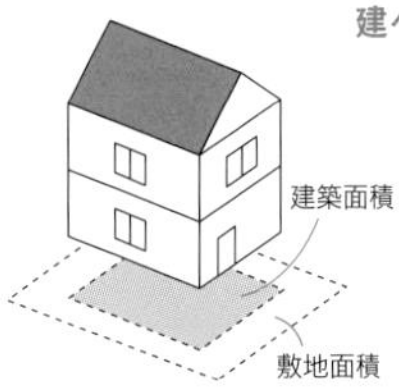


**建ぺい率**

敷地面積に対する建築面積の割合。用途地域ごとに上限がある。

$$容積率 = \frac{延べ床面積}{敷地面積} \times 100\%$$

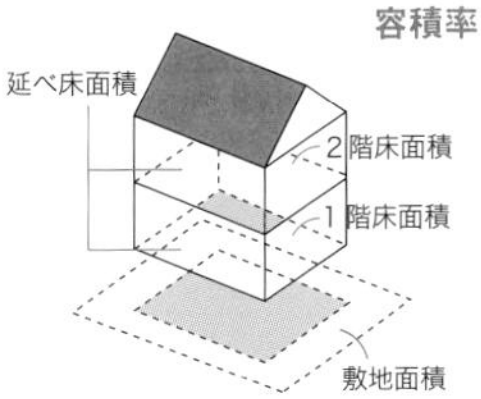


**容積率**

敷地面積に対する延べ床面積の割合。これ以上の広さは建てられない。

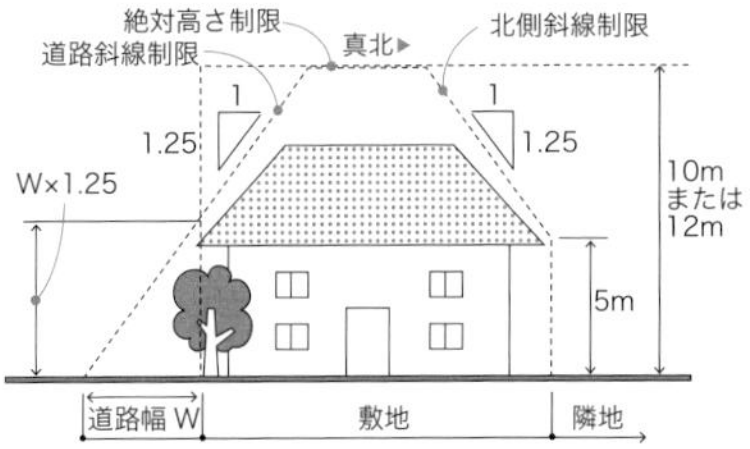


**斜線制限**

第一種・第二種低層住居専用地域の例。建物の高さが 10m または 12m までと定められているほか、図のように前面道路の幅による斜線制限や北側斜線制限もある。

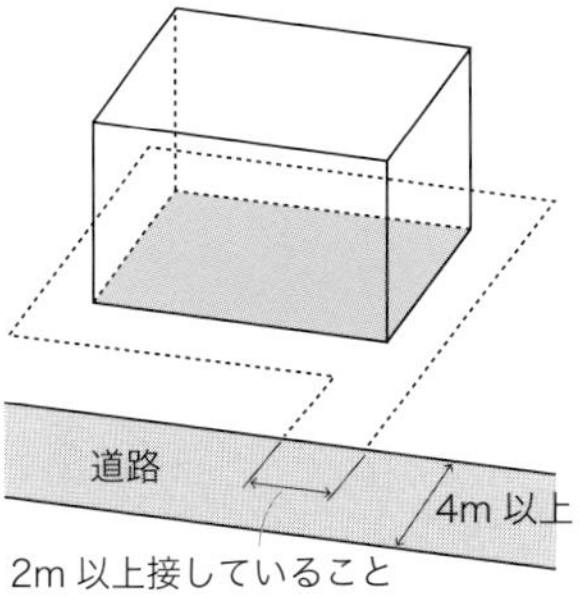


## ❷ 接道状況

新築の場合、土地が幅４mの道路に２m以上接していないと家を建てることはできない。リフォームには直接影響がないかもしれないが、物件を購入する際には注意が必要。

## ❸ 正式な図面

平面図や立面図のほか、内外壁や断熱材の仕様がわかる矩計（かなばかり）図や仕様書などを入手。建物が建築基準法に適合している証明となる検査済証や地盤調査書もあると安心。

## ❹ 水道・電気容量

道路の本管から各住戸に引き込む水道管の口径は 20㎜以上。電気容量も最低でも 40 アンペアは確保したい。それぞれ容量が小さい場合は管や線の引き直しが発生することも。

## ❺ 増改築の履歴

いつどこをメンテナンスしたのかを担当者に確認。築 10 年以上の物件で一度もメンテナンスをしていない場合は要注意。建物自体の補強や修繕工事に予想以上の出費がある場合も。

## ❻ 建物が建てられた年

1981 年６月１日以降に建築確認を受けているかどうかが耐震性の目安。この年に施行された「新耐震基準」に適合していれば、震度６強～７程度の地震でも倒壊しない基準を満たす。

戸建て

# 物件のどこをどうチェックする？

特に戸建ての中古物件では、土地の状況や建物の状態がそれぞれ異なります。チェックすべき項目をひとつずつ確認していきましょう。

まずは建物の工法を確認します。リフォームの自由度が高いのは木造軸組み工法。２×４工法は構造上動かせない壁があるなどプランの制約を受けることも。壁式のＲＣ造も同様です。ハウスメーカーのプレハブ住宅は独自の工法を採用しているので、リフォームできる範囲の確認が必須です。

次に建物の傷み具合をチェック。外まわりでは外壁や基礎に亀裂がないかどうかを確認します。床下収納庫や洗面室の下にある点検口から床下をのぞいたり、屋根裏も同様に状態を確かめてみましょう。室内では壁や天井のシミ、床のきしみなどをチェックしていきます。設備機器は実際に動かしてみて、使えるものがないかどうか状態を確認しましょう。

## チェックリスト

- □ ❶ **建物の工法を確認**
- □ ❷ **外周をひと回りして基礎や外壁をチェック**
- □ ❸ **床下収納や洗面室の点検口から床下をのぞいて状態を確認**
- □ ❹ **床の傾き、きしみはないか**
- □ ❺ **壁や天井にカビや黒ずみ、シミはないか、家具の裏や部屋の隅もチェック**
- □ ❻ **断熱材がきちんと入っているか、屋根裏や床下をのぞいてみる**
- □ ❼ **水回りの設備機器と給湯器の状況を確認**

## ことば辞典

**【プレハブ住宅】**
柱や壁、梁などの部材をあらかじめ工場で製作し、現場に搬入して組み立てる工法。品質のバラつきが出にくく現場作業が軽減されるので、工期が短い。

**【床下収納庫】**
キッチンや洗面室などの床下空間を利用して設けた収納。日常的に出し入れするものより、使用頻度の低い食器や調理器具、ストック品の収納に向く。

**【基礎】**
建物からの力を地面（地盤）に伝え、建物を支える構造部分。住宅の基礎工事の方法には、おもにベタ基礎と布基礎の２種類がある。

## 工法のほか、建物の状況を要チェック！

### ❶ 建物の工法

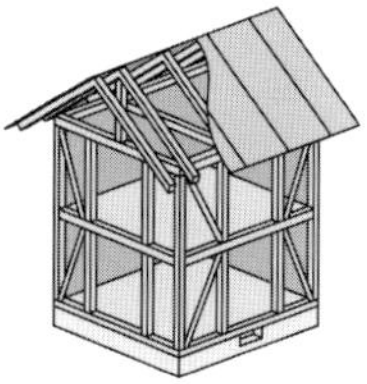

**木造軸組み工法**
柱や梁など木の軸で骨組みをつくり、すじかいで補強する工法。自由に間取りを変更できる。

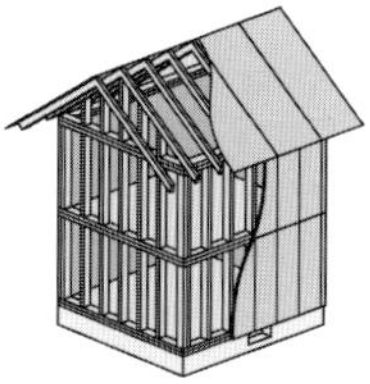

**2×4工法**
面で支える構造のため耐震性や断熱性が高い。間仕切り壁は抜けず、間取り変更に制限あり。

### ❷ 基礎、外壁

外壁に亀裂や異様にふくらんだ箇所があるのは、雨もりなど建物内部の老朽化が進んでいる可能性大。基礎に大きな亀裂がある場合は、軟弱地盤などで建物が不同沈下していることも。

### ❺ 壁、天井

壁と天井の境にシミがある場合は、雨もりの疑いが。家具の裏や部屋の隅にあるカビや黒ずみは、壁の内部に結露が発生している可能性も。構造内部の通風や断熱材の施工状況に問題が。

### ❻ 断熱材

屋根裏をのぞいて壁の断熱材が天井まで施されているか、床下をのぞいて断熱材がすき間なく入っているか、たれ下がっていないかを確認。

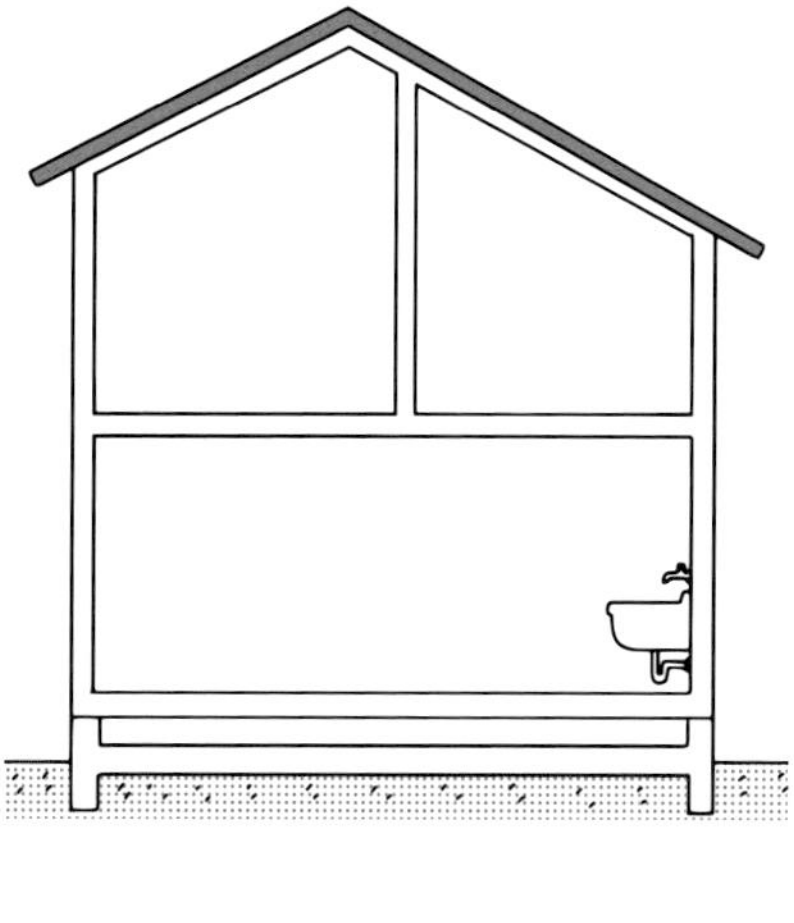

### ❹ 床の傾き、きしみ

部屋の中心にビー玉を置いてみて１方向に転がっていくのは×。建具の開け閉めがスムーズにいかないのも要注意。素足で歩いてみて、床のへこみやきしみがないかも確認を。

### ❼ 水回り設備、給湯器

設備機器はすべて動かして状態を確認。残して使えるかどうかでプランや費用は変わる。給湯器の性能も要確認。ガス式なら最低でも24号の容量は確保したい。

### ❸ 床下の状態

床下収納庫や洗面室の下にある点検口から床下をのぞく。基礎のコンクリートのひび割れ、床板の裏の断熱材がはがれたり傷んだりしていないか、土台や床組みの水もれのあとを確認。

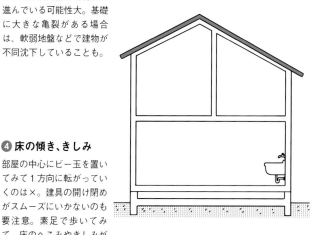

戸建て

# 生活環境で確認しておくことは？

街の様子や近隣の雰囲気、生活に必要な施設の利便性…。住み手目線でチェックし、物件と合わせて理想の住環境を手に入れましょう。

建物に関するチェックが終わったら、外まわりや周辺環境にも目を向けてみましょう。プランニングを考えるうえでも、一日の間にどの方向からどれくらいの日ざしが得られるのかは大事なポイントです。また、その土地の気候風土や周辺の建物の状況によっても、風が吹く方向なども違います。隣の家との間隔や窓の位置、あき地の場合は建物が建つ可能性もわかるとベストです。

敷地と道路の接し方も重要。特に車を持っている人は、車の大きさとカーポートの位置やサイズをチェックして、出入りがスムーズにできるかを確認しましょう。買い物や通勤通学の便利さ、子どもの保育園や学校などの場所も要チェックです。

## チェックリスト

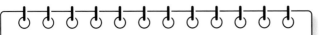

- □ ❶ 日当たりと風通し
- □ ❷ カーポートの位置や駐輪スペースなど玄関まわりをチェック
- □ ❸ 周辺環境

隣近所の雰囲気はしっかりチェックしておかないとね！
学校の近くがいいい！

## ことば辞典

**【カーポート】**
敷地内に設ける駐車スペースで、屋根と柱だけの簡単な車庫。屋根や壁で覆われたものはガレージ、住宅に組み込んだものはビルトインガレージ。

**【駐輪スペース】**
自転車移動が多い都心部などでは、家族分の自転車が止められる場所が必要。道路と建物の間で、外観の見た目を損なわない場所に設けるとよい。

**【隣地との間隔】**
隣地との敷地の境を隣地境界線という。民法では境界線から建物を50㎝以上離す、境界線から１ｍ未満の窓やベランダには目隠しが必要などと規定。

## 生活者の目線で街の様子を調べてみる

### ❶ 採光、通風

道路に面している方角や隣地との間隔など日当たりや風通しがどれくらい得られそうかをチェック。その際、現在の間取りではなく、リフォーム後の部屋の配置を想定。

### ❷ カーポート

車とカーポートのサイズをチェックし、道路からの車庫入れがスムーズにできるかを検討。車の乗り降りと玄関までのアプローチや、自転車の置き場も要確認。

### ❸ 周辺環境

・スーパーなど買い物施設
・銀行、郵便局、病院など
・学校、保育園
・坂の多さ
・近隣の雰囲気
・ゴミ置き場の様子 など

**アドバイス**

#### 雨の日にも現場をチェック

外壁や屋根などの雨もりや、敷地の水はけの状態など、雨の日に現場を見に行くと顕著にわかることも。雨が降った翌日に、雨もりのあとが室内の壁や天井、屋根裏の構造体にシミになって残っている場合もあるので、その日に行くのも手。午前と午後の日当たりの違いをチェックしたり、外部の音の聞こえ方を平日と休日で確認するなど、時間や曜日を変えて現場に足を運べると完璧です。

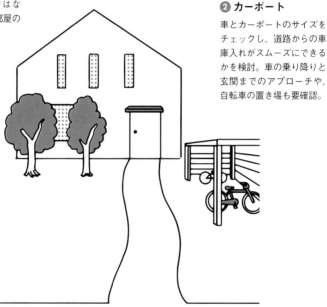

Column リフォーム体験談 Vol.6

# 入居後

**期待以上の居心地のよさや意外な成功ポイント、
こだわったわりに効果のなかったことなど、住んでみてわかった本音を聞きました。**

回遊できる動線の間取りにしたことで、移動がラクなうえに風や光が通るので快適。
(中部在住・M さん)

洗面室と浴室の床タイルは濃い色のほうが汚れが目立たなくてよかったかも。リフォーム会社からアドバイスをもらっていたのに、白にして失敗でした。
(関東在住・U さん)

構造上、撤去できなかった柱や梁があったのですが、かえっていい感じにインテリアのポイントになっています
(関東在住・T さん)

オープンキッチンにしたので、いつでも家族と一緒に過ごせます。また、シンク前に立ち上がりをつけたので、手元を隠すことができるのも成功でした。
(関東在住・U さん)

コンセントの数や位置、ダイニングテーブルの上にくる照明の位置をもっと考えればよかった…。
(関東在住・K さん)

床と壁の素材にこだわってよかった！　再度リフォームとなると大ごとになってしまい、なかなか変えられない部分なので。
(関東在住・H さん)

無機質なアルミサッシを隠すためにつけた内窓。断熱効果があり、結露も起こりにくいので大正解！
(関西在住・M さん)

予算の都合上、キッチンのリフォームをあきらめたのですが、住んでしまうとなかなかリフォームしづらいので、やるなら一気にやってしまえばよかったと、ちょっと後悔。
(関東在住・S さん)

しっくいの壁は最初のうちはやわらかく、$CO_2$ を吸ってだんだんかたくなるのですね。子どものいる家では、しっくいがもろいうちは注意が必要。ぶつからないように気をつけないと、壁が壊れます(笑)。
(中部在住・M さん)

# PART 7

# DIYで
# どこまでできる？

# ＤＩＹの種類と注意点は？

種類もいろいろ、難易度もさまざまなＤＩＹは、人によって向き不向きもあるはず。どんなことがＤＩＹでできるのか見ていきましょう。

塗り壁にあえてコテむらを残したいなど、職人さんにとっては抵抗のある仕上げ方でも、ＤＩＹなら自由に。少しくらい失敗しても味わいになり、リフォームの思い出になるはず。かかるのは材料代だけで、人件費をカットできるのもメリットです。

ただし、安いからという理由だけでＤＩＹにチャレンジするのは考えもの。「材料と道具をそろえたら、工務店に頼む場合との差額がほんの数万円だった」というケースも。慣れた職人さんなら数日で終わる作業が、ＤＩＹでは数週間かかることもあります。まずは冷静に自分たちの労力とコストをはかりにかけてみて。また、ＤＩＹで参加できるのは仕上げの部分だけ。建物の構造にかかわる部分はＮＧです。

## たとえばこんな場所をDIY

- 壁紙張り
- タイル貼り
- 左官仕事
- ペイント

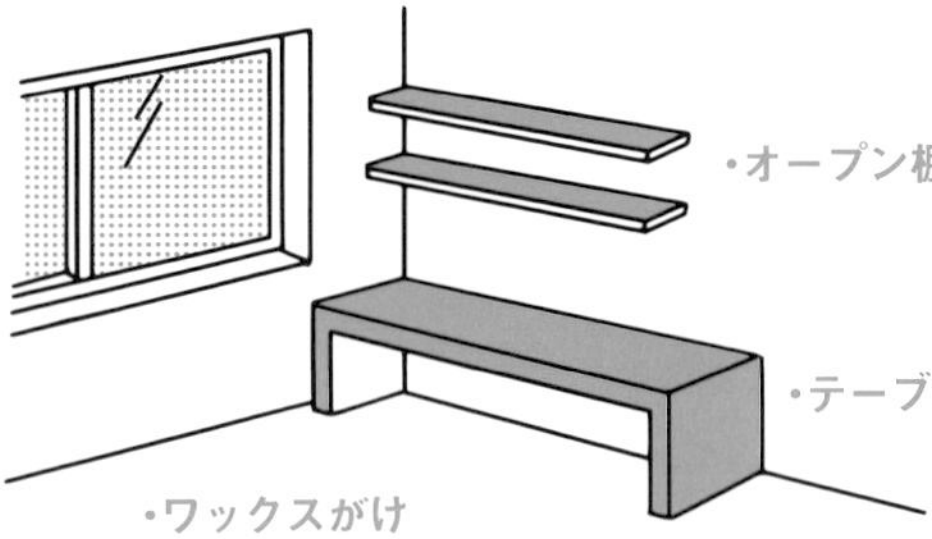


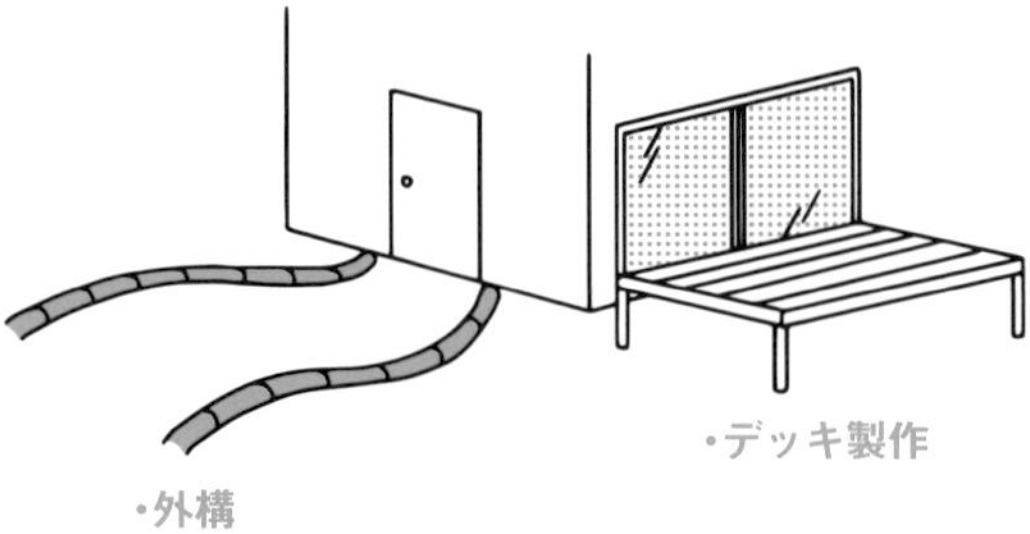

# コストと手間のバランスをよく考える

## こんなメリットがある

好みに
仕上げられる

愛着が
わく

コスト
ダウンに!

## こんなことに注意!

### 材料・道具代がかかる

DIYの材料はもちろん、道具も自分たちでそろえる必要があることを忘れずに。

### 工期に影響することも

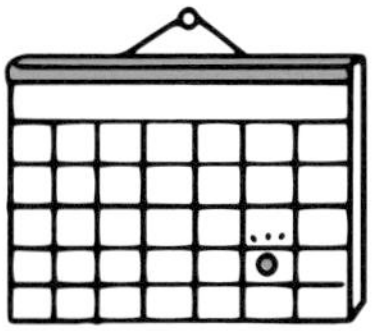

工期が延びたり、ほかの工程に影響が出ないよう、時間をかけずに参加できる作業量に。

### 仕上げ以外はプロにまかせる

養生や下地の処理はプロにまかせて、仕上げ塗りだけに挑戦。

### まずはトライアルを

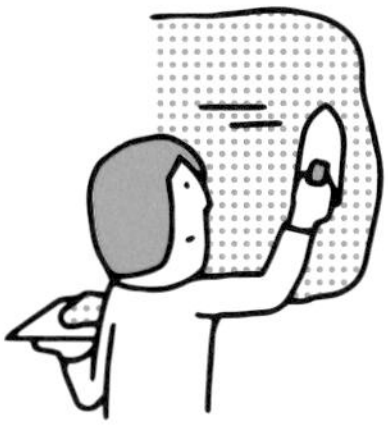

メーカーが企画している体験教室などに一度参加するのもおすすめ。

# 壁をペイントする

海外の住まいではDIYの定番ともいえるペイント。部屋の印象ががらりと変わるうえ、初心者でも失敗が少なく、手軽に挑戦できます。

はじめてDIYに挑戦するならペイントがおすすめ。壁面など面積が大きなスペースを塗りかえれば、模様替え効果も抜群。汚れが目立ってきたり、気分を変えたいときにぜひチャレンジしてみましょう。最近は、ビニール壁紙の上にも塗れて、内装全般に使える水性塗料が市販されています。ホームセンターなどで塗りかえたい壁の素材を相談して選ぶとよいでしょう。

きれいに仕上げるポイントは、下地調整と養生。壁面のへこみはパテで埋め、塗料のつきがよくない素材の場合は、シーラーを塗るかサンダーをかけて塗料のつきをよくします。塗料を塗らない場所は、新聞紙や養生テープでしっかり覆っておきましょう。思っている以上に塗料が飛び散ります。

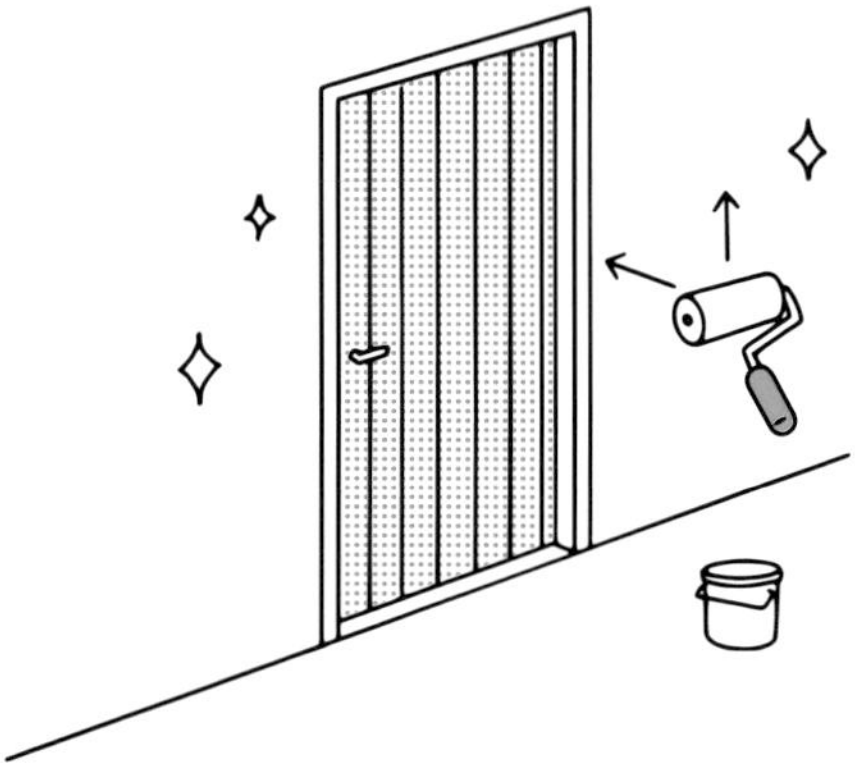

コストダウン度
★★★★☆

難易度
★☆☆☆☆

〈用意するもの〉

- 水性塗料
- シーラー
- 塗料容器
- ビニール手袋
- カッター
- マスキングテープ
- ウエス
- 電動サンダー

コレがあると便利！

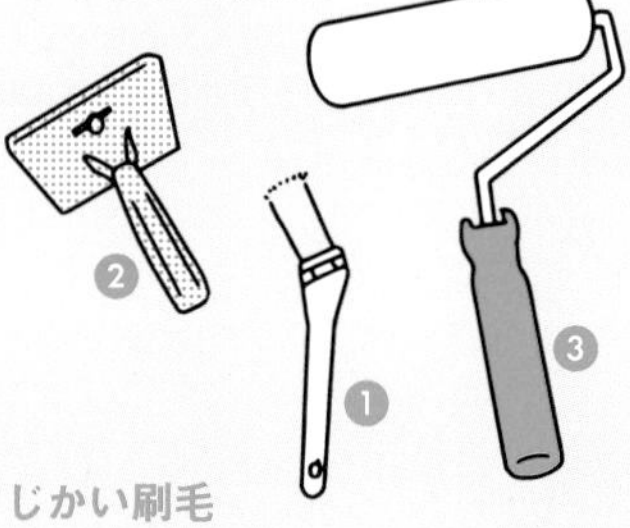


**1 すじかい刷毛**
隅など細かい場所に。

**2 コテ刷毛**
広い面を塗る。つぎ柄をつけると高い場所もラク。

**3 ローラー刷毛**
広い面をスピーディに塗れる。

## DIY初心者向き。手軽で失敗が少ない

〈工程〉

**準備**

- **養生する** 床やドア枠を新聞紙で覆い、境目にマスキングテープをすき間がないようにぴったり貼る。
- **下地調整** 板壁の場合は全体に電動サンダーをかけてホコリを拭きとる。へこみやひび割れはパテ埋めして整える。壁紙をはがして塗る場合は裏打ち紙もはがしておく。

**ペイント**

- **下地材を塗る** コテ刷毛でシーラー（塗料のつきをよくする下地剤）を塗る。
  - 半日乾かす
- **塗料を塗る** すじかい刷毛で塗りにくい隅から塗り始める。広い面はコテ刷毛やローラー刷毛で塗る。
  - 半日おく
- **マスキングテープをはがす** 塗料が乾く前にはがす。乾ききってからはがすと、塗膜を引っ張ってしまうことがある。

**完成！**

＼Point／

刷毛に均一に塗料をつけてから塗るとよい。塗装面にムラがある場合は二度塗りする。

ぼくもやるー！
子ども部屋の壁で挑戦してみてもいいね

**アドバイス**

**ワックスがけもビギナー向き**

床などの木部にかけるワックスは、ムラが多少あっても目立ちにくいため、DIY初心者でも無理なくチャレンジできます。

# 壁紙を張りかえる

既存の壁紙をはがしたあとの養生をしっかりすれば、初心者でもきれいに仕上がります。施工する面積も大きいので複数で作業するのがベスト。

色や柄のバリエーションの豊富さがダントツの壁紙は、インテリアのイメージチェンジに最適です。生糊つきや粘着シートなどさまざまなタイプが市販されているので、DIYにもチャレンジしやすくなっています。柄違いの壁紙を上下で張り分けてアクセントにボーダーテープを張るなど、アレンジの幅が広いのも魅力です。

壁紙を張りかえるときは、まず既存の壁紙をはがす作業から始めます。壁紙がきれいにはがれれば問題ないのですが、裏打ち紙がところどころ残ってしまうとちょっと面倒。できるだけ下地を平らに整えることが、仕上がりをよくするポイントです。初心者には、下地の影響を受けにくく扱いやすいビニール壁紙がおすすめです。

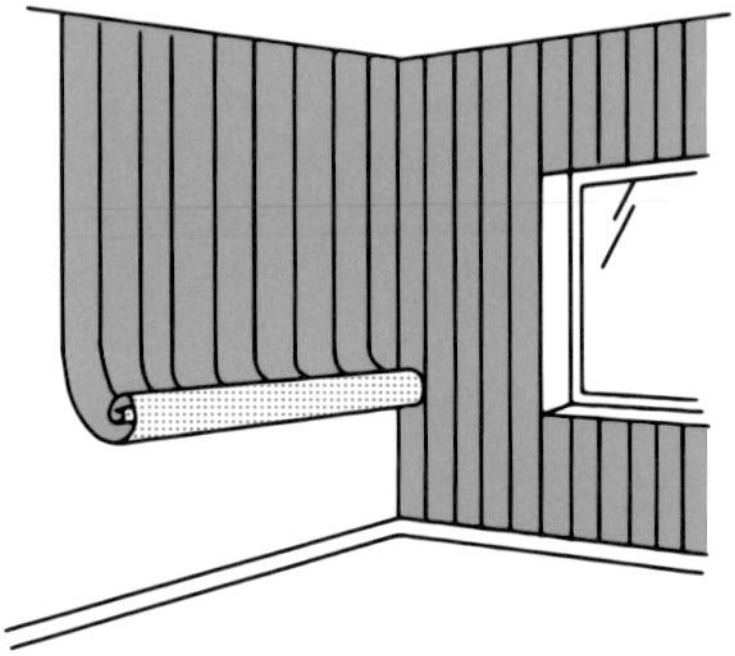

コストダウン度
★★★★☆

難易度
★★★★☆

〈用意するもの〉

- 壁紙
- 糊
- 糊用容器
- 糊刷毛
- パテ
- ヘラ
- マスキングテープ
- 下げ振り
- メジャー
- カッティング定規
- カッター
- 竹ベラ
- ローラー
- なで刷毛
- ドライバー
- はさみ
- スクレーパー
- サンダー
- 鉛筆
- ウエス
- 金尺

壁紙の必要量を出す

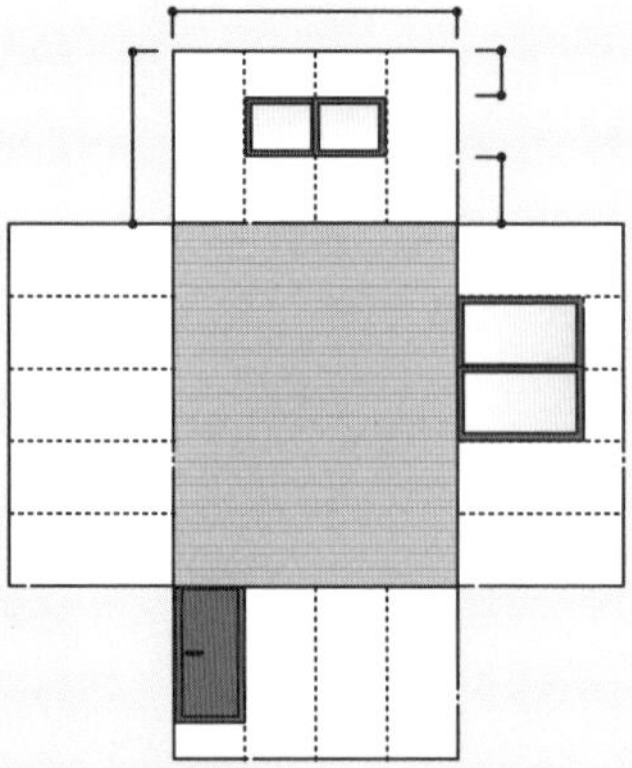

部屋の間取り図を用意し、サイズを測って書き込み、必要な壁紙の量を計算する。壁の上下にはそれぞれ3cmの余分をとり、柄合わせをする場合はさらに余分をとる。

## 下地処理が成功のカギ。扱いやすいものを選ぶ

〈工程〉

### 下地処理

- **既存の壁紙をはがす**　端にカッターの刃かスクレーパーを差し込む。はがしにくいときは電動サンダーで削りとる。
- **下地調整**　穴や傷はパテで埋める。はみ出したパテはヘラでこそげとり、サンダーで平らにならす。
- **スイッチ・コンセントのプレートをはずす**　小さなネジをなくさないように注意。

### 壁紙を張る

- **張り始めの位置を決める**　天井の回り縁に下げ振りを下げ、鉛筆で垂直線を引く。
- **位置に合わせて張る**　上に3㎝の余分を残し、垂直線に合わせて張る。なで刷毛で空気を追い出しながら張る。
- **余分をカット**　天井や幅木と接する部分はカッターで余分な壁紙をカットする。
- **重なる部分を処理**　2枚目からは3㎝重ねて張る。重なった部分の中央をカッターで2枚同時にカット。
- **スイッチ・コンセント部分を切りとる**　斜め十字に切り込みを入れてプレートまわりに印を。内側に2～3㎜のゆとりを残して切りとる。

### 完成！

**アドバイス**

#### 部屋の隅に端を合わせない

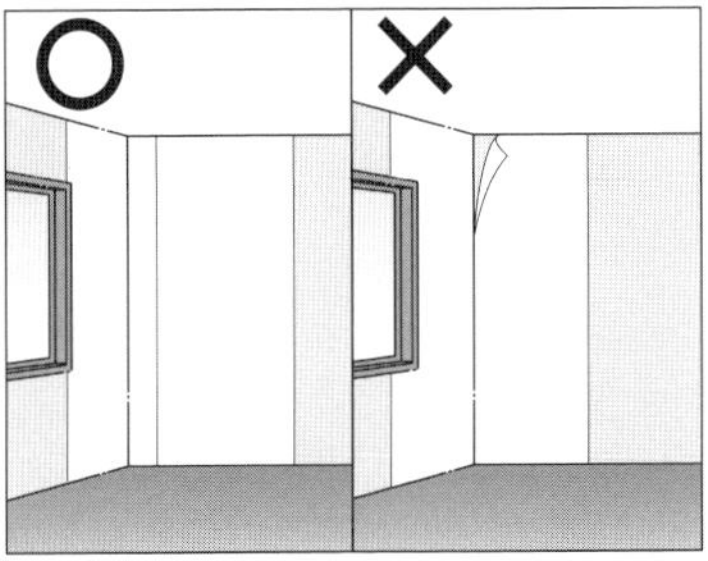


壁紙を張り始めるときは、部屋の隅ではなく、少しずらした位置から始め、コーナーをまたぐようにします。隅のところに端を合わせると、そこからはがれてくることも。

#### 窓の上下などで慣れてから

初心者は窓の上下の壁など高さのない部分から始めると、ちょうどいい練習に。壁紙を持ち上げたり、垂直線に合わせるのは意外に大変なので、2人以上で作業するのがよい。

# 珪藻土を塗る、棚をつける、そのほかのDIY

自然素材ならではの素朴な風合いが魅力の珪藻土、おしゃれなオープン棚、デッキや外構。DIYで挑戦できることはいろいろあります。

珪藻土は、粉状の材料を水で練ってコテで塗る左官材料の一種。市販されているDIY用の珪藻土は、同じ左官材料のしっくいより練る作業が容易なので、塗り壁に挑戦してみたい人にはおすすめです。ビニール壁紙や既存の塗り壁の上から塗れるタイプなら、下地調整の手間も少なくてすみます。コテを使って塗るので、慣れるまでは少し時間がかかりますが、コテあとをあえて残すラフな仕上がりにすればOK。材料を練ってしまうと保存することができないので、作業する分をそのつど練りましょう。

壁に棚をとりつけるDIYもおすすめ。ポイントは、壁の内部にある柱にしっかり固定すること。下地のチェックは念入りに。

## 珪藻土を塗る

コストダウン度
★★★★☆

難易度
★★★★★

〈用意するもの〉

- 珪藻土
- シーラー
- バケツ
- お玉
- ビニール手袋
- すじかい刷毛
- コテ刷毛
- コテ台
- コテ
- カッター
- マスキングテープ

〈工程〉

**準備**

- 養生する　柱や床にマスキングしておく。
- 珪藻土を練る　バケツに珪藻土と指定量の水を入れて手で練る。30分そのままおいてなじませる。

**塗る**

- 左上の隅から塗り始める　天井と壁の境目は、コテを水平に当てて下に下ろす感じで塗る。
- 細かい部分を整える　窓のまわりや天井との境目を、湿らせたすじかい刷毛でなでるようにして整える。

1～2日おく

- マスキングテープをはがす　はがれにくいときは、カッターで切り目を入れながらはがす。

**完成！**

# 家族で相談して、できそうなことにトライ！

## 棚をつける

〈用意するもの〉

コストダウン度
★★★☆☆
難易度
★★☆☆☆

- 棚板
- 棚受け用金具（レール、棚受け）
- 木ネジ
- 塗料
- げんのう
- ドライバー
- 塗料用容器
- 刷毛
- 電動サンダー
- ビニール手袋
- メジャー
- 鉛筆

**コレがあると便利！**

**どこ太（下地探し）**

壁の中の柱の位置を確認する道具。壁に押しつけると先端から針が出て、手ごたえで柱の有無を確認する。

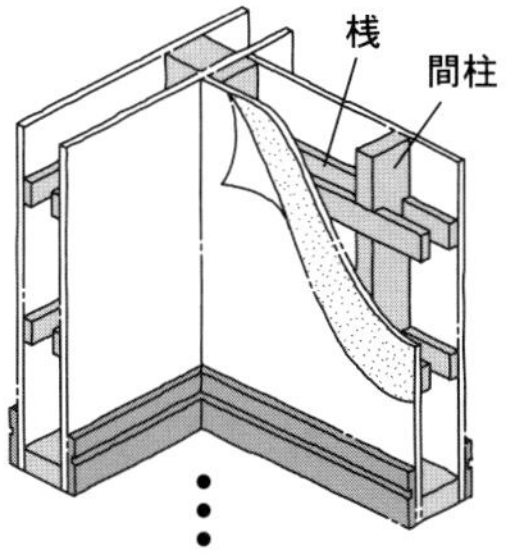


構造用の柱の間には間柱や桟があり、その上に石膏ボードやベニヤ板などの下地材が張られている。下地材は厚みがなくクギがきかないので、耐荷重が必要な棚は必ず間柱に固定する。

〈工程〉

**準備**

壁内の柱を確認　壁をげんのうでたたき、かたいものに当たるような音がする部分が柱のある場所。

**棚のとりつけ**

棚受けをつける　左右のレールが同じ高さにつくようレールを固定する位置を決め印をつける。ドライバーで下穴をあけ、木ネジでレールを設置。棚受けレールをセットし、げんのうでたたいて固定。

板をセットする　棚受けに棚板をのせる。

**完成！**

## タイルを貼る

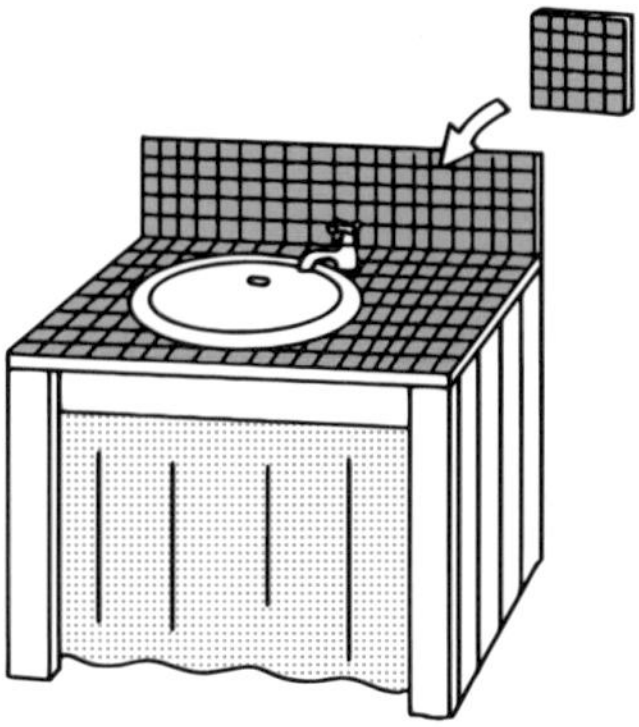

コストダウン度
★★★☆☆
難易度
★★★☆☆

・水を使わないカウンターやテーブルなどにインテリアタイルを貼るのはおすすめ

・目地から水がしみて本体を傷めることがないよう、プロに教わりながらしっかり下地づくりを

## デッキ・外構をつくる

コストダウン度
★★★★☆
難易度
★★★★★

・デッキは土台を水平に設置するのが難題

・ポーチは雨水が流れるよう、コンクリートに微妙な傾斜をつける技術が必要

### アドバイス

**DIYで床材を張るなら…**

既存の床の上に敷き込んだり、張りつけるリフォームならDIYでも十分に可能。ホームセンターなどで扱いやすいシート状やタイル状の床材が市販されています。通常は床面を仕上げてから壁に幅木をつけて端の処理をしますが、既存の幅木をはがすのはけっこう大変。幅木の上からもう1枚、新たに幅木を重ねる方法なら手軽です。完璧な仕上がりを求めるなら、面倒でも幅木を張りかえましょう。

リフォームの思い出にDIYに挑戦するのもありね！

# ことば辞典
# INDEX

# 取材協力

稲瀬 稔（リノベーション協議会 リニューアル仲介）

井上 徹（ピーズ・サプライ）

川上堅次（エトラデザイン）

倉田 充（アトリエ71）

小針美玲（KURASU）

スタイル工房

鳥海真樹子

長嶋 修（さくら事務所）

菱田雅生（ライフアセットコンサルティング）

増田政一（アルクデザイン）

宮地 亘（宮地亘設計事務所）

## 設計事務所一覧

アートアンドクラフト
アイエスワン リノリノ
アトリエグローカル一級建築士事務所
アネストワン一級建築士事務所
イデー
イノブン インテリアストア事業部
エイトデザイン
nu（エヌ・ユー）リノベーション
エム・アンド・オー
OKUTA LOHAS studio
カサボン住環境設計
木-スタイル
空間社
コードスタイル
takano home
デキシノブ
DEN PLUS EGG
FILE
FiELD 平野一級建築士事務所
ブリックス。一級建築士事務所
ブルースタジオ
BOLT
山﨑壮一建築設計事務所
優建築工房
リノキューブ
リビタ
レジェンダリーホーム・スウィート

STAFF

［カバー・表紙］

デザイン ● 小口翔平＋奈良岡菜摘（tobuhune）

イラスト ● 大野文彰

［本文］

アートディレクション・デザイン ● 二ノ宮 匡（nixinc）

イラスト ● 大野文彰、岩沼まゆみ、高沢幸子、長岡伸行、花島ゆき

校正 ● 荒川照実

編集 ● 加藤登美子

編集担当 ● 天野隆志（主婦の友社）

図《ず》解版《かいばん》

リノベとリフォームの、何《なに》ができない

何《なに》ができるのすべてがわかる本《ほん》

令和３年３月31日　第１刷発行

令和３年10月10日　第２刷発行

編　者　主婦の友社

発行者　平野健一

発行所　株式会社主婦の友社

〒141-0021 東京都品川区上大崎3-1-1 目黒セントラルスクエア

電話03-5280-7537　（編集）03-5280-7551（販売）

印刷所　大日本印刷株式会社



ISBN978-4-07-447043-3